ISBN 978-1-333-20236-1
PIBN 10384634

1 MONTH OF
FREE
READING

at

www.ForgottenBooks.com

By purchasing this book you are eligible for one month membership to ForgottenBooks.com, giving you unlimited access to our entire collection of over 700,000 titles via our web site and mobile apps.

To claim your free month visit:

www.forgottenbooks.com/free384634

English
Français
Deutsche
Italiano
Español
Português

www.forgottenbooks.com

Mythology Photography **Fiction**
Fishing Christianity **Art** Cooking
Essays Buddhism Freemasonry
Medicine **Biology** Music **Ancient**
Egypt Evolution Carpentry Physics
Dance Geology **Mathematics** Fitness
Shakespeare **Folklore** Yoga Marketing
Confidence Immortality Biographies
Poetry **Psychology** Witchcraft
Electronics Chemistry History **Law**
Accounting **Philosophy** Anthropology
Alchemy Drama Quantum Mechanics
Atheism Sexual Health **Ancient History**
Entrepreneurship Languages Sport
Paleontology Needlework Islam
Metaphysics Investment Archaeology
Parenting Statistics Criminology
Motivational

POËTES ILLUSTRES DE LA POLOGNE
AU XIXᵉ SIÈCLE

DERNIÈRE SÉRIE

THÉOPHILE LENARTOWICZ
SIGISMOND KRASINSKI
JULES SLOWACKI
JOSEPH KRASZEWSKI

NICE
CHEZ VISCONTI, LIBRAIRE
Rue du Cours, 2

PARIS
MARPON & FLAMMARION
Galerie de l'Odéon

1881

Nice. — Impr. et Lith. Malvano-Mignon, 58-62, rue Gioffredo.

THÉOPHILE LENARTOWICZ

AVANT-PROPOS

Au début de ce nouveau livre, je demande humblement pardon au lecteur du grand nombre de vers incorrects qui se sont glissés, surtout dans les deux derniers volumes du Cycle Lithuanien, en dehors même des nombreux *errata* imprimés.

Je suis vraiment confus et honteux, arrivé à mon quarante-huitième millier de vers, de commettre encore, par inadvertance, des fautes de rhythme, de nombre et d'harmonie, comme un conscrit novice qui tente d'escalader les *gradus ad parnassum*. L'auteur enthousiaste se grise de son œuvre ; il voit et lit ses vers, tels qu'il les a composés, et non tels qu'ils sont écrits : c'est mon cas. Je reconnais, d'ailleurs, que mon excuse est mauvaise, et je ferai tout mon possible pour ne pas renouveler les - mêmes erreurs dans le présent et dernier volume que je livre, plein d'émotion, à l'indulgente appréciation du public...

Théophile Lenartowicz vint au monde à Varsovie en 1822. Il naquit poëte... Ni la rude existence chez ses parents, plus honorables que riches, ni ses occupations forcées et prosaïques dans une étude d'avoué, n'empêchèrent de germer la divine semence déposée dans son cœur. La jeune génération d'alors secouait impatiemment le joug de la routine. Roman Zmorski, Antoine Czajkowski et d'autres jeunes enthousiastes prirent part par leurs écrits à une propagande d'idées généreuses, mais passionnées, visant à la brusque transformation de l'ordre des choses

existant. Lenartowicz développa son talent dans
cette coterie littéraire dont il se distingua de
prime abord par la douceur de ses sentiments et
par la pureté de ses conceptions. Ses chansons,
empruntées à la muse populaire du pays, emprein-
tes de tristesse, de foi et d'amour, se répandi-
rent en Pologne, pareilles aux échos harmonieux
des légendes poétiques, tirées de son sein ; et leur
suave musique, formulée en accents rhythmés
et mélodieux, faisait vibrer tous les cœurs par
des sons doux et sonores qui rivalisaient avec
ceux des oiseaux, comme l'auteur le dit lui-même :

> La chanson populaire est le pain journalier
> Que le Seigneur accorde à qui sait le prier ;
> Elle fait oublier les chagrins et la peine,
> Pareille au chant d'oiseaux qui vibre dans la plaine,
> A l'huile sur la plaie, en guise de calmant,
> A la parole sainte, au doux enseignement...
> L'alouette, en chantant, ravit par son murmure,
> Et je chante pour moi, fidèle à ma nature.
>
> . . . . , ...

On peut comparer ses poésies champêtres au
vague bruit des forêts, ou bien à celui des champs

de blé, couverts d'épis dorés qui s'inclinent à la brise. Les sons de sa lyre rustique résonnent à l'oreille des moissonneurs et s'unissent au bruissement de leurs feuilles et au gazouillement des oiseaux.

Mazovien de cœur et de naissance, il sut mieux qu'un autre retracer l'attachante simplicité de son pays, où garçons et jeunes filles fredonnent à l'envi le chant vif et gai qui paraît jaillir des lèvres d'un joyeux danseur :

Je suis un faubourien,
Un pur sang mazovien,
Libre et content sur ma terre,
Ni baron ni dignitaire.

J'appris certe, à mon foyer,
Comment faucher la prairie,
Comment battre et nettoyer
Le blé mûr; à l'écurie,
A bien soigner les chevaux,
A manier serpe et faux ...
L'éducation finie,
J'obtins l'union bénie
Avec ma femme au cœur d'or,
Mariette, mon trésor.

Bonnet carré sur la tête,
Redingote en drap gros-bleu,
Aux bottes, les jours de fête,
Talons d'acier dont le feu
Brille à la danse entraînante,
Belle ceinture amarante
De laine, ornent à la fois
Le costume villageois...

. . . .

Les poésies de Lenartowicz sont la plupart mélancoliques ; écrites même en ton majeur, elles renferment toujours, au fond, une touchante pensée qui vient attrister le brio de la composition. J'ai choisi dans le nombre les plus populaires : *La voix d'une orpheline ; Jeune fille au village ; C'est toujours la même chose ; La plus belle...*, etc... Elles sont d'autant plus difficiles à reproduire fidèlement, dans une langue étrangère, que notre auteur, s'inspirant des sentiments du peuple, en emploie souvent les expressions naïves dans leur saveur locale et dans l'idiome de Mazovie, dont les formes enfantines rappellent une langue à son berceau et désespèrent les efforts du traducteur.

Quel attrayant tableau est celui d'une jeune
fille qui chante, elle-même, sa gracieuse idylle
d'une voix fraîche et vibrante :

> Notre jeune héroïne,
> De rustique origine,
> A le teint rose et frais,
> Le minois plein d'attraits,
> Gracieuse figure
> Et blonde chevelure;
> Son œil, brillant de feu,
> Dévoile un tendre aveu :
> Elle saute en cadence,
> Et sourit à la danse,
> De sa lèvre de corail.
> Diligente au travail,
> Sarclant mauvaises herbes,
> Ou liant blés en gerbes,
> Assise à son rouet,
> Ou formant un bouquet,
> Elle a toujours en bouche
> Une chanson qui touche,
> Et dilate le cœur;
> Doux parfum d'une fleur !!!
>
> . . . .
>
> Le jour de Pentecôte,
> De joie elle tressaute,
> Cueillant à la forêt
> Des branches de genêt,

De tilleul et de saule,
Et les porte à l'épaule,
Pour orner la maison,
Dans la belle saison,
De feuilles, de verdure
Qu'offre à tous la nature ;
Elle jette au plancher,
Vert tapis pour marcher,
Longues palmes d'acore,
Qui sent bon, et décore
La source de l'étang,
Et pose sur un banc,
Chez elle, à la croisée,
Humides de rosée,
Prises aux champs, des fleurs
Des plus vives couleurs,
Tressant une couronne
A la sainte Madone...
. . . .

Modeste en ses atours.
Mais parée, aux grands jours
De fête, dans ses nattes,
De rubans écarlates.
Elle accueille les gens,
Vieux d'âge, de tous rangs,
Humbles, pauvres et riches,
Distribuant des miches
De pain bis, et de l'eau,
Puisée au clair ruisseau ;
Aimable et prévenante,
Cordiale et charmante,

Dans l'hospitalité,
Offerte avec bonté
Aux gens de la commune,
Frappés par l'infortune.

. . . .

Pendant la fenaison,
Vibre sur le gazon
La voix mélodieuse
De la jeune charmeuse
Qui ramène le foin
A la ferme avec soin,
Dans sa blanche chemise,
Au haut du char assise,
Fredonnant aux garçons
D'amoureuses chansons.

. . . .

Elle prend, à la mine,
L'époux qui la fascine
Par sa mâle beauté,
Qui porte, de côté,
Son bonnet sur l'oreille,
Et surtout l'émerveille
Par l'audace au combat,
Un amour délicat,
L'art d'être bien en selle,
Et de plaire à sa belle,
L'embrassant, jour et nuit,
Tendrement et sans bruit.

Son talent mûrit avec l'âge, et s'épanouit dans sa fleur dans deux petits poëmes religieux : *Extase* et *Bienheureuse,* dont le lecteur trouvera ici l'imparfaite traduction ; elle ne saurait rendre exactement leur charmante simplicité et la pieuse foi de cette mère chrétienne qui raconte à son enfant sa vision angélique, où se reflètent si bien la pureté de son âme et les mœurs patriarcales de la Mazovie. Ces sont deux chefs-d'œuvre, par leur forme accomplie et les bons sentiments qu'ils inspirent, pleins d'amour de Dieu, du prochain et de la terre natale du poëte qui sut l'exprimer avec une exquise sensibilité.

Il s'isola par ses douces qualités du milieu passionné où il se trouvait, quitta son étude d'avoué et dut même abandonner le pays où ses sentiments patriotiques avaient eu un trop grand retentissement.

Venu à Paris en 1842, il se lia d'amitié avec Adam Mickiewicz dont il épousa la belle-sœur, Sophie Szymanowska ; gardant dans son cœur un culte fervent pour le grand poëte, il en con-

serve pieusement le souvenir et nombre de let-
tres intimes pleines d'intérêt. Tout récemment
encore, il en fit un digne et sympathique éloge,
applaudi par ses nombreux auditeurs, à la séance
annuelle de l'académie des littératures slaves,
formée sous l'auspice de l'illustre nom de Mic-
kiewicz par d'éminents poëtes et professeurs ita-
liens de l'université de Bologne, sous la direction
du savant professeur Santagata, sympathique
appréciateur du génie de Mickievicz et de la lit-
térature polonaise ; ils ont eu l'excellente idée de
faire connaître à l'Italie les chefs-d'œuvre de la
littérature polonaise, et d'unir ainsi dans un fais-
ceau intellectuel les deux pays, dont l'un fut long-
temps opprimé, et l'autre l'est encore, sous le
joug de l'étranger.

Lenartowicz s'établit avec sa femme à Florence
où il ajouta une teinte plus grave et plus sombre
à ses nouvelles productions, empruntant des cou-
leurs à la palette de *Beato Angelico* ou de *Guir-
landaio* avec qui les Italiens lui trouvent une affi-
nité d'âme et de sentiments. L'Italie, son pays

d'adoption, lui fournit le sujet des charmantes poésies : *Salut à l'Italie*, *La Saltarella*, *Le pifferaro* etc... Elles ont été presque toutes traduites en italien par Ettore Marcucci dont j'ai reproduit le délicat sonnet en l'honneur de Lenartowicz en tête de mes traductions. Celui-ci composa, inspiré par le soleil du Midi, plusieurs beaux poëmes, l'un tiré de l'histoire de Pologne, et d'autres philosophiques, où il prêche l'amélioration de l'ordre social, tâchant de résoudre le problème insoluble d'une égale répartition du travail et du bonheur entre toutes les couches sociales du genre humain. Presque tous, tracés de main de maître, encore inédits, ils attendent dans son portefeuille le jour de leur publicité dans un temps moins étranger que le nôtre, aux créations spéculatives et moins absorbé par les spéculations de la vie matérielle. Je me suis borné, pour rester fidèle au cadre de mon ouvrage, à reproduire quelques-unes de ses délicieuses idylles, devenues les hôtes bien-aimés du pays à l'instar des cigognes et des hirondelles, et ses poésies patriotiques, telles que : *l'Offrande d'une jeune fille en Pologne ; Paris ; Aux peuples Slaves* et *Rawicz*, un des derniers martyrs de la liberté et de la cause polonaise.

Les malheurs personnels de Lenartowicz et ceux de son cher pays, la mort de son fils, celle de sa femme et ses déceptions patriotiques ébranlèrent sa délicate santé et le forcèrent à mettre momentanément sa plume de côté, pour éviter toute tension d'esprit. L'idée lui vint alors de pétrir l'argile, et de même que son génie poétique avait répandu des flots de poésie religieuse, ses doigts habiles surent donner à ses bas-reliefs, dont les sujets furent pris de préférence à l'Ancien et au Nouveau Testament, une forme artistique et l'étincelle du génie créateur. Plusieurs châteaux et plus d'une église en Pologne s'enorgueillissent de posséder ses belles sculptures, fiers des produits de l'illustre exilé, poëte et sculpteur à la fois, qui a conquis la sympathie et l'estime de ses rivaux italiens. Ceux-ci, en effet, accueillirent sans envie, même avéc

une bienveillance marquée leur nouveu collègue.
Mais il a repris la plume à cette heure ; il inter-
prète la *Divine Comédie,* crée de nouvelles œu-
vres, et bien que ses travaux littéraires — ingrat
labeur qu'appréciera l'avenir — ne fassent vivre
le poëte qu'au moyen de ses bronzes et de ses
marbres, il n'en continue pas moins à servir sa
patrie et l'humanité par sa glorieuse partici-
pation aux idées du progrès et de l'amélioration
sociale. S'il lui arrive parfois de gémir et de se
plaindre, en voyant le genre humain si éloigné
encore de son idéal, il le fait en termes inspirés
et bibliques qui rappellent les lamentations de
Jérémie.

SONNET ÉCRIT EN ITALIEN

EN L'HONNEUR DE

THÉOPHILE LENARTOWICZ

par le traducteur de ses poésies dans la langue
de Pétrarque.

« La Pologne n'est plus, » prétendent ses vainqueurs :
Mais peut-on mettre à mort tout un peuple de braves ?
Et les Italiens n'étaient-ils pas esclaves,
Avant de terrasser leurs cruels oppresseurs ?

Votre viril courage, intact dans les malheurs,
Fait l'admiration de tous vos frères Slaves.
Vous briserez, un jour, vos iniques entraves;
Votre patrie, en vous, trouvera des vengeurs !

3.

Digne émule du Dante, en tes vers, Théophile;
Rival de Ghiberti, le ciseau   dans la main,
Tu sais pétrir le bronze et charmer par ton style.

Le pays qui produit un génie aussi fin,
Que l'hôte illustre, à qui Florence sert d'asile,
Est sûr d'un avenir glorieux et prochain.....

Ettore MARCUCCI

Firenze, 1868.

POÉSIES LYRIQUES

POÉSIES LYRIQUES

～～～～～～

LA VOIX D'UNE ORPHELINE

Il pleut et vente dehors ;
Au bruissement d'une averse,
La voix d'un être, sans corps,
Vibre à l'air, et le traverse.

Le garde sort du bosquet,
Surpris d'ouïr le murmure,
Que mêle un lutin follet
Au trouble de la nature.

— « Qui donc es-tu pur esprit ? »
— « Je n'avais pauvre orpheline,
Ni gîte, ni pain, ni lit...
De froid prise à la poitrine,

Je mourus sur le rocher,
Une nuit sous le clocher,
Quittant enfin cette terre,
Où je subis la misère ...

Mon âme ne souffre plus
Et se trouve avec Jésus ...

Accueillie, au cimetière,
Par le pauvre vieux gardien,
Mise dans la froide bière,
Je n'ai plus besoin de rien,
Et je vogue à pleines voiles
Dans l'azur brillant d'étoiles »

— « Au ciel prenant ton essor,
As-tu des regrets encor ? »

   — « Je regrette le prairie
   Et la nature fleurie,
   Le soleil dorant les eaux,
   Les bois verts, remplis d'oiseaux
   Et leur doux chant de tendresse ...
   Rien d'autre ne m'intéresse. »

II

JEUNE FILLE AU VILLAGE

Le soleil, brillant de lumière,
S'élève à l'horizon ;
Je veux fouler, vive et légère
Prairie et vert gazon.

Du saule pleureur, sur la rive,
Perles et diamants
Tombent, fontaine claire et vive
De bijoux scintillants.

Sur l'azur passent des nuages
Gris et blancs, frangés d'or ;
L'onde coule dans les bocages ;
Quel splendide décor ! ...

Là, sous mes yeux, une hirondelle
Trace des ronds au vol ;
Je ferai, rapide comme elle,
Des cercles sur le sol.

J'ai seulement peur de ma mère ...
    Mais je tiens à mon plan ;
Après mon ouvrage, en mystère,
    Je prendrai mon élan.

Grâce à la sagesse divine
    Terre et ciel sont si beaux !
L'un d'astres dorés s'illumine,
    L'autre a fleurs pour joyaux.

Et moi j'ai mon cher petit frère
    Que j'embrasse à loisir ;
Je vais lui chanter pour lui plaire,
    A fin de l'endormir ...

Il sommeille enfin, le bel ange ;
    Tant qu'il ferme les yeux,
Allons voir l'office et la grange,
    Et tressons mes cheveux ...

Mes nattes traînent jusqu'à terre,
    Cela n'en finit pas ;
C'est tout un travail de les faire ;
    Mon Dieu, quel embarras ! ...

On trouve bien mes longues tresses,
　　Mon sourire et mes yeux ;
Ils n'ont jamais fait de promesses ;
　　S'ils sont vifs et joyeux,
Ce n'est vraiment pas de ma faute ...
　　Le monde, sans raison,
Se plaint et compte sans son hôte,
　　Craignant leur trahison.

Bonne mère trouve ma taille
　　Trop fluette. En effet,
Toujours assise, je travaille
　　Trop sur mon tabouret.

Vienne une bonne et chaude ondée,
　　Qui fait croître au printemps ,
Et que je coure une bordée
　　Sous l'averse en pleins champs,
Je grandirai certe à la pluie,
　　Comme un vert peuplier,
Tandis qu'au logis je m'ennuie ...

　　Je vois à son métier,
Filer sa toile une araignée ;

Moi, je brode aussi bien,

Et ma main-d'œuvre est plus soignée ;

Je lis mon paroissien

Couramment, sans nulle méprise,

Je sais coudre et tisser,

Chanter le dimanche à l'église

Et puis rire et danser ...

J'ai fait pour le bénit [1] de Pâque,

Rien qu'en beurre, un agneau

Qui reposait sur sa plaque,

Tout frisé sur sa peau,

Et si parfait de ressemblance,

Qu'on le croyait vivant,

Quand on le voyait à distance

Le drapeau rouge au vent...

Mon adoration des Mages,

A la fête des rois,

Eut un grand succès, comme images ;

On admirait les trois

---

(1) On appelle ainsi en Pologne le premier repas de viandes béni par le prêtre après la semaine sainte de jeûnes et de contrition.

Vieillards, leurs présents magnifiques,
    Et le sublime enfant,
Aux traits gracieux, angéliques,
    Au regard triomphant.

De tout le pays à la ronde,
    On accourait les voir :
Mon art était aux yeux du monde
    Magique en son pouvoir.

je sais aussi tresser guirlandes
    Et couronnes de fleurs
Pour le saint autel, en offrandes,
    De toutes les couleurs...

Que j'aime lierre et chèvrefeuille
    Grimpant au haut des toits.
Et le muguet que l'on recueille
    Sur les prés, dans les bois...

Je perds mon temps en rêverie,
    Songeant aux fleurs, aux fruits,
Au lieu d'aller à la prairie
    Tirer de l'eau du puits.

(Elle sort en chantant.)

« Lucas disait à Fanchonnette :
  « Daignez me regarder »
Allons ; trêve à ma chansonnette ;
  Ma mère va gronder...

Voyant monter avec la chaîne
  Le godet rempli d'eau,
Je me mire dans la fontaine...
  Oh ! Le riant tableau !...

Le puits tout noir a l'air d'un gouffre ;
  Dieu ! quelle profondeur !
Ce n'est pas vraiment que je souffre,
  Mais je tremble de peur...

M'appuyant contre la margelle
  Je ne cours nul péril,
Et j'ai pour une jouvencelle,
  Un courage viril.

Je ne crains que les grosses mouches,
  Les guêpes du jardin.
Les béliers, quand ils sont farouches,
  Et le cygne au bassin ;

J'ai peur aussi sous la nuée,
  Du brillant arc-en-ciel,
Dont la présence est saluée
  Comme un gage éternel
De paix et de bonté divine ;
  Car il ravit, dit-on,
La pauvre âme qu'il fascine,
  Bien loin, sur son rayon...

La foudre enfin et le tonnerre
  Excitent ma frayeur ;
Quand les éléments sont en guerre,
  Qui donc n'aurait pas peur ?.

Mais quand je me trouve à l'église,
  Près de l'autel aimé,
Nulle crainte n'a plus de prise
  Sur mon être charmé.

Je suis heureuse, épanouie,
  Adorant le bon Dieu,
Priant en extase, éblouie
  Par l'éclat du saint lieu.

Les esprits forts, les incrédules
    Me prennent en pitié;
C'est bien eux qui sont ridicules,
    D'avoir sacrifié
Aux passions vaines et viles
    L'élan au but divin !,,.

Si les alouettes agiles
    S'élèvent le matin
Au-dessus des moissons dorées,
    Pour chanter leur bonheur,
Dans les régions azurées ;
    Ne peut-il donc, mon cœur,
Se réjouir, avec délice,
    Du salut éternel,
Et prendre part au sacrifice
    Qui se passe à l'autel ?

M'exhortant à l'obéissance,
    Mon confesseur me dit,
D'avoir à faire pénitence
    Pour le moindre délit.

Curieuse, bien que dévote,
    D'apprendre à bon marché,

Comme l'on punit une faute,
J'ai commis un péché,
Versant exprès du miel à table,
Non par distraction,
Pour mériter, humble coupable,
Une punition.

Et savoir, par expérience,
Ce qu'est le châtiment ;
N'ayant eu dans mon existence
Aucun désagrément.

Au doux printemps de ma jeunesse,
Je vois passer les mois,
Sans avoir connu la tristesse...
Si fait, pourtant, trois fois
J'ai répandu des pleurs en masse :
Quand grand'mère mourut
Et me bénit sur sa paillasse,
Priant pour mon salut ;

La seconde fois, quand l'église
Brûlait aux alentours ;
Je me levai, rien qu'en chemise,
Pour voler au secours ;

Un jour enfin, je dois le dire,
  Un vieux barde au logis
Vint nous réciter sur sa lyre
  Un refrain du pays.
Sa romance triste et navrante
  Contait le sort cruel
De notre Pologne saignante
  Qui prie en vain le ciel ;

Je ne pus retenir mes larmes ;
  Je fondis en sanglots,
— J'eusse bravé tous les gendarmes ; —
  Mes pleurs coulaient à flots,
Inondant la lyre du barde
  Dont je baisai la main,
En implorant la sainte garde
  Du Maître souverain...

L'astre du jour perce la brume,
  L'oiseau fredonne aux champs ;
Aussi légère qu'une plume,
  J'éprouve par moments
Un poids au cœur, une souffrance
  Qui me fait soupirer ;

Le mal dans son intermittence
Me laisse respirer ;
Et je reprends, insoucieuse,
Mon naturel si gai,
Pour être de nouveau rêveuse,
Sans savoir ce que j'ai...

III

C'EST TOUJOURS LA MÊME CHOSE

La glace est disparue et la neige fondue ;
Le torrent coule en liberté ;
Une troupe d'oiseaux, dans les airs répandue,
S'envole avec rapidité.

Au-dessus de l'étang, d'agiles hirondelles
Rasent l'onde, en formant des ronds,
Puis, s'élevant toujours, tracent à tire d'ailes,
Aux cieux, des cercles vagabonds.

Sur le pré verdoyant, dans l'herbe drue et fine,
    S'étalent vaches et moutons,
Sous les yeux du berger, couché sur la colline,
    Aux gais refrains de ses chansons ;

La brise printanière agite la campagne,
    Fait trembler les frêles roseaux,
Et se perd dans les bois, au haut de la montagne,
    Murmurant sous les verts rameaux.

Quand se tait la chanson, la cloche de l'église
    Résonne au loin par son appel,
Ou du parfum des fleurs la jaune abeille éprise,
    Bourdonne, butinant son miel.

Réchauffée au soleil, la nature ravie
    Trouve de merveilleux accents...
Oh ! comme tout fleurit ! Qu'elle est belle, la vie,
    Aux rayons dorés du printemps ! !...

Sous un orme touffu, près du ruisseau qui coule,
    Attentif, j'écoute les sons
Joyeux et triomphants de l'oiseau qui roucoule
    L'amour heureux sur tous les tons.

Oh ! viens souvent encor, fauvette mon amie,
    Chanter l'ivresse et le plaisir
A mon amour qui se glace, à ma muse endormie
    Que n'éveille plus le désir...

Je me sens rajeuni par ta voix amoureuse,
    Et par le souffle pénétrant
Des beaux jours, oubliant, dans mon ardeur fiévreuse,
    L'âge qui fuit, comme un torrent.

Le céleste bluet perd sa teinte idéale,
    Sous l'astre ardent qui brille en plein ;
Sautillant sur les champs infinis, la cigale
    Murmure l'éternel refrain.

Sous l'abri du millet, la caille grassouillette
    Chante et répète : « à la moisson ! »
Allez bien vite aux champs, décrocher faux, serpette,
    Pour obéir à la chanson.

Profitez du beau temps, avant le sombre orage
    Qui penchera les blonds épis
Dont pour vivre a besoin plus d'un pauvre ménage ;
    Merci, caillette, de l'avis !...

Attendez, mes enfants, la récolte prochaine
    Et le blé nouveau du bon Dieu.
Votre mère cuira le pain de la semaine,
    .Mettant la pâte fraîche au feu,
Et vous en servira tout une miche à table.
    Courez gaîment, la faux en main,
Fillettes et garçons. La moisson favorable
    Vous donnera du nouveau pain.

Le fer grince en fauchant, le blé se lie en gerbe ;
    Mais à midi, trêve au labeur :
A l'ombre d'un poirier on se couche sur l'herbe,
    Où fuit un lièvre, pris de peur.
Et le soleil répand une chaude lumière,
    Éclairant le ciel bleu d'azur ;
Et les fruits variés, colorant l'atmosphère,
    Mêlent leur parfum à l'air pur.

Les pommiers, aux beaux fruits, se penchent vers la terre,
    Sous le fardeau de leurs trésors ;
Les garçons vont chercher, en hâte, à la chaumière,
    Des perches servant de supports ;

Le grand-père, au logis, sourit à leur adresse,
Et leur donne de bons soutiens...
Je voudrais parvenir à sa verte vieillesse,
Et toujours vivre avec les miens...

Au milieu du brouillard, sur la vaste étendue,
Ont cessé les travaux des champs;
Le calme du repos, sur la terre tondue,
Remplace les cris et les chants.

Sur la route, on entend le bruit d'une charrette:
Le bétail revient au logis,
Et beugle dans la plaine. Au puits, une fillette
Remplit sa cruche vis-à-vis;

Au jardin les garçons s'escriment à la bêche,
Sous les regards du vieil aïeul,
Et leurs sœurs, babillant, battent la fibre sèche
Du chanvre mûr, sous le tilleul.

La famille, occupée à des soins domestiques,
Quand vient la pluie, a bon abri,
Près de l'âtre flambant et sous les toits rustiques,
Où la femme aime son mari.

Je promène, ravi, ma douce rêverie ,
    Du seuil au foyer maternel;
Je prefère à tout bien, mon hameau, ma patrie,
    Et je bénis ce coin du ciel

Dont les fils sont vaillants et les femmes aimables,
    Où les oiseaux chantent l'amour ,
Où la terre est féconde en produits admirables ;
    Pays, qui sera libre un jour !

Certes, je ne connais rien de plus sympathique ,
    Que le tendre attrait de doux yeux,
Le sourire indulgent d' une amie angélique ,
    Et la terre de mes aïeux ;

Rien n'enflamme aussi bien, que la pensée ardente ;
    Rien n' est chaud, comme un sein aimant !
Que sait-on de plus dur, que languir dans l'attente ?
    De plus doux qu'un être charmant ??..

J'aime plus vivement ma patrie et ma mère ;
    Mon arme chérie est la faux ;
La foi vive me rend toute peine légère,
    Et mon cœur bat sous les drapeaux . . .

Les méchants et les bons se mêlent dans ce monde,
  Comme l'ivraie au grain ; c'est sûr :
Mais je n'y pense pas, quand le travail abonde,
  Occupé, dans mon coin obscur,
A soigner mes parents, mes outils, ma famille ;
  Si j'ai quelque instant de loisir,
J'embrasse mes enfants et ma femme gentille,
  Me reposant avec plaisir,
Ou je contemple, ému, la nature splendide
  Dans ses tableaux clairs et sereins,
Et, cueillant le regain sur la prairie humide,
  De Dieu je scrute les desseins.

IV

LA PLUS BELLE

Séduisante est la jeune fille
En pleurs, gracieuse et gentille,
Qui prie à genoux le bon Dieu
Pour son pays qu'on met en feu..

Ravissante est la jeune espiègle
Qui vous fixe d'un air mutin,
Court et sautille dans le seigle,
Sourit, oubliant son chagrin,
Et danse une ronde joyeuse,
Aux gais accents d'une chanson...

Les enfants suivent la charmeuse,
Vive et forte comme un garçon,
Les grenouilles plongent dans l'onde,
Les lézards glissent sur le sol,
Redoutant la folâtre blonde
Et l'essaim bruyant dans son vol...

Les gais bambins sur la prairie
Se dirigent d'un pied léger,
Avec la grande sœur chérie,
Brunie à l'air, vers le verger ;

Ils s'abattent sur la verdure,
Comme des pigeons sur les toits,
Ou des moineaux sur la ramure
D'un chêne, fiers de leurs exploits.

Les fleurs entr'ouvrent leur corolle,
Les fruits mûrissent au désir
De la fillette qui les frôle,
Les goûte et rougit de plaisir.

Attrayante est la vierge encore
Qui sent pour la première fois
Bondir le cœur, à son aurore,
Voyant le héros de son choix ;

Chaste, sous l'aile de sa mère,
Elle ignore l'âpre douleur ;
Et nulle larme à sa paupière.
De ses ans ne ternit la fleur !..,

Pourtant, elle tremble et soupire,
Sous l'aiguillon d'un tendre amour,
Et baisse les yeux, sans rien dire
Au prétendant qui fait sa cour.

La cloche appelle à la prière ;
L'innocente court à l'autel
Retrouver dans sa foi sincère
Le calme heureux de l'ange au ciel.

Plus tard, à l'union divine,
La promise, échangeant d'anneau,
Jure de sa voix argentine
Fidélité jusqu'au tombeau
A son cher époux pour la vie,
Tenant l'étole du curé,
Le cœur épris, l'âme ravie,
Rêvant au bonheur désiré.

Qu'elle est belle la mariée,
Aussi pure que le cristal,
Laissant voir la grâce, alliée
A l'amour sans borne, idéal...

Mais je trouve, moi, la plus belle,
La jeune Polonaise en deuil,
A son pays toujours fidèle,
L'aimant sans peur, avec orgueil...

Au père, mort en Sibérie,
Elle a promis de n'épouser,
Que le vengeur de sa patrie,
Qui, seul, saura l'apprivoiser...

Elle attend, fière et résignée,
Le noble vainqueur espéré
Qui, dans une époque éloignée,
Obtiendra sa main, à son gré.

V

LA VIORNE [1]

Une viorne, aux longues tresses
Qui retombent en éventail,
Effleurait l'eau de ses caresses,
Mouillant ses grappes de corail,
Et se mirait dans l'onde claire,
En souriant à son miroir...

La coquette désirait plaire,
Et livrait au zéphyr du soir
Sa souple, verte chevelure,
Les perles de rosée aux yeux,
Sa svelte élégante tournure,
Et ses fruits rouges, gracieux.

(1) Arbrisseau de la famille des plantes caprifoliacées; l'espèce dite : l'*obier*
a pour fruits des drupes rouges qui pendent en grappes.

Sous la ramée, à son ombrage,
Jeannot, assis près du ruisseau,
Faible et souffrant à son jeune âge,
Fredonnait sur son chalumeau
Un air triste, mélancolique,
Et l'écho des bois répétait
Les sons de la flûte rustique,
Chantant l'amour et son attrait.

La tendre Viorne, en cachette,
Penchait sur lui ses verts rameaux,
L'écoutant, comme une fillette
Attentive, dans les roseaux...

Lorsque en automne, on mit en terre
Le corps glacé du bon Jeannot,
Sous une croix, au cimetière,
Dans un cercueil, sombre cachot,
On vit frissonner la Viorne,
Se dépouiller de ses atours,
Et jeter à l'eau, nue et morne,
Feuilles et fruits de ses amours.

VI

LES DEUX AMES

Dans les cieux, où les saints rayonnent de clarté,
Deux âmes, traversant la vaste immensité,
Se croisent sur leur route, au-dessus des nuages ;
L'une arrive, en tremblant, du pays des orages,
Couverte d'un linceul ; l'autre a l'air radieux
D'un bel astre éclatant, aux rayons lumineux.
Face à face, à présent, les âmes des deux mortes,
Lorsque l'éternité leur eut ouvert ses portes,
En se reconnaissant, s'interpellent soudain
Touchant leur vie humaine et leur passé mondain.

« C'est toi, *Marthe* autrefois ? » « C'est toi, jadis *Marie*
Dit l'autre, rejetant sa longue draperie :

« Que ton visage est noir ma sœur ! »
Reprend Marie avec candeur :

« Toi, blanche comme la muraille
Fraîchement crépie, au reflet
De lis et de rose, à la taille
Si flexible, au regard coquet!...
As-tu bu quelque herbe mauvaise?
Pris un bain dans une fournaise? »

— « Non, sœur! Le jus d'herbe guérit
Souvent, et le feu purifie!
Mais je me reproche un délit,
Dont le méchant se glorifie,
Fier des larmes qu'il fait verser...
Je fus mauvaise pour ma mère
Qui n'a plus voulu m'embrasser;
J'ai bu ses pleurs, boisson amère!
Elle a terni tous mes attraits,
Flétri mon teint, ravi ma paix!

« A ton tour, dis-moi sœur chérie,
D'où te vient ta beauté fleurie?...
Misérable glaneuse aux champs,
Pauvre et débile créature,
Tu m'inspirais à ton printemps,
Pitié pour ta frêle nature!...

Je m'attristais à ton aspect,
Tant il était chétif, abject.
A quelle eau pure, à quelle source
As-tu lavé tes vils haillons
Et ta misère sans ressource ?...
Est-ce au lac, dans les clairs sillons,
Tracés au soleil par le cygne
Qui, nageant, baigne sa blancheur
Et suit sa course, fier et digne,
Étalant sur l'eau sa splendeur ?...
Ou dans l'onde mystérieuse,
Dormant au bois, la paresseuse,
 A l'ombre de touffus ormeaux,
De joncs couverte et de roseaux ? »

L'autre répond humble et modeste,
D'une voix candide et céleste,
Pareille au son de l'angélus,
Vibrant dans l'âme des élus :

« Non, je ne me suis pas lavée
Dans le lac reflétant l'azur
Du ciel, et pas même abreuvée
A la source du ruisseau pur

Qui sort des bois et court rapide,
Parmi les fleurs, clair et limpide...
J'ai mouillé de mes pleurs mon sein,
De mes larmes j'ai pris un bain... »

Et puis s'envole rayonnante,
Dans sa blanche robe éclatante,
Vers les espaces lumineux,
Où sont les anges dans les cieux.

VII

EXTASE

2

LE CIEL

— « Daignez me raconter, bonne mère adorée,
Ce que vous avez vu dans la sphère azurée ! »

— « Un ange m'enleva là-haut, au paradis...
De grands arbres ornaient un vert et frais tapis;

5.

De superbes poiriers et des pommiers splendides ! .

A leurs branches pendaient, sous l'aspect de fruits d'or,

Les âmes des élus, heureuses et candides ,

En récompense au ciel du précieux trésor

De parfaite innocence et de vertu sur terre ;

Elles se balançaient dans la tiède atmosphère,

Etalant des beaux fruits le coloris vermeil

Et la forme arrondie, aux rayons du soleil...

Dieu garde d'y toucher !... car la pomme cueillie

Monte et vole aussitôt dans l'espace et l'azur,

Où le jaune froment aux fleurs pourpres s'allie ;

Essaim d'anges ailés, d'esprits, au souffle pur,

Qui s'inclinent aux pieds du souverain du monde,

Sous la forme d'épis, s'agitant comme l'onde.

Les pavots, les bluets qui dans ces champs divins

Fleurissent par milliers, sont des êtres humains,

Changés, après leur mort, en belles fleurs agrestes,

Parant de leurs couleurs les régions célestes ! »

— « Dites-moi, bonne mère, où sont-ils, nos aïeux ?

Notre-Seigneur Jésus, que fait-il dans les cieux ?

Et la vierge Marie, étoile lumineuse ,

Brille-t-elle toujours dans l'azur, radieuse ? »

— « Mon cher enfant, Jésus est le divin pasteur
Qui guide le troupeau de brebis toutes blanches
Sur le gazon fleuri de l'Eden enchanteur ,
Au feuillage éternel des arbres sur leurs branches .
Dans ces êtres, plus blancs que la neige en hiver,
A leur mort, ont passé les âmes bienheureuses
De nos dignes aïeux, au front pur, à l'air fier ,
Des soucis passagers sur la terre oublieuses ......
La mère du Sauveur tisse pour les mortels
La toile destinée aux pauvres orphelines
Qu'elle daigne entourer de ses soins maternels ,
Tissant, pour les vêtir, avec ses mains divines ;
Mais en automne, hélas ! le vent frais du matin
Rompt le frêle tissu, l'eau qui tombe l'asperge ;
Et l'on voit sur les champs, lors de la Saint-Martin ,
Eparpillés dans l'air les longs fils de la Vierge. »

— « Et que font, bonne mère, au ciel les chérubins ?
Et les saints trépassés, anges ou séraphins ? »

— « Les anges, sur la nue, apparaissent sans voiles,
Et luisent, clairs flambeaux, pareils à des étoiles.
Ils prennent en pitié nos chagrins, nos douleurs,
Et répandent alors en gouttes de rosée,

De leurs yeux attendris des larmes et des pleurs
Qui font germer le blé dans la terre arrosée..»

— « Le puissant Créateur, si bon et si parfait,
Sourit-il comme nous, quand il est satisfait ? »

— « Oh ! curieux enfant ! Dieu qui nous autorise
A'rire avec gaîté, peut tout faire à sa guise . »

— « Les anges savent-ils jouer du violon ,
Aussi bien que l'orchestre, à la noce, au vallon ? »

— « Beaucoup mieux, mon garçon. Leur céleste musique
Emeut et ravit l'âme, aux accents d'un cantique. »

— « Qui leur apprit ma mère à jouer aussi bien ? »

— « Celui qui fait chanter le tendre musicien ,
Le rossignol au bois. Le bon Dieu les inspire,
Et fait vibrer l'amour dans les sons de leur lyre . »

— « Voit-on, petite mère, en ce beau paradis,
Le village voisin, notre chaumière unique ,

Le bétail sur le pré, ma sœur Rose au logis ,
Mon père à la charrue, à son travail rustique ,
Pierrette et ses dindons, les hélant de la voix ,
Le bon vieux qui mendie au portail de l'église ,
Et la ronde d'enfants, vêtus rien qu' en chemise ,
Qui s'ébattent, joyeux, sous le tertre à la croix ? »

— « Certe, on y voit bien tout, ce qu' on fait, ce qu'on tra
Ici-bas, actions et projets de toute âme ....
Les saints, en les voyant, déplorent nos péchés ,
Et maudissent les gens par le vice entachés ;
Mais aussi la vertu, la bonté, la sagesse
Remplissent dans le ciel les anges d'allégresse . »

— « Faites-moi le récit des objets merveilleux
Qui s'offrirent là-haut, dans l'azur, à vos yeux. »

— « Un archange, couvert d'une blanche tunique,
Tenait ouvert en main le livre symbolique
Où s'inscrivent les faits des humains, jour par jour,
Causés par vanité, par haine, ou par amour,
Toutes leurs passions, leurs fautes, leurs faiblesses,
L'espoir et les regrets, la joie et les tristesses,

Les actes du passé, le présent, l'avenir,
Et les remords cuisants, fruits du vrai repentir ;
Le saint apôtre Pierre en feuilletait les pages,
Scrutant la destinée et l'histoire des âges,
Et proclamait le nom de celui que le sort
Doit sur terre frapper d'une prochaine mort. »

— « Dieu, pareil à l'éclair flamboyant dans la nue,
S'est-il montré vraiment sans voile à votre vue ? »

— « Non, mon cher petit ange ! Ebloui, l'œil humain
N'ose pas contempler le Créateur sublime
Dont la vive lumière aveuglerait soudain,
Par l'éclat des rayons, la créature infime
Qui voudrait, du regard, arriver jusqu'à Dieu,
Une gloire d'élus entoure le saint lieu,
Et voile le Seigneur d'un splendide nuage
Qui ne laisse pas voir son éclatant visage.
Le pur et doux reflet de l'ardente clarté
Sur les blancs séraphins qui dans l'éternité
Lui forment en ceinture une auréole blonde,
Parvient seul aux regards des mortels en ce monde. »

— « C'est fort loin, n'est-ce pas, ma bonne mère ? Il fau
Plus d'un mois sûrement pour arriver là-haut. »

— « Oh! quelle idée!.. Un mois ? Toute la vie humaine,
Saintement occupée, y suffit avec peine !
Etant juste et pieux, charitable au prochain,
Si l'on sait employer, dans un noble dessein,
Sa fortune et son temps, qu'on aime sa patrie
Et Jésus, l'on est sûr d'arriver droit au ciel,
Grâce au bien qu'on a fait, à la fin de sa vie ;
Saint Pierre ouvre aussitôt le séjour éternel,
Avec une clef d'or qu'il a comme concierge,
Et vous présente ensuite à notre sainte Vierge. »

— « Alors vous avez vu des objets ravissants
Qui vous attirent, mère, aux cieux éblouissants !
Quand vous irez encor là-haut, sur un nuage,
De grâce, prenez-moi dans votre beau voyage. »

— « Tu dois rester sur terre, au logis, mon garçon,
Pour porter à l'aïeul la soupe à la moisson,
Pour rapporter du bois broussailles et cerises.
Et qui donc mènerait à l'eau les vaches grises ?

Les poulains en prairie, et les bœufs au labour ?...
Pour moi, c'est différent ! Il faut partir un jour !...

— ‹ Ne parlez pas de mort... Oh ! vivez, je vous prie !..
Assez d'âmes mon Dieu ! peuplent déjà les cieux,
Sans vous !... Mais revenons à votre rêverie :
J'écoute, émerveillé, ces faits prodigieux ! »

2

LE PURGATOIRE

« Un sentier ténébreux, chemin expiatoire,
Mène, en pente inclinée, du ciel au purgatoire...
Là, siège la tristesse et règne le chagrin ;
Là, toute âme languit, tout être est orphelin...
Ceux qui depuis longtemps subissent l'âpre peine,
Ont les yeux désséchés, la démarche incertaine,
La bouche grand'ouverte... Une lueur d'espoir
Semble éclairer parfois leurs traits, les émouvoir ;
Le remords aussitôt leur ravit le sourire,
Et crispe le visage... Ils n'osent plus rien dire

Et, pris de sourde angoisse, errent silencieux
Dans l'espace et la nuit, en un cercle odieux...
Aride est la contrée, horrible à voir, déserte,
Sans abri, sans un arbre, à tous les vents ouverte ;
Le vent est glacial, le sol est sans gazon,
L'ouragan seul mugit et souffle à l'horizon...
Les âmes des pécheurs frissonnent d'épouvante,
De froid et de terreur, dans une morne attente... »

— « Ces pauvres gens alors, dans la froide saison,
A la pluie exposés, n'ont ni feu, ni chaumière,
Ni vêtements... Pourquoi sont-ils dans la misère,
Sans asile et sans toit ? Qu'elle en est la raison ? »

— « Ils ont dû délaisser et jardin et maison
Qu'ils avaient ici-bas, durant leur vie humaine,
Sans pouvoir y rentrer, et sont par leurs péchés
Pareils aux prisonniers qui, rivés à la chaîne,
Maudissent leur malheur, aux liens attachés,
Pleurant la liberté dans leur sombre domaine. »

— « Comment passent-ils donc leur temps sous les verroux

« Ils meurtrissent leur chair aux ronces, aux cailloux,

Dans leur marche, implorant la puissance divine,
Qu'elle leur pose au front la couronne d'épine...
Et l'ange des douleurs paraît au-dessus d'eux
Avec sa palme d'or, prêt à remplir leurs vœux,
Leur montrant dans le ciel la sanglante couronne
Dont coule le sang pur de Jésus sur son trône...
A l'aspect du Sauveur, de son cœur tout saignant,
— Auguste passion, sacrifice poignant,
Pour laver nos péchés — ils sont saisis de crainte,
Et refusent de prendre en main la palme sainte
Du sublime martyre... Accablés sous le poids
Des remords, consternés et craintifs à la fois,
Ils courent en fuyant, le cœur plein d'amertume,
Oiseaux effarouchés, se fondre dans la brume »

— « Le soleil ne luit pas sur ces pauvres pécheurs ? »

— « Il leur envoie au loin quelques faibles lueurs,
Quand les pieux chrétiens disent pour eux sur terre
Un Ave Maria. L'épais brouillard s'éclaire
Alors, laissant passer un tout petit rayon.
Qui réchauffe un moment la froide région ? »

— « Qu'avez-vous vu de plus encor, ma bonne mère ? »

— « Plus j'allais en avant, plus la douleur amère,
Enveloppant mon être, attristait mes regards.
Des esprits ténébreux, farouches et hagards
Surgissaient de la brume et, penchés sur la nue,
Examinaient dans l'air les courants et les flots
De leurs jours écoulés, qui passaient à leur vue,
Et dont les souvenirs provoquaient leurs sanglots ;
Amours, plaisirs impurs, scrupules qu'on surmonte,
Violant le devoir, les remplissaient de honte,
Et suggéraient au cœur le regret éternel
D'une vie adonnée au péché sensuel »

— « Ils pourraient, de la main, se couvrir le visage,
Pour ne pas voir les flots et le mal qui surnage.

— « Non ; les mains des esprits possèdent, mon enfant,
La clarté du cristal ; leur voile transparent,
Etendu sur les yeux, ne peut cacher à l'âme
Des objets répulsifs la forme ni la trame...
J'entendis, tout autour, un sourd gémissement ;
Me détournant alors, je me vis entourée
Dans l'espace assombri d'une foule éplorée

D'êtres malheureux qui, dans leur égarement,

Et, la tête inclinée, invoquaient ma pitié.

Je leur dis, en tremblant, quelques mots d'amitié :

« A votre châtiment comment porter remède ?

« Que faut-il obtenir, pour venir à votre aide...?

— « La grâce de Jésus et l'amour du prochain !

« A l'aspect du malheur soyez sensible, humain ;

« Suppliez l'Eternel ! Dites une prière

« Là-bas, aux champs des morts, où coule la rivière. »

Un cri rauque et navrant, douloureux souvenir,

Leur coupa la parole... Ils ne purent finir,

Etouffés par les pleurs qui tombaient des nuages,

Aussi dru, que la pluie abondante d'orages.

— « Oh ! L'effrayant spectacle ! et l'horrible milieu !·.

Vous n'avez pas trouvé d'enfants au purgatoire ?

Ces êtres innocents doivent plaire au bon Dieu ;

Ils ne font aucun mal et bénissent sa gloire ! »

— « Je m'assis fatiguée, en pleurs, sur un rocher,

Prise d'émotion, trop faible pour marcher,

Quand je vis des éclairs illuminer la nue,

Et pleuvoir en torrents de lumière à ma vue.

Les étoiles semblaient se détacher du ciel,
Et tomber, en roulant, dans l'abîme éternel...
En proie à la terreur, frissonnant sous l'empire
Du mirage éclatant, je sens l'obscurité
Tout envahir soudain... et dans l'ombre soupire
Un pauvre enfant qui crie et murmure à côté ;
Puis, d'autres cris encor s'élèvent de la plaine,
Vagissements plaintifs de nouveau-nés en peine
Qui me déchirent l'âme et me brisent le cœur,
Par les accents aigus, poignants de la douleur... »

— « De quels êtres, ma mère, était-ce donc la plainte ?

— « D'enfants infortunés, enlevés par la mort,
Avant d'avoir reçu sur leurs membres l'empreinte
Du baptême chrétien, tristes jouets du sort,
Ayant encore au front la tache originelle,
Implorant, à grands cris, une goutte de l'eau
Qui lave les péchés pour la vie éternelle
A ceux qui sont marqués du pur et divin sceau...
Les petits malheureux, les pieds nus, en chemise,
Arrivaient jusqu'à moi, ballottés par la brise ;
Je leur fis sur le front le signe de la croix,
Selon l'usage, et puis, en élevant la voix,

Je dis : « Je vous baptise, enfants, au nom du Père,

« Du Fils, du Saint-Esprit ! » avec une prière...

A peine j'eus fini, que les petits bambins

Prirent leur vol au ciel, au-dessus des nuages,

S'élevant dans l'azur, pareils aux chérubins,

Plus légers qu'une plume, aux radieux visages,

Suspendus dans les airs, comme en un réseau d'or...

Leur forme diminue en leur rapide essor ;

On les voit, au début, scintiller et sourire,

Onduler au zéphyr dans un blanc vêtement ;

Toujours moindres, en points lumineux se réduire,

Et disparaître enfin dans le bleu firmament...

Je vis aussi le ciel du fond du purgatoire,

A travers les corps purs de ces anges bénis,

Limpides, comme en verre, et proclamant la gloire

Du Christ, divin Seigneur, sur un beau trône assis,

Eclatant de splendeur, au sein de la lumière

Qui rayonnait dans l'ombre, étendue à ses pieds,

Parcourait tout l'espace, éclairait l'atmosphère,

Et venait à mes yeux ravis, extasiés...

J'allais toujours plus loin, récitant mon rosaire,

Foulant un sol pourri, couvert de belles fleurs

Qui voilaient à la vue un marais délétère,

Et formaient un tapis aux splendides couleurs,

Dignes d'orner le ciel de leurs charmants calices,

En festons et bouquets, si l'esprit infernal

N'avait trempé leur tige au fond bourbeux des vices

De luxure et d'orgueil, à la source du mal...

On entendait gronder, par moments, le tonnerre

Et la foudre, et puis l'ombre envahissait la terre..

Les éléments semblaient se combattre en fureur ;

Leur lutte remplissait mon esprit de terreur ;

Le présent me pesait et voilait de son ombre

Le passé, laissant voir l'avenir triste et sombre...

Mais, malgré ma faiblesse et mon dégoût amer,

L'immuable destin m'attirait en enfer.

3

L'ENFER

— « Qu'avez-vous vu, ma mère, au fond des noirs abîmes

Au séjour des damnés, châtiés pour leurs crimes ? »

— « En premier lieu, je vis une famille en pleurs :

Les misérables gens, dans leurs sombres douleurs,

Se reprochaient les uns aux autres leurs fautes,

Et se donnaient des coups de poignard dans les côtes.

O, l'atroce spectacle, horrible à voir, mon Dieu !

Que cette lutte infâme entre hommes, entre frères,

Tâchant de se détruire, enragés, tout en feu,

Femmes contre maris, les fils contre leurs pères ! !

Vile troupe de gens, de cruels spadassins,

Masquant de vils complots sous une lâche feinte

Que trahissait le sang aux bras des assassins...

J'aperçus une fleur qui croissait solitaire,

Enroulant un vieux mur de ses plis gracieux ;

Je voulus la cueillir...; c'était une vipère

Qui se dresse soudain, tout droit, l'air furieux...

Tout s'écroule en ruine, au milieu de ce gouffre,

Où l'on grince des dents, où l'on pleure, où l'on souffre,

Où règne le démon, l'ange odieux du mal,

Où chevauche, en hurlant, la sorcière, à cheval

Sur un balais »...

— « Quel air, ma mère, a-t-il le diable ? »

— « Il déguise parfois son génie implacable

Et malsain sous le masque attrayant et menteur

D'un habitant des cieux, d'un esprit tentateur,

Qui tend sur les humains sa toile d'araignée.
Une fois pris, on voit la mine rechignée
Du maître de l'enfer, du grand roi de la nuit, »

— « Nul repos, nul souris n'écarte les alarmes ?
Nulle clarté ne luit dans ce foyer de larmes ? »

— « J'ai bien vu la lueur d'un village enflammé,
Et le feu dévorant mon pays bien-aimé !...
J'entendis trois fois certe une gaîté bruyante :

A la mort d'un mari des suites du poison,
Préparé par l'épouse, une femme galante ;
La veuve inconsolable et libre, à la maison,
Fit faire au cher défunt de belles funérailles,
Pour cacher le venin qui rongeait ses entrailles ;
Motif de grande joie et de rire aux enfers !

Quand à l'église aussi cessèrent les cantiques,
Et que le vieux curé fut battu, mis aux fers
Par les vils oppresseurs des martyrs catholiques...,
Tout l'enfer retentit alors de cris joyeux,
Voyant le genre humain, adorer les faux dieux...

L'oubli momentané du châtiment terrible
Est, dans ce lieu maudit, le seul repos possible !...

Un tyran criminel, le désespoir au cœur,
Poussait des cris aigus, sur son lit de douleur,
Et se tordait les mains, pris d'angoisse mortelle.
Sous le crâne, un tison lui brûlait la cervelle ;
La sueur découlait du front ; les pleurs des yeux,
Comme une source ardente, embrasaient la figure
Du grand coupable en proie à des tourments affreux ;
Un serpent enroulé lui servait de ceinture,
L'étreignait de ses plis et lui mordait le flanc,
Déchirant sa chair rouge, altéré de son sang...
Il souffrait en enfer des tortures atroces,
Sans relâche et sans fin, en toute éternité,
Sans pouvoir expier tous ses crimes féroces,
Les outrages commis envers l'humanité...
Le feu, placé dessous, a l'air d'un arbre en flamme
Dont les rameaux ardents enveloppent le lit,
Le couvrant d'un réseau d'étincelles — les âmes
Des nombreux trépassés, victimes du bandit,
Qui lui mordent la chair, à présent par vengeance —;
Sous les tisons en feu, brûle tout une engeance

De réprouvés en tas, malfaiteurs moins connus

Qui se sont, pour de l'or, au noir démon vendus :

Hommes aux fronts d'airain, aux regards hypocrites,

A la bouche lascive, au sourire mielleux,

Espions, scélérats et viveurs émérites,

A langues de vipère, à longs dards venimeux,

Dont les ongles crochus sont pareils à des griffes,

Et le corps mal bâti à celui d'escogriffes. »

— « Cet insigne coupable est sans doute Judas

Qui trahit le Seigneur et causa son trépas ! »

— « Non certes, mon enfant ! Le grand Sauveur du mon

Descendant aux enfers, siège du vice immonde,

Vit le traître Judas qui, tout seul à l'écart,

Le fixait, en tremblant, d'un oblique regard.

Jésus, dans son amour pardonnant à la haine,

Fit tomber aussitôt ses liens et sa chaîne.

L'auguste Rédempteur de nos péchés humains

Daigna sur le pécheur jeter ses yeux divins,

Et, sondant jusqu'au fond son âme vicieuse,

La trouva, non punie, encor bien malheureuse...

Il ne prescrit aucune autre punition

Au traître repentant de sa lâche action,

Que d'avoir une bourse avec de l'or, unie
A jamais à sa main, pour rappeler sa vie...

Qui pourrait raconter les regrets, les douleurs
Des pauvres orphelins, le désespoir des veuves,
Les tourments d'une mère, à la recherche, en pleurs,
De son fils bien-aimé, les cruelles épreuves
De tous ces malheureux habitants de l'enfer
Dont les murs en granit et les voûtes de fer
Frémissaient, s'ébranlant sur leur base éternelle,
Au glas funèbre et lent de la trompe immortelle
Qui sonne l'arrivée et dit l'arrêt fatal
Aux damnés qu'a punis le jugement final.
Les corps ressuscités attendent près des tombes
Leur tour d'être jugés, pour toujours sans appel,
Des élus enviant le vol, blanches colombes
Qui prennent dans l'azur leur essor vers le ciel ;
Tandis qu'eux, assaillis de remords dans la bière,
Furent avec dégoût rejetés par la terre »

— « Les êtres infernaux n'ont-ils dans l'antre noir,
Pour soulager leurs maux, nulle lueur d'espoir ? »

— « Un sinistre rayon, une idée infernale
Eclaire les damnés... Leur esprit se régale
En pensant, que l'amour, l'espérance et la foi
Délaisseront la terre et que, sans frein ni loi,
Les mortels abrutis rouleront dans la fange
Et le crime, oubliant leur origine d'ange !...
Des démons en gaîté c'est l'éternel refrain,
De tenter d'avilir par l'or le genre humain,
Ou par le fol orgueil, ou par la femme impure
Qui fait mordre le sage au fruit de la luxure ;
Ils sèment, dans leur vol la nuit, les passions
Pour faire éclore au jour de basses actions...

Je marchais solitaire, allant avec prudence,
Redoutant tout appui, craignant la trahison
De tout œil dont jaillit la haine ou la vengeance,
Du sourire empesté l'infecte exhalaison...
Tant que j'existerai, j'aurai dans la mémoire
Les objets révoltants, les blasphèmes, les cris,
Les mots vils qui sortaient, dans ce laboratoire
Des vices et du mal, de ces êtres maudits...
Je porterai l'empreinte au cœur, toute ma vie,
Du stigmate infernal de l'abjecte infamie !...

Revenue à présent de l'ombre à la clarté,

Je ne sais : est-ce un rêve, ou la réalité ?...

Dans le monde vivant, les hommes vont aux armes,

Les femmes, soupirant, versent de chaudes larmes,

Le prêtre est en prière et je vois dans tes yeux

Un regard souriant aimable et gracieux

Qui me ravit le cœur et réjouit mon âme,

Me faisant oublier et l'enfer et sa flamme..

Une douce chaleur ranime tous mes sens,

Colore mon visage, au souffle du printemps ;

Grâce à lui je reviens à la joie, à la vie,

Et vois par ses rayons la campagne embellie,

Les tilleuls plus touffus, mes amis plus nombreux,

Plus verte la prairie et mes jours plus heureux.

L'eau du lac étincelle, éclatante et dorée ;

De chers petits enfants, sous la voûte azurée,

Se baignent nus et blonds, pareils aux chérubins...

Soyez béni mon Dieu ! J'ignore vos desseins,

Quel jour vous daignerez m'appeler de la terre

Pour chanter votre gloire au pays de lumière...

Oh ! ne me pleurez pas, au moment des adieux ;

Bénissez mon départ et fermez-moi les yeux ;

Priez avec ferveur que le Seigneur exauce
Mes vœux... Placez mon corps dans ma robe de noce ;
Déposez mon cercueil au cimetière... et là,
Entonnez, tous en chœur, le *Salve Regina !* »

VIII

BIENHEUREUSE

Les âmes des morts sur la terre,
Prises de peur, sont dans les mains
De l'ange gardien, tutélaire
Qui pèse leurs actes humains
Sur les plateaux d'une balance ;
Si les vertus et l'innocence
Surpassent le mal de leur poids,
L'âme, pour le prix de la croix
Portée au cœur dans cette vie,
Sent pousser des ailes d'oiseau,
Rayonner la joie infinie,
L'étoile au front luire en flambeau,

Et, d'atours célestes vêtue,
Elle oublie angoisses et pleurs,
Dans l'Eden, par la grâce élue
A cueillir les divines fleurs...
Voyant resplendir dans la nue
Ses grandes patronnes au ciel,
Sainte Anne et sainte Perpétue,
Elle se jette, à leur appel,
Aux pieds des saintes bienheureuses
Qui la guidaient aux cieux, joyeuses.

Elle aperçoit dans l'infini,
Rayonner dans l'azur béni,
Les saints, vénérés à l'église
Où s'implore leur entremise.
Près d'eux, une fille de roi,
Une vierge pleine de foi,
Jeune, humble et dévote princesse,
Donnant aux pauvres sa richesse,
Apaisant leur soif et leur faim,
Les servit de sa blanche main,
Travaillant, comme une ouvrière,
Pour les aider dans la misère,

Se refusant le superflu
Dans son existence royale,
Pour avoir le bien absolu,
Qu'enseigne la stricte morale...
Possédant esprit, grâce, attraits,
Vaste domaine et beau palais,
Aux vœux de pureté fidèle,
Elle n'avait qu'à faire un choix
Pour son union personnelle
Avec des princes ou des rois ;
Mais elle préféra s'unir,
Dans son âme chaste et candide,
Pour la vie et pour l'avenir,
Au-delà de la mort livide,
Avec notre divin Seigneur...

Elle se fit religieuse
Dans un couvent du Sacré-Cœur,
Fondé par cette âme pieuse...
Bonne, angélique et tout en Dieu,
Elle mourut dans le saint lieu,
Et chante à présent les louanges
De l'Éternel parmi les anges,

Tenant en main le saint couvent
Qu'elle habitait auparavant...

Plus loin, adorant le saint Verbe,
Un brave, honnête villageois
De blé tient au bras une gerbe
Dont il fit l'aumône autrefois
Aux affamés du voisinage ;
— De son salut précieux gage ! —
Le vieux et rustique caban
Resplendit sur le paysan,
Et les épis ont l'apparence
De l'or, dans leur magnificence ;

Tout à côté, ses enfants morts,
Chers petits anges sans remords,
Offrent des fleurs à l'âme errante
Accueillie au ciel, l'innocente,
Qui rencontre partout des saints,
Et leur fait le salut d'usage,
Glorifiant leurs fronts sereins,
S'inclinant, pour leur rendre hommage,
Devant saint Pierre, et son patron,
Jean qui lui valut le pardon

De ses péchés, et devant Claire,
Et Marthe et Thérèse en prière,
Tous les saints du calendrier,
Qui foulent le divin sentier...

Des évêques en robe blanche,
Sont assis, gravement, en rond ;
La bonté de leurs cœurs s'épanche
Et luit en auréole au front...

Toujours avec les bienheureuses
Qui la guidaient aux cieux, joyeuses,
L'âme dans son ravissement,
Contemple le bleu firmament,
Et le pur éclat des couronnes
Qui parent ses saintes patronnes...

— « Rien qu'un instant, laissez-moi voir
La Vierge au ciel, chères marraines,
La mère de Dieu, notre espoir,
L'objet aimé de nos neuvaines !...
Je vis un jour, en vision,
Son auguste apparition,

Au moment où je devins mère
De mon benjamin qui, sur terre,
Mène paître notre troupeau,
En jouant sur son chalumeau... »

— « Quel est ton désir ? » — « Qu'elle veuille
Bénir mon enfant ! Qu'elle accueille
Le cher garçon avec bonté ! »

Elle vole dans la clarté,
Toujours avec les bienheureuses
Qui la guidaient aux cieux, joyeuses,
Et voit enfin le trône d'or,
Où siège la reine adorée,
Dans un éblouissant décor,
D'anges et d'élus entourée.
A ses ordres, des séraphins
Sont à genoux, sur les gradins,
Tous d'une beauté merveilleuse,
D'une grâce prestigieuse...

— « Sainte Anne ! où court cet ange ailé ? »
— « Vers ton enfant... Il va sur terre

Lui montrer le ciel étoilé,
Le soulager dans sa misère... »

— « Dieu soit loué ! Mais quel trésor
Tient un autre en son vase d'or ? »
— « Il porte une goutte d'eau sainte
De la source du paradis,
Au purgatoire, à l'âme, atteinte
De soif, pour ses péchés commis,
Qui se débat dans la souffrance,
Du ciel implore la clémence...
Cette âme est ton aïeule à toi,
Et prie à genoux avec foi... »

— « Dieu soit béni !... Ce troisième ange,
Où vole-t-il porter l'espoir,
Dans sa robe d'azur à frange,
Pareil à l'étoile du soir ? »
— « Il court rejoindre à la prairie
Le pasteur de blanches brebis,
Parrain de ta fille chérie.
Le vieux, couché près du taillis,
Médite les vertus des plantes
Qui guérissent les fièvres lentes ;

L'ange va lui dire en secret
Leur action et leur effet,
Pour soigner les pauvres malades
Qui des hameaux et des bourgades
Accourront prendre son avis,
Et s'en iront charmés, guéris,
Bénissant son expérience,
Due à la sainte providence. »

— « Dieu soit loué !... Je vois au ciel
Un blanc séraphin immortel,
S'envolant avec hardiesse,
Dépassant l'aigle en sa vitesse ! »

— « Il se hâte, allant au secours
D'un martyr pour sauver ses jours...
Le dur vainqueur tient à la chaîne
Ton frère et le meurtrit de coups...
L'esclave mourrait à la peine,
Sous le *knout* du monstre en courroux,
Si Dieu ne lui donnait la force
De supporter nu, sur le torse
Les verges du maître inhumain,
Sans périr, par un don divin... »

— « Dieu soit béni !... Je vois encore
Un ange, rougi par l'aurore,
Atteindre en son vol matinal
Le clocher de mon bourg natal... »

— « Il est porteur d'un doux message
A l'église de ton village.
La Vierge, au ciel, donne en cadeau
Au maître-autel un vert rameau,
Accordant sa grâce féconde,
La paix et le bonheur au monde.
Le peuple en fête vient offrir
Fruits et fleurs et se réjouir,
Que la faim, la peste et la guerre
Ne ravageront plus la terre.
Le dimanche, le bon curé
L'annonce, d'un ton inspiré,
Aux fidèles, et les fillettes,
En rubans et fraîches toilettes,
Apportent des gerbes de fleurs
A la reine des travailleurs... »

— « Dieu soit loué !... Mon âme émue
Rayonne de joie à la vue

De prodiges si merveilleux

Qui s'accomplissent sous mes yeux.

Je les grave dans ma mémoire,

Pour en faire l'exact récit

A ceux qui refusent de croire,

Dans le malheur, dans leur dépit,

A la divine providence

Qui console dans la souffrance,

Donne à tous sur terre le pain,

Et guide aux cieux le genre humain... »

— Rassure-toi, ma sœur aimée !

La foule écoute encor, charmée,

Les bons et pieux pèlerins

Qui lui récitent les divins

Préceptes du saint Évangile ;

Et s'agenouille, humble et docile,

Prenant l'eau pure au bénitier

Que surmonte dans une niche

Un ange qui semble prier,

Et préfère le pauvre au riche.

Celui-ci passe avec dédain,

De son argent trop fier et vain,

Tandis que les pâtres champêtres,
Dans leurs haillons, à demi nus,
Apportent en offrande aux prêtres
. Les fruits dans les bois répandus !...

Et l'âme avec les bienheureuses
Qui la guidaient aux cieux, joyeuses,
Effleure, en son vol, dans les airs
Des milliers d'êtres blonds et clairs
Qui forment au ciel des nuages
Au fond des célestes parages...
Les uns, au regard radieux,
Tissent un réseau précieux
De fils teints à l'aube vermeille
Qui, se croisant, font une treille
Pour la vigne du paradis ;
Un autre, à travers un tamis,
Jette des grains à des colombes ;
Au glas qui sonne sur les tombes,
Des anges, au seuil immortel,
Accueillent les âmes au ciel ;
Des séraphins, pleins de croyance,
Tendent l'ancre de l'espérance

Aux infortunés naufragés
Dans les passions de la vie,
Indiquant à leurs protégés
La voie au ciel par eux suivie ;
D'autres travaillent aux tissus
De fils d'or pour les saintes âmes ;
Et des êtres, d'azur vêtus,
Fabriquent des rayons de flammes,
On découpent dans l'arc-en-ciel
Des festons pour le saint autel...

L'âme innocente et radieuse,
Approchant toujours des saints lieux,
Où règne et brille, lumineuse,
L'éblouissante reine aux cieux,
Se disait à part, l'ingénue :
« Si je pouvais étendre encor
La divine grâce, obtenue
Pour mon garçon, mon cher trésor,
Sur mon seigneur, sur ma maîtresse,
Qui prirent soin de ma jeunesse. »

Au même instant, de doux accents,
De la terre se font entendre ;

Des sons confus, reconnaissants,
Un murmure suave, et tendre...

Elle écoute et distingue enfin
Les pures actions de grâce
De ses maîtres dont le destin
Subitement changea de face,
Et leur sourit dans le bonheur...

L'âme alors, en joyeuse humeur,
Bénit sa patronne, attendrie,
Qui lui dit d'un air gracieux
Et souriant : « Ma sœur chérie !
Ton humble foi, ton cœur pieux
Ont mérité la bienveillance
Du Maître et Seigneur, tout-puissant !
Il t'accueille et te récompense
Dans tes vœux, en les exauçant.
Sa bonté n'a pas de mesure !
Il rend le bien avec usure,
Donnant les moyens aux mortels
D'obtenir les biens éternels.... »

Et l'âme avec les bienheureuses
Qui la guidaient aux cieux, joyeuses,
Ne sait comment remercier
Sainte Anne et sainte Perpétue
Qui veulent bien l'initier
Au ciel qui s'entr'ouvre à sa vue ;
Elle voudrait baiser leurs pieds,
Le bout flottant de leurs tuniques...

Répondant à ses amitiés,
Les deux patronnes angéliques
Lui dirent : « Tu verras encor
Richesses, prodige et merveille
Dans le mystérieux trésor,
Au sein de l'aurore vermeille.
Demande à voir le trésorier ;
Il ne se fera pas prier... »

— « Avec plaisir... répond à l'âme
Le bon gardien, mis en éveil,
Et rentre dans la nue en flamme
Que dore, au couchant, le soleil.

Puis on entend un doux cantique,
Céleste et divine musique,
Suave orchestre aérien,
Comme un concert éolien,
Ou les faibles sons à distance
D'une noce qui rit, qui danse ;
Vague rumeur des violons,
Timides échos des chansons
Qui se perdent dans la prairie,
Chant gracieux de la patrie,
Qui vibre au loin à l'horizon,
Redit par l'herbe et le gazon,
Et pénètre dans l'atmosphère,
En berçant mollement la terre ;
Essaim d'abeilles dans leur vol,
Murmure de l'eau sur le sol,
Souffle caressant de la brise,
Tendres aveux d'une promise,
Appel de la cloche à la tour,
Quand l'aurore annonce le jour,
Ou des oiseaux le doux ramage,
Chantant l'amour dans le feuillage...
Des fleurs montent parfums, encens,
Et l'air répète les accents :

« Je vous bénis , vierge Marie,

« Dans votre céleste patrie !

« Je vous salue, ô, reine au ciel,

« Assise près de l'Éternel !... »

L'âme écoute, émue, en extase,

Contemplant le ciel qui s'embrase... ;

Elle aperçoit, sur du corail,

Des épis d'or, fruits du travail ;

Du repentir la douce larme

Attire ses yeux et les charme,

Elle a l'éclat du diamant

Et brille en haut du firmament.

Plus loin, repose dans son cercle

Le vrai bouclier de la foi

Qui sert maintenant de couvercle

A l'arche sainte de la loi ;

Le pauvre denier de la veuve,

A ses vertus servant de preuve,

Plus grand que la meule aux moulins,

Luit, comme une pièce d'or neuve ;

Au dessus, de beaux séraphins

Soutiennent, de leurs blanches mains,

L'auréole pure et sublime
Du sauveur de l'humanité
Qui nous purifia du crime,
Divin effet de sa bonté !...
Le sanglant diadème auguste
Qui couronna le front du Juste
De ses rayons de sang rougis,
Aveugle ses yeux, éblouis
De voir la couronne d'épines
Du Grand Martyr, du Fils de Dieu
Qui pour remplir les fins divines,
Ouvrit aux pécheurs le ciel bleu.
La sainte image lumineuse
Du Christ, mort pour nous sur la croix,
Remplit ciel et terre à la fois
D'une clarté délicieuse...
Les élus supportent son poids ;
Bien que, de ses bras, elle embrasse
Et les siècles, et tout l'espace,
Elle est si légère à leurs doigts,
Que le plus petit ange même
Pourrait porter le saint emblème...

L'âme, heureuse de voir la croix,
Dit ces mots d'une douce voix :
« Que n'ai-je fait pour ton service,
Dans ma vie, un grand sacrifice ?·.. »
Le trésorier lui montre alors
Un petit cœur en cornaline,
Une œuvre précieuse et fine,
Et dont émanent au dehors
Trois rayons brillants de lumière :
L'amour du prochain, la douleur
Calme et modeste, enfin sur terre,
Le dur et pénible labeur !...

Les compagnes de l'âme pieuse,
Guidant leur sœur dans l'infini,
Lui font voir, à la Bienheureuse,
Un vaste océan tout uni,
Au sommet, la brillante étoile,
La sainte Vierge, sous son voile...

— « Est-ce l'Eden, ce beau jardin
Que baigne l'onde d'un bassin ?...
Dit-elle émue à sa patronne :
Où luit, se reflète et rayonne

Le lis élevé , blanc et pur,
Ainsi que la robe d'azur
De la Vierge et reine céleste
Dont la gloire se manifeste ?... »

— « Son diadème transparent
Est formé des larmes touchantes
Des orphelins ; leur clair torrent
Crée au ciel ces fleurs éclatantes,
Chère âme sœur :... Regarde au fond ;
Tu verras, sous le flot profond,
Dans le grand espace sans borne,
Les glorieux peuples martyrs,
D'aspect résigné, sombre et morne,
Elevant au ciel leurs soupirs,
Vêtus d'une robe pareille
A la teinte qui t'émerveille
Au haut du ciel, limpide et bleu,
Et sur la Mère du bon Dieu... »

— « Oui ! Je reconnais mon village.
Oh ! Sainte Vierge, protégez
Les malheureux dans le naufrage !...
Ces pauvres gens qui sont plongés

Tout au fond, ces êtres étranges,
Sont-ils des hommes, ou des anges ? »

— « On ne voit dans la source aux pleurs,
Que des martyrs et des grands cœurs !...

Toujours avec les Bienheureuses
Qui la guidaient aux cieux joyeuses,
L'âme rencontre un beau vieillard ;
Sur son bâton, taillé sans art,
Un lis blanc, enroulant sa tige,
Étalait sa fleur par prodige.
Au miracle, elle reconnaît
Le vieux Joseph, le saint parfait
Et, s'adressant à sa patronne
Qui dans les airs la chaperonne,
L'âme lui soumet son désir,
Que l'époux qui sut couvenir
A la sainte vierge Marie,
La bénisse aussi pour la vie !...

Saint Joseph s'arrête soudain,
Et sur l'humble âme étend la main...

Simon, disant son patenôtre,
Lui croise ensuite le chemin ;
Puis Jacque et Jean, divin apôtre,
L'élève chéri de Jésus,
· Et saint Mathieu, l'évangéliste,
Épanouis, de blanc vêtus,
En longues toges de batiste,
Arrivent compléter la liste
Des saints fêtés dans l'almanach.
Il se promènent en zigzag,
Dans le beau paradis céleste,
L'air recueilli, grave et modeste.

« Je vous bénis, Seigneur, mon Dieu ! »
Dit l'âme ravie et surprise ;
« Vous me faites voir en ce lieu,
Les saints que j'ai vus à l'église... »

L'astre du jour de sa lumière
N'éclairait plus la sombre terre ;
Le bétail, près de l'abreuvoir,
Mugissait, en buvant, le soir ;
Le bêlement des brebis blanches,
Le chant des oiseaux sur les branches,

Les bœufs revenant du labour ;
Tout annonçait la fin du jour.
L'âme écoutait, émerveillée,
Les pieux chants de la veillée ;
Des petits enfants le son pur
Lui venait au cœur, dans l'azur,
Quand elle parvint, l'innocente,
Au trône où, dans sa majesté,
Brille et rayonne éblouissante,
L'auguste et sainte Trinité !

Sur la paroi du sanctuaire,
L'image peinte par saint Luc
De la divine Vierge et mère
Resplendissait d'or sur le stuc...

Les élus, admis à la fête,
Recevaient la communion,
A genoux, en courbant la tête,
Muets, en adoration
Devant l'autel, tout or et nacre,
Où les saints obtiennent leur sacre...

Au moment de la passion,
Ils pleurèrent d'émotion...,
Une musique harmonieuse
Fit entendre ses doux accords,
Une lumière merveilleuse
Envahit les âmes sans corps
Qui se fondirent en extase,
Sentant venir le Tout-Puissant...

L'univers trembla sur sa base ;
Le ciel devint éblouissant ;
Les morts à la vie en ce monde
Sentirent, en cette seconde,
Tout leur être brûler du feu
Sacré, qui les unit à Dieu...

« Lyre, ma compagne chérie,
Tu deviens sourde à mon appel
Et muette à ma rêverie !
As-tu peur de l'Être éternel ?
Ou ta corde est-elle brisée ?
Ou ta voix serait-elle usée ? »

— « Oh ! mes cordes sont bien d'accord,

Et ma voix est toujours flexible ;

Je pourrais chanter sans effort ;

Mais une force irrésistible

A mis la main sur ma chanson,

Pareille à l'espiègle garçon

Qui fait taire l'oiseau qui chante,

En ses mains saisi d'épouvante... »

IX

L'HIRONDELLE

Aux champs court une jouvencelle
    Dire aux fleurs le bon jour,
Plus légère encor, l'hirondelle
    Vole en rond, tout autour.

Et l'importune créature
    La poursuit dans les prés,
En effleurant sa chevelure
    Plus blonde que les blés.

« Fuis au loin ! Laisse-moi, ma chère ! »
« — Je ne puis vraiment pas ;
Je dois par l'ordre de ton frère,
　　Accompagner tes pas...

A l'aube, il m'a dit par la grille
　　De l'humide prison :
« Va voir ma sœur, la jeune fille
　« Qui reste à la maison.

« Ses beaux yeux bleus, en mon absence,
　　« Sont-ils mouillés de pleurs ?...
« Pleine de grâce et d'innocence,
　　« A-t-elle, au front, des fleurs ? »

X

L'AIGLE BLANC DE POLOGNE.

Aigle blanc, d'une aile héroïque
    Protège le pays !
Des Karpathes à la Baltique,
    Depuis le Dniepr conquis,
Jusqu'aux confins de l'Allemagne,
    Reprends au dur voisin
Les bois, les monts, plaine et campagne,
    Jusqu'au noir Pont-Euxin.

Aiguise ton bec sur la pierre
    Des sommets rocailleux ;
Chasse par force, de ton aire
    Les intrus orgueilleux ;
Reprends Léopol, Cracovie
    Aux mains de l'étranger ;
Préserve Vilna, Varsovie
    D'un terrible danger,

Rends ses frontières naturelles
  Au sol de nos aïeux.

Nous souffrons, traités en rebelles,
  Sous un joug odieux...
Qu'as-tu fait des belles victoires
  Du drapeau polonais ?
On nous reprit honneurs et gloires,
  Nous foulant sous le faix
D'une oppression tyrannique...
  Sceptre des Jagellons,
De nos rois *Piast* couronne antique,
  Vous tombez en haillons !...

Dans le creux d'une roche nue,
  L'aigle pousse des cris
Qui d'en haut, traversant la nue,
  Portent joie au logis ;

« Gardez-moi votre confiance,
  Je suis roi des oiseaux
Et des Sarmates. Ma présence
  Guidera vos drapeaux

A des victoires glorieuses.

    La couronne, en lieu sûr,

Attend des heures plus heureuses,

    Un ciel brillant et pur,

Pour couvrir de son diadème

    Les deux peuples, unis

Par les malheurs, par leur baptême

    Sanglant, de Dieu bénis !...

« Les Lithuaniens fidèles

    Et les bons Polonais,

Dans des agapes fraternelles,

    Vivront toujours en paix.

Jamais Dieu ne nous abandonne ;

    Il choisira l'élu,

Pour porter au front la couronne,

    Par son ordre absolu...

Peut-être, comme à l'origine,

    Le Seigneur a le plan

D'accorder sa faveur divine

    A quelque paysan [1] ...

---

[1] Le premier roi de la dynastie des Piast en Pologne, fut un paysan.

« Ou la nation, inspirée
　　Par le souffle de Dieu,
La déposera, vénérée,
　　Sur l'autel, en saint lieu,
Inaugurant en république
　　L'Etat libre, emprunté
A la morale évangélique
　　De douce égalité ;

« Les lois alors et la justice
　　Régneront en commun,
Sans roi, ni bourreau, ni police,
　　Pour le bien de chacun,
Depuis les sables de l'Afrique
　　Des nègres affranchis,
Jusqu'aux glaciers du pôle arctique,
　　Sous un régime exquis... »

Il se tut, en battant de l'aile...
　　L'écho redit le soir,
Les chants des guerriers pleins de zèle,
　　Des martyrs du devoir !...

XI

LE FOSSOYEUR

Dans un sombre cimetière,
  Des corps entassés
Attendent une prière
  Pour les trépassés.

L'astre du jour, terne et rouge,
  Fait place à la nuit ;
L'air est glacé, rien ne bouge
  Sur terre ; nul bruit...

Là, sous la neige qui tombe,
  Un vieux fossoyeur,
Soucieux, creuse une tombe :
  — « Dis-moi, pourvoyeur

« Des morts qui s'en vont du monde
 Dans l'éternité,
Pour qui la fosse profonde ?
 Ce trou redouté ?? »

— « Je le destine à moi-même ;
 Lorsque sonnera
De mes jours l'heure suprême,
 Nul n'y songera.

« Je connais bien ma mesure,
 Largeur et hauteur,
Pour faire ma sépulture
 De bonne longueur.

« Tous ont quitté le village,
 Et vivants et morts ;
Les uns pour le grand voyage,
 Malgré leurs efforts.

« Les autres, dans leur misère,
 Ont fui le vainqueur
Qui pille la plaine entière,
 Ravage et fait peur.

« J'ai préparé la demeure
    Pour maître et curé,
Pour Madame que je pleure,
    Le cœur tout navré ;

« Et de petites cellules
    Pour ses chers enfants
Qu'ont massacrés, sans scrupules,
    Les maudits brigands.

« Je les ai mis dans la bière
    Et porte leur deuil ;
Je dois à l'heure dernière
    Avoir mon cercueil.

« Les peureux prirent la fuite
    Laissant leur avoir ;
Moi je reste dans mon gîte
    Fidèle au devoir ;

« Et je pioche dans la terre,
    Sachant le péril ;
Mais j'aime mieux être en bière,
    Que vivre en exil.

« Le vent souffle avec furie
　　Sur nos vaillants fils
Qui meurent pour la patrie,
　　Vaincus et meurtris ;

« Il passe, comme une trombe,
　　Terrible en son vol,
Et répandra sur ma tombe
　　Le sable du sol... »

— « Crois-moi ! Sauvons-nous, mon brave,
　　Par un prompt départ... »
Le fossoyeur, pâle et grave
　　Répond : — « C'est trop tard ;

« Je ne sors plus de ma fosse... »
　　Puis, en soupirant,
Implore Dieu, qu'il exauce
　　Les vœux d'un mourant...

Au loin sévit la tempête
　　Et brise les croix ;
Les loups, relevant la tête,
　　Hurlent dans les bois.

Les Russes, bien plus terribles,
    Brûlent le hameau,
A l'infortune, insensibles,
    Pareils au bourreau.

Le passant, pour fuir leur vue,
    Et sauver sa peau,
Reste, immobile statue,
    Derrière un tombeau.

Et maudit dans sa colère
    Le cruel destin
De la Pologne au calvaire
    Qui souffre sans fin,

Qui gémit et qui succombe,
    La croix sur le dos,
N'a même pas dans la tombe
    Un lieu de repos.

« Que fait donc la providence
    Et Dieu dans les airs,
Pour laisser dans la souffrance
    Tout un peuple aux fers ?

« Faut-il imiter en peine
Le vieux fossoyeur,
Et s'affranchir de la chaîne,
Sous terre, et sans peur ?... »

Voyant sa plainte inutile,
L'homme malheureux,
Saisi de rage fébrile,
Menaça les cieux,

Prit une motte de terre,
En cher souvenir,
Et quitta le cimetière,
Sans plus revenir...

XII

RAWICZ

« Une seule pensée allège ma douleur,
Mon amie et ma sœur ! C'est que dans son malheur,
Mon époux héroïque, impassible aux injures,
Intraitable et muet, même dans les tortures,

N'a dévoilé le nom d'aucun des conjurés,
Dans les liens, fidèle à ses serments jurés.

« Quand j'aperçois la tour et son affreux grillage,
Mon sang reflue au cœur et je perds tout courage ;
Chacun de mes cheveux est trempé de sueur
Qui me glace le front... Je me livre à la peur,
Et je prie, à genoux, la clémence divine
D'arracher le martyr au sort qu'on lui destine.

« O bonne et chère sœur ! Regarde la prison ;
J'aspire un doux parfum suave à l'horizon,
Le vent me souffle au cœur le murmure des chênes,
La fraîcheur des grands bois, et l'arome des fleurs !
N'est-ce pas lui qui sort fier, libre de ses chaînes,
Pour me rendre la paix, pour essuyer mes pleurs ?...
J'entends ses doux propos et sa parole aimée,
Qu'apporte le printemps qui verdit la ramée
Je reviens à la vie, à la joie, à l'espoir !.,.
L'aurore, en rougissant, me laissera revoir
Mon maître et mon époux, l'objet de mes tendresses,
Qui viendra m'embrasser, sourire à mon amour !
Oh ! qu'il tarde à venir le joyeux, l'heureux jour,
Où je pourrai livrer mon âme à ses caresses !...

« Comme la nuit est longue à mes yeux sans sommeil !
Puisse-t-elle endormir ma pensée inquiète,
Et me donner, à l'aube, un fortuné réveil,
Aux bras de mon époux — Oh ! que Dieu le permette ! »

Et l'ange du repos, le messager des cieux,
Jeta sur elle un voile, et lui ferma les yeux...

De la prison, à l'aube on entr'ouvre la porte ;
Le geôlier laisse entrer un vieux moine qui porte
Le très saint viatique au martyr condamné,
Pour absoudre et bénir le pauvre abandonné.
Par la croisée on voit élever la potence,
Le bourreau, les soldats et la foule à distance ;
On doit, au point du jour, mettre la corde au cou
Du coupable et, puis mort, le jeter dans un trou...
A ce lugubre aspect, le jeune homme sublime,
Noble et fier, calme et digne, innocent de tout crime,
Pardonne à ses bourreaux, écoutant son arrêt ;
Il tend son front au prêtre et lui dit qu'il est prêt
A paraître, à sa mort, pur dans sa conscience,
Devant le Juge auguste, en sa sainte présence...

Et pourtant il sentait une larme couler
De ses yeux attendris, en voyant s'écrouler
Les beaux rêves détruits pour sa noble patrie,
En pensant à son fils, à sa femme chérie
Qui berce son enfant, et ne se doute pas
Du désastre imminent, de l'infâme trépas !...

Le martyr, résigné, demande comme grâce
D'éviter en chemin la maison sur la place
Qu'habite son épouse en cet instant fatal...
Il ne peut l'obtenir de l'ennemi brutal...

Le funèbre convoi vers le but s'achemine,
Escortant la charrette, où moine et prisonnier
A la pluie exposés qui tombe drue et fine,
Sont assis sur la paille, occupés à prier....

Il traverse la rue encore silencieuse,
Près des volets fermés d'un modeste chalet,
Où dort, sans rien savoir, l'épouse malheureuse
Du condamné qu'on mène au lieu de son gibet,
Celui-ci prie alors le guide de son âme
De lui servir d'écran, pour cacher à sa femme
Les traits de la victime entraînée à la mort.

La troupe arrive enfin en face des fenêtres,
S'avance lentement et tourne tout au bord
De l'enclos qui contient ses deux précieux êtres.. .
Le prisonnier, meurtri des coups qu'il a reçus,
A caché son visage et ses traits abattus
Derrière le bon moine et sa robe de bure,
Inquiet et souffrant une horrible torture...
Le Seigneur soit béni ! Dans l'habitation,
Tout est clos et fermé. Le cortège n'attire
Nul regard curieux, poignant d'émotion...
Il passe inaperçu... Le condamné respire,
On approche déjà... Les tambours, les clairons
Marquent la marche et font vibrer l'air de leurs sons.

— « Ma bonne sœur chérie ! O, le doux, le beau rêve !
Aux soucis de mon âme il accorde une trêve !
J'ai vu mon bien-aimé, libre de ses liens,
Sur mon cœur, dans mes bras... Il m'entourait des siens ;
A nos lèvres unis, nous formions un seul être...
Notre enfant souriait voyant notre bonheur !...
« Quel tumulte et quels cris ? Regarde à la fenêtre ;
La troupe passe armée et me rend ma frayeur... »

— « On mène à l'échafaud encore une victime...
Mettons-nous à genoux, prions pour le martyr
Qui meurt pour la patrie, en son élan sublime...
Peut-être le Seigneur se laissera fléchir !... »

Le beau soleil de mai reparaît sur la terre,
Dorant de ses rayons la foule, à son retour
De l'exécution terrible et sanguinaire...
Un pressentiment terrible, en ce funeste jour,
Émeut profondément la pauvre femme et veuve
Qui ne sait pas encor sa douloureuse épreuve...
Le ciel est bleu pourtant, et l'air tiède, animé
Par le chant des oiseaux, de senteurs embaumé !!!

XIII

DÉSESPÉRÉE !...

Une jeune fille, isolée,
    Marche seule à l'écart ;
Elle est tont en pleurs, désolée...
    Humide est son regard.

L'oiseau chante dans le feuillage ;
 L'arome du jasmin
Enivre ; et l'on voit dans l'ombrage,
 Une croix au jardin.

La lumière brille importune,
 L'œillet fleurit en vain ;
Du rossignol, dans l'infortune,
 Sonne faux le refrain

A l'oreille de la fillette,
 Prise d'un vif chagrin...
La belle murmure en cachette,
 Déplorant son destin :

« A la danse, mon cœur se brise,
 Tremblant comme un roseau ;
Le soir au bal, je sens la brise
 Gémir sur un tombeau.

« Au salon, je figure en scène
 Dans le monde et le bruit ;
Je me livre au lit à ma peine,
 Le reste de la nuit.

« L'espoir, la foi, disait grand'mère,
 Rayonnent au printemps !
Je voudrais enfouir, sous terre,
 Pourtant mes jeunus ans.

« Je souffrirai jusqu'à la tombe,
 Où reluit mon trésor ;
Sous la forme d'une colombe,
 Je prendrai mon essor.

« Les roses fleurissent sans cesse,
 Au doux air printanier ;
Moi, dans mon chagrin, je délaisse
 La rose à mon métier.

« Les fils s'embrouillent dans l'ouvrage
 Qui reste inachevé,
Pareil aux jours de mon jeune âge,
 De mes pleurs abreuvé !

« Mon âme attend vainement l'heure
 D'un tendre rendez-vous ;
Il ne peut quitter sa demeure
 Que ferment des verrous.

« Au jardin, près de la rivière,
Je vois couler les flots ;
En proie à la douleur amère,
J'y mêle mes sanglots.

« Dans les larmes mon œil se voile ;
Il ne voit plus au ciel
Scintiller ma brillante étoile ;
Je sens un froid mortel... »

XIV

OFFRANDES D'UNE JEUNE FILLE EN POLOGNE

J'avais une belle cassette,
Tout en argent massif,
Avec crochets, ciseaux, navette,
Dé pour coudre et canif.

Lorsqu'on organisa des quêtes
Pour les réfugiés
Sans pain, sans abri pour leurs têtes,
Pauvres estropiés,

Je donnai ma boîte au digne homme,
    Sympathique vieillard,
Qui sut prendre une forte somme,
    Parlant au cœur, sans art :

« Le Seigneur vous rendra, bonne âme,
    « Votre don obligeant.
« Prêter à Dieu, n'est-ce pas, dame,
    « Bien placer son argent ? »

J'avais reçu de ma grand'mère
    Des perles en cadeau ;
Quatre rangs ; parure princière
    D'un orient fort beau.

Elles étaient éblouissantes...
    Je ne les portais pas
Depuis les scènes désolantes,
    Les revers, les combats

De notre patrie, écrasée
    Par le cruel vainqueur
Qui l'avait meurtrie et brisée...
    J'avais dit dans mon cœur :

« Comment porter mes perles fines,

   « Quand la Pologne au front

« Porte une couronne d'épines,

   « Et gémit sous l'affront? »

On fit une quête nouvelle

   Pour le pauvre pays ;

L'homme à la barbe blanche et belle

   Vint encore au logis ;

Et je lui donnai ma parure,

   Pour un si noble but ;

Il me redit d'une voix pure,

   Acceptant mon tribut :

« Le Seigneur vous rendra, bonne âme,

   « Votre don obligeant.

« Prêter à Dieu, n'est-ce pas, dame,

   « Bien placer son argent ? »

J'avais, en fine et blanche soie,

   Un vêtement tout neuf ;

Un châle qui faisait ma joie,

   De couleur sang de bœuf.

En apprenant, que la Pologne
    Va secouer son joug,
Se lève et se met en besogne,
    Pour chasser le Kalmouk ;

Robe et châle, je les déchire
    Pour faire un étendard.
Sacrifiant mon cachemire
    Et l'étoffe en brocart,

Je couds les deux tissus ensemble,
    Brode un aigle d'argent,
Et donne au peuple qui s'assemble
    Un drapeau rouge et blanc.

Je m'occupai la nuit entière
    Du travail précieux,
En répétant avec ma mère :
    « C'est un prêt fait aux cieux.

« Dieu rendra, même avec usure,
    « Notre don obligeant ;
« Lui prêter c'est, comme on l'assure,
    « Bien placer son argent. »

J'aime d'amour, avec tendresse,
Jean, le roi des garçons;
Je rêve encore à lui, sans cesse,
Fredonnant ses chansons.

Quand la Pologne soulevée
L'appela dans ses rangs,
Jean s'enrôla dans la levée,
Caporal à vingt ans...

J'attends, assise à mon ouvrage,
Son retour au logis ;
Je ne puis blâmer son courage,
Lorsqu'il sert son pays...

Oh ! J'ai foi dans la providence !
Dieu, dans un an ou deux,
S'acquittera par la présence
De mon cher amoureux...

XV

PARIS EN 1855

Lorsque je vis Paris pour la première fois,
Du triste exil dejà je subissais le poids,
Meurtri par un anneau de la pesante chaîne
Qui lie à la douleur mon grand pays de plaine...
Je descendai, rêveur, les beaux Champs-Elysés ;
Le jour à son déclin, colorait l'obélisque
Qui reflétait au ciel des rayons irisés ;
L'aiguille de Luxor, en arrêt sur le disque
De l'immense cadran, formé par les massifs
Du parc impérial, tenait mes yeux captifs ;
Elle semblait marquer l'heure de la *Concorde*,
De l'oubli, de la paix, que l'Empereur accorde,
Donnant gloire et richesse aux partis désarmés
Par les faits accomplis, apaisés et charmés.
Je pressentais pourtant, que l'astre de l'époque
Descendrait du zénith au soir brumeux et glauque...

Les fontaines versaient des flots de diamants,
Et le soleil couchant dorait les monuments
D'une teinte d'automne aux doux reflets d'opale.
Le murmure de l'eau, la beauté colossale
Des décors de la place, en dépit de l'éclat,
Du bruit, du mouvement, me laissaient insensible
A leur fausse grandeur d'emprunt et d'apparat ;
J'y lisais les décrets du destin inflexible...

Dix chevaux, au brancard attelés d'un grand char,
Tiraient, péniblement à la file, une masse
De gros moellons, taillés pour les murs de César.
Des ouvriers en blouse, aux traits sombres, la face
Par le soleil brunie, accompagnaient pensifs,
Les blocs, comme jadis les malheureux captifs,
Travaillant en Egypte aux hautes pyramides,
Pour le plus grand honneur des divins Pharaons !
Je retrouvais ici les fils des régicides,
Soumis au même joug sous les Napoléons !....
Tel est le résultat des libertés magiques,
Des droits égaux prescrits par les deux Républiques :
Le frivole appareil d'un empire immoral,
L'ouvrier exploité par le dur capital !...

Le palais des Césars, et son dôme en coupole
Qui représente à l'œil le bonnet d'une idole,
Est clos de tous côtés par une grille en fer,
Où piques en faisceaux s'entre-croisent dans l'air,
Pour protéger l'abri d'un pouvoir tyrannique....
On voit devant la grille, une statue antique ;
L'esclave *Spartacus* qui lui montre le poing.
Nu, sur son piédestal, sans toge ni pourpoint,
Concentrant dans son geste et la haine et l'audace
De la foule affamée et de la populace,
L'émeute en action du prolétariat
Qui se rue à l'assaut du riche, dans l'Etat...
Cette sombre figure, image de l'esclave
En rupture de ban, personnifie un Slave,
En insurretion contre le monde ancien...
Elle répugne certe au sentiment chrétien,
Mais apparaît parfois dans les villes d'Europe,
— Où le vice enrichi croît et se développe, —
Comme un ferment impur de l'ordre social,
Trop épris de son or, la source de tout mal !...

L'imagination, excitée, en délire,
Me montre en même temps les vivants et les morts ;

Héros grecs ou romains, Bonaparte et l'Empire,
Et le monde actuel, ses vertus et ses torts...
Je vois dans les massifs des vertes Tuileries
La statue en relief du grand Philopœmen,
Le dernier héros grec qui de ses chairs meurtries
Retire un javelot. Superbe spécimen
De l'antique vertu qui semblait dire : « En France
» Le germe s'est perdu de l'ancienne vaillance ! »
Du côté de la Seine, un lion furieux
Déchire de sa griffe un serpent qui s'enroule
Autour de l'animal en replis odieux ;
Il rugit en colère ; emblème de la foule
Qui s'ameute et menace et le trône et l'autel,
Avide de plaisirs, ne croyant pas au ciel....

La brume de la nuit s'étendait sur la ville.
Des points clairs, lumineux surgissaient à la file...
Une rivière en feu, dans le noir infini,
Où des torches, suivant d'humaines funérailles.
Nuit d'orgie et de cris d'où le calme est banni,
Comme Londre et Paris la font dans leurs murailles ;
Je cherchais inquiet, le ciel pur, étoilé ;
Mais en vain ; au dessus, tout astre était voilé ;

Rien qu'un phare éclatant de lumière électrique
Flamboyait dans l'espace, et singeait la clarté
Du grand jour, sur l'autel d'asile magnifique
Qui prête aux vétérans son hospitalité.
Essais infructueux de la vaine science
Qui se plaît à nier l'auguste providence !
Je m'assis dans l'allée alors découragé,
D'une horrible tempête infirme naufragé
Dont les cordes du cœur ne vibrent plus, brisées,
Sous le poids des malheurs de mon peuple écrasées.

Et je pensais, rêveur, aux révolutions,
Aux beaux traits de courage, aux nobles actions
De mes concitoyens de ma chère Pologne
Qu'un cosaque sauvage étouffe sans vergogne.
Je voyais mes amis mutilés, tout en sang,
Tomber, foulés aux pieds de la cavalerie,
Et je versais des pleurs, soucieux sur mon banc,
Ne pouvant apaiser ma sombre rêverie...
Le poignant souvenir et d'effrayants tableaux
Glaçaient d'effroi ma muse, à l'aspect de leurs maux.

La pitié d'un passant, à la voix sympathique,
Me réveilla soudain en me tendant deux sous ;

Obole précieuse, offrande évangélique
D'un honnête ouvrier, préférable aux bijoux !...
Je lui dis qui j'étais, et ma dure infortune,
Epanchant dans son cœur, ma haine et ma rancune ;
Il répondit alors, prenant place à côté :

« Le sanglant sacrifice, oui, vous sera compté
« Tôt ou tard. Nous souffrons égalɛment, mon frère,
« L'affreux joug des tyrans qui pèse sur la terre.
« Le drame commencé n'est pas près de sa fin,
« Et si l'ère a fini de conquête et de gloire,
« Des succès merveilleux de l'élu du destin,
« Que la France enregistre et grave en sa mémoire,
« Nous reprendrons bientôt la sainte liberté,
« Inscrivant, dans nos lois, justice et charité....
« Certes, vous subissez un sublime martyre,
« Par l'arrêt du Seigneur, pour épurer vos cœurs....
« Attendez l'avenir.... Le monde vous admire ;
« L'oppresseur tremblera.. Vous aurez des vengeurs. »

Il cessa de parler, m'offrant sa main loyale.
Je revins à l'espoir sous l'étreinte amicale ;
Mon esprit, affranchi des soucis actuels
S'élevait au-dessus des biens matériels,

Et je contemplais arcs, colonnes, panoplies,
Pareils à ceux de Rome, en ruine et brisés,
Tandis que je planais, guidé par des génies,
Dans le monde idéal et *ses Champs Élysés !*

XVI

LA COLONNE DE LA PLACE VENDOME.

J'errais morne et pensif sur les bords de la Seine,
Comme une ombre qui passe au milieu des vivants,
Isolé dans le monde épris de gloire vaine,
De folle ambition, de succès éciatants.....

Je songeais à la vie, aux exploits du grand homme
Qui, voulant surpasser les Empereurs de Rome,
En nombre de sujets, en pouvoir, en lauriers,
Sacrifia le sang de milliers de guerriers,
Foula les nations et dépeupla la terre,
Quand je vis sa statue apparaître au-dessus

De la colonne en bronze, airain pris à la guerre,
Par le nouveau César, aux canons des vaincus.....

Paris, qui fut témoin des traits de son génie,
Contient les souvenirs de sa gloire infinie.
Du grand arc de l'Étoile, à l'arc du Carrousel,
Se voit partout l'empreinte et l'emblème immortel
Du Corse audacieux, le vainqueur des batailles,
Le héros couronné, le grand Napoléon !...
Mais qui sait découvrir le revers des médailles,
Trouve le sceau fatal du destin sur ce nom
Qui retentit puissant, des sables de l'Egypte,
Des glaces de Russie au Capitole ancien,
Et recouvre à présent le tombeau d'une crypte,
Après avoir rempli tout le monde chrétien
D'un merveilleux prestige, illustré Sainte-Hélène,
Et prêté le renom du fameux capitaine
Au royal lieu d'asile, au nouveau Panthéon
Où repose le grand César Napoléon ! !....

Les peuples opprimés attendaient le Messie ;
Les siècles en suspens le souverain acteur ;
La Pologne asservie au joug de la Russie,
L'homme prédestiné, le grand libérateur !...

Mais pétri du limon de la nature humaine,
Tu ne sus pas remplir ton auguste mandat,
Sous le manteau d'hermine et la couronne vaine
De l'empire greffé sur ton grand consulat !
Ta belle mission te destinait la gloire,
— Pure de tout mélange avec un vil orgueil —
De rétablir et l'ordre et le droit dans l'histoire ;
Ton esprit chavira sur un fatal écueil.
Te voyant appelé, dans ta folle arrogance,
Au rôle consacré d'une divinité,
Tu devins une idole et, le cœur en démence,
Tu crus à ton génie, à la réalité
Des hochets de ce monde, inconstant, variable
Qui t'interdit l'accès du ciel pur, immuable....

Détaché maintenant des intérêts mondains,
Tu planes au-dessus de la sphère terrestre,
Du haut de la colonne, étranger aux humains
Qui viennent chaque soir jouer, à grand orchestre,
Des airs victorieux de gloire en ton honneur...
Elle est stérile au ciel, où l'ardente prière
Mieux que sceptre ou couronne, obtient le vrai bonheur;
Le Seigneur est mort nu, sur la croix au Calvaire !..

Ton tombeau de porphyre, orné d'aigles en or,

Parmi les vétérans qui gardent leur trésor,

A pour housse un tapis de pourpre impériale ;

Le fût de ta colonne, au monde sans rivale,

Chargé de bas-reliefs, retraçant tes exploits,

Elève aux cieux le chef, porté sur le pavois...

Je vois pourtant ton ombre errer tremblante, émue

A l'aspect d'une autre âme, émergeant de la nue,

D'un géant monstrueux qui ne fut onc vaincu,

Et te mit dans la tombe à l'île, Sainte-Hélène...

Là, sous les saules verts, ton esprit, je l'ai vu,

Sentit par le martyre atténuer sa peine,

Ton âme s'approcha du groupe des élus

Où sainte Geneviève et Jeanne la Pucelle

Epanchent l'amour saint de leurs cœurs ingénus ;

Où le grand Kosciuszko, le serviteur fidèle

De son pays conquis, de la Pologne en pleurs,

Dans l'espace azuré, séduit âmes et cœurs

Par son sublime amour pour sa noble patrie,

Il supplie, à genoux, le Seigneur tout-puissant

De venir au secours de la terre fleurie

Qu'il veut défendre encor d'un sabre éblouissant.

Son génie enflammé brille au ciel en étoile,

— Dont découle sur terre un doux rayon d'espoir —

Des femmes soulageant la douleur qui se voile,
Enseignant à nos fils le chemin du devoir...

L'image du héros, son sourire angélique
Pénètrent jusqu'au pâtre, en son logis rustique,
Et forment le sujet merveilleux des chansons
Qui bercent au village et filles et garçons...
Beau chant national qui console des larmes,
Apaise le chagrin, et fait appel aux armes
Par ses touchants accords, par ses accents aimés,
Echos plaintifs des champs et des bois embaumés.

Pauvre Ulysse, aspirant à revoir mon Ithaque,
J'évite les écueils de ma route en exil,
Cultivant avec soin la Muse élégiaque
Qui, guidant mon esprit, le sauve du péril
D'adorer le veau d'or, ou bien quelque sirène,
Sous l'aspect séduisant d'une Parisienne,
Qui me détournerait de l'âpre mission
De prêcher au pays l'idée et l'action...

Confiant les accents de ma lyre à la brise,
Je me laisse envahir par la sainte entreprise

D'éveiller dans les cœurs de nobles sentiments,
D'évoquer l'avenir lumineux par mes chants...
Je les adresse aux bons habitants de village,
Pleins d'amour et de foi, de zèle et de courage.

XVII

SALUT A L'ITALIE, A CIVITA-VECCHIA

Je laisse à l'horizon la mer bleue, azurée,
    De la France le sol béni,
Et j'ai devant les yeux la plaine colorée
    Du vieux champ romain, tout uni.

L'étoile du matin, se baignant dans l'aurore,
    Réveille le chant des oiseaux,
Illumine les mâts de ses rayons, et dore
    Les blanches voiles des vaisseaux.

La toile, soulevée au souffle de la brise,
    Dessine son triangle au ciel ;
La flotte à l'ancre gagne une forme précise,
    Un vif éclat surnaturel,

Les Apennins, au fond, montrent leurs pointes sombres,
    Trouant les brumes de la nuit ;
Les monts Sabins, sortant du noir pays des ombres,
    Offrent leur cime au jour qui luit.

Les champs, tristes et nus, sont veufs de la charrue,
    Et ne laissent voir dans leur sein,
Que d'anciens souvenirs de gloire disparue,
    Blocs brisés de marbre ou d'airain.

On n'ose labourer la campagne déserte,
    Ayant peur d'effleurer du soc
De grands, d'antiques dieux, couchés sous l'herbe verte,
    Et qui se briseraient au choc...

Le passé glorieux a jeté sa semence
    Sur le domaine des humains ;
On voit à fleur de sol, sur la terre en souffrance,
    Les restes des anciens Romains.

Ils ont laissé partout la trace ineffaçable,
    Malgré les siècles écoulés,
De grande renommée, illustre, impérissable,
    Et de leurs exploits signalés...

Orateurs ou héros, les consuls dans leurs toges
    Réclament l'air et le soleil
Pour leurs beaux monuments, dignes de nos éloges,
    Chefs-d'œuvre d'un art sans pareil

Ils dicteront encor les lois au Capitole
    Par leur Marc-Aurèle, à cheval,
Qui dans ses traits d'airain a gardé le symbole
    Du mystérieux idéal...

Dominant la colline, autrefois foudroyante,
    Ils étonneront les mortels,
Et leur air martial sèmera l'épouvante
    Au cœur des guerriers actuels...

Ceux-ci, jaloux et vains d'une gloire stérile,
    Accourront retremper leur fer
A la statue antique, et leur âme futile
    Au bronze intact de Jupiter.

Salut à l'Italie, à la terre classique
    Des lois, chères à tout Romain,
Et de la liberté qui, sous la République,
    Guida le peuple souverain

A l'empire du monde, au pouvoir, à la gloire,
    Par des temps sereins et troublés,
Dans les prospérités, au sein de la victoire...
    Salut à tes murs écroulés,

Aux naïades en fuite, aux temples en ruine,
    A l'art antique.dans sa fleur !...
Virgile, Ovide, Horace à la muse divine !
    Vos accents vibrent dans mon cœur,

Èt me font oublier, par leur douce féerie,
    La poignante réalité,
Les malheurs, les tourments de ma pauvre patrie
    Qui subit un joug détesté...

Mais un chant, glas funèbre assourdit votre lyre,
    Et tinte, lugubre, à l'esprit ;
Je reviens de mon rêve à l'effrayant délire,
    Causé par le destin maudit...

Et j'entends la Pologne, ensevelie en terre,
    Crier vainement au secours...
Et le cruel bourreau, qui la cloue en sa bière,
    Rire et la torturer toujours...

XVIII

SALTARELLA

Saltarella !... Saltarella !...
Le tambourin redit sonore
Le gai refrain qui s'évapore
Dans le ciel bleu : La, la, la, la !...
Sous les cyprès, sur la terrasse,
Péruse, au haut des monts s'entasse,
Étalant son panorama :
Les habitants du bourg d'*Assise*
Sont réunis devant l'église,
Le dimanche, tous en gala ;
Les jeunes font la cour aux filles
Qui rougissent sous leurs mantilles,
Chantant en chœur : « la la la la ! ·
Saltarella !... Saltarella ! »

« Enlève-moi, cher à la danse !...»
Dit la beauté qui se balance

En face du jeune amoureux,
L'œil en feu, le rouge au visage,
Et tire une fleur du corsage
Pour l'offrir à l'amant heureux,
En dardant sur lui ses prunelles
D'où jaillissent des étincelles ;
Elle remet le dahlia
Au haut de sa brune coiffure,
Et chante, en frappant la mesure :
« Saltarella !... Saltarella !...»

Puis, elle lui dit à l'oreille :
« Allons causer là, sous la treille,
Loin des danseurs et loin du bruit,
Et sentir le parfum des roses,
En devisant de toutes choses,
A l'ombre d'un charmant réduit. »
Vous redire leurs confidences,
Trahir leurs douces espérances
Serait indiscret... Halte-là !..,
Quel péché commet l'innocente
Qui veut aimer ?... quand elle chante :
« Saltarella !... Saltarella!... »

« Je crois, dit-elle, à ta tendresse,
A ton regard, à ta promesse
D'être fidèle à ton amour...
Oh ! viens me voir dans ma chaumière,
Où nous attend ma bonne mère...
Dans notre modeste séjour,
Je te rendrai douce la vie,
En t'accueillant l'âme ravie...
Il fait bien tard... Allons déjà
Rire, et nous divertir ensemble...
J'ai peur de la foule, et je tremble...
Saltarella !... Saltarella !...»

Le soleil finit sa carrière
Et descend, tout rouge, derrière
Les nuages à l'horizon,
Les castagnettes à la danse
Marquent, en vibrant, la cadence
Des vifs ébats sur le gazon.
Le vin coule et remplit les coupes,
Jeunes et vieux forment des groupes,
Admirant la beauté d'Anna
Qui vient danser chaque dimanche,
Souple et flexible sur la hanche...
Saltarella !... Saltarella !...

Gracieuse, vive et légère,
Elle se penche jusqu'à terre,
Tenant en main le tambourın ;
Puis soudain, elle se redresse,
Lève les bras dans son ivresse,
Et vous lance d'un air câlin
Au cœur une œillade assassine,
Ouvre sa bouche purpurine
Qu'à Vénus elle déroba,
Et vous ravit les sens et l'âme
Par la volupté qui l'enflamme !...
Saltarella !... Saltarella !...

Donnez pour cadre à cette scène
Des Apennins la rude chaîne,
Avec ses villes, ses châteaux,
Le ciel d'azur de l'Italie,
Sa campagne verte et jolie
Où la vigne croît en berçeaux ;
Joignez la passion ardente
A la grâce vive, attrayante
De la belle... Et vous aurez là,
Une juste et parfaite image
Du plaisir que cause, à tout âge,
Saltarella !... Saltarella !...

XIX

ITALIE ET POLOGNE

Au doux aspect de l'Italie,
Sa beauté me semble accomplie !
Je considère avec amour
De Giotto la svelte tour,
Voulant l'emporter, fine et blanche,
Jusqu'en Pologne, dans ma manche,
Où l'on n'a guère un monument,
Pareil à ce clocher vraiment.

Je voudrais, de la même sorte,
Qu'un ange transportât la porte
En bronze, chef-d'œuvre de l'art,
Fermant l'entrée au baptistère,
Qu'on peut nommer, à tout égard,
Une merveille sur la terre
De ciselure et de travail,
Qu'il faut admirer en détail...

Et quand j'embrasse de la vue
Le dôme, en sa ronde étendue,
Qui se montre à l'œil étonné
De voir le haut du sanctuaire
D'un nouveau temple couronné,
Je rends un hommage sincère
A Brunelleschi, créateur
Génial du dôme enchanteur.

Dans mon désir insatiable,
Je voudrais, nouvel Aladin,
Transporter l'art incomparable
De ces grands maîtres du dessin,
Et posséder dans ma patrie,
Portes, tours, églises, palais,
Les fixer, dans ma rêverie,
Sur le sol ingrat, polonais...

Beaux arcs de triomphe et statues
Manquent aux vastes étendues
Que l'hiver couvre de frimas
Et de neiges, dans nos Etats ;
Mais nous brûlons pour la patrie
D'un noble amour !... Sans flatterie,

Laissons, certe, aux Italiens
Leurs fameux monuments anciens,
Et soyons glorieux, en somme,
Des vertus qui relèvent l'homme !...

XX

AUX PEUPLES SLAVES

Peuples slaves, amis, issus du même sang,
Qui subissez le joug du Turc, de l'Allemand,
Nous avons en ce monde une chance commune,
Et sommes doublement frères dans l'infortune ;
Nos vastes champs dorés par seigles et froments,
Donnent au laboureur des produits abondants,
Et couvrent de leurs fruits la terre glorieuse,
Du vieux Dniepr au Danube à l'onde sinueuse.
Le premier tend les bras à la folle Dwina
Qui le fuit, la volage, et se perd à Riga ;
L'autre voudrait s'unir à la fraîche Vistule,
Vive Cracovienne, ondine sans scrupule ;
Les deux couples pourtant se poursuivent toujours,
Et lavent de leurs flots de frivoles amours.

Les habitants rivaux de ses plaines fertiles,
Oubliant leur commune origine, en païens,
Répandent force et sang dans des guerres civiles,
Au lieu de rompre ensemble et chaînes et liens...
Seul le Tzar de Moscou profite de nos luttes,
Imposant son pouvoir impie à nos disputes.
Il voua la Pologne aux sanglantes douleurs,
La noyant sans pitié dans une mer de pleurs,
Et conduit sur leurs flots, rougis par les tortures,
La barque de l'État, étouffant nos murmures...
Le monstre se trahit à sa verge de fer,
Teinte de notre sang et rougie en enfer,
A son orgueil sans borne, à ses brutales armes,
A notre dur supplice, à nos cuisantes larmes.

Ils se ressemblent tous, Ivan ou Nicolas,
Alexandre ou bien Paul, odieux potentats,
Pareils dans leur furie à des oiseaux de proie,
Aux instincts carnassiers, qui s'abattent du nord
Sur la plaine sarmate, et fondent dans leur joie
Sur un peuple martyr, abandonné du sort.

Fourbe et rusé, le Russe, aux paroles mielleuses,
Vous prépare le joug d'esclave du grand Tsar.

Oh! ne vous fiez pas aux promesses trompeuses
Qui cachent sous des fleurs le dur knout du Tatar.
Mes frères, écoutez les accents de ma lyre !
Ne vous laissez pas prendre au démon tentateur ;
Rejetez loin de vous le Tsar et son empire
Qui voudrait à vos yeux être un libérateur !

Que j'aimerais à voir le Danube à l'eau bleue,
Les Serbes, les Roumains, Belgrade et sa banlieue,
Les Bulgares heureux, au-delà des Balkans,
Les Slaves affranchis des cruels Musulmans.
Oh ! puisse Dieu permettre à ma noble patrie
De former avec vous une libre union !...
C'est l'objet de mes vœux et de ma rêverie,
Le grand but où je tends dans ma libre action....

Souvent j'erre en esprit du Dniestr à la Vistule,
Me laissant raconter la légende crédule
De Krakus, de Vanda, de son saut périlleux,
Et des faits éclatants de héros fabuleux...
J'admire le berceau de la Grande Pologne,
Le lac clair de Goplo, ses fertiles coteaux,
Avec la sombre tour dont le front se renfrogne,
Et qui des premiers rois recouvre les vieux os ;

Je vois dans son miroir les reflets de la gloire ;

Je demande à ses murs l'origine des temps,

A l'aigle dans son vol notre imposante histoire,

Aux tombeaux des aïeux, d'être comme eux vaillants ;

Et, je sens, dans mon cœur, vibrer en harmonie

Les souvenirs en foule accourus à ma voix,

Evoquer le passé, les exploits, le génie

D'une nation brave et pieuse à la fois.,..

Ils me disent émus : « Chante barde en tons graves

« L'amour et l'union de tous les peuples slaves ;

« Leur écho retentit à Prague, dans les bois

« De la Lithuanie, et jusque sur la croix

« Que porte en son exil, sur la terre étrangère,

» Le proscrit, abreuvant de larme sa misère.

« Raconte les exploits de nos aïeux communs...

« Et la Blanche Russie et la Rouge, et l'Ukraine

« Sont fières de leurs champs, aux suaves parfums,

« Où la brise qui souffle, en passant sur la plaine,

« Apporte dans son vol de sonores chansons

« Que redisent au ciel les oiseaux des buissons. »

Les mânes des anciens, des grands chefs militaires,

Quittent en frémissant leurs tertres funéraires

Pour dire à leurs neveux les gloires du passé ,

Souillé par des intrus, les impurs Moscovites,

Les splendeurs de Kieff, le renom effacé

De Novgorod la grande, aux antiques mérites...

Le Dniepr, roulant ses flots entre de vers coteaux,

Murmure les forfaits, les sanglants échafauds ,

Les meurtres ordonnés par Ivan le Terrible ,

Le monstre ivre de sang, au carnage insensible...

Les dômes, les clochers de Sophie et d'André ,

Les échos de Nestor, le chroniqueur lettré,

Les cloches, aux battants qui sonnent déjà l'heure

De la libre pensée à la foule qui pleure...

Tous ces objets divers, fondus à l'horizon ,

Rendent des sons confus, au pur diapason,

Et me parlent des chefs, ensevelis sous terre ,

Couronnés de lauriers, moissonnés à la guerre...

Mais qui saura, mon Dieu ! nous unir en faisceau ,

Comme les cordes d'or qui vibrent à ma lyre??

Le vieux Dniepr dit alors, laissant couler son eau,

Ridée à la surface aux sillons d'un navire :

« Celui qui nous donna pour limites les monts

Des Karpathes glacés, aux pics pointus ou ronds,

Et nous environna d'éclatantes ceintures ,
Telles que le Danube, ou le Dniepr, le Niémen
Qui servent d'union et de fraîches parures
Au jardin florissant de notre bel Eden...
La commune pensée, immuable et divine,
Des liens fraternels d'une même origine !

« Cinq cordes font vibrer la lyre du chanteur,
Cinq nations que guide un seul et bon pasteur ;
La Pologne en premier en est la plus sonore ;
Son beau chant dans le sein des martyrs s'élabore.
La Bohême fournit en tons harmonieux
L'octave musicale en accords sérieux ;
Les suaves accents de la Lithuanie,
Tristes, plaintifs et doux, les chants de Rhuténie,
Composent de leurs sons un concert enchanteur
Que complète, en Serbie, un cri parti du cœur ;
C'est une œuvre sublime, un pur écho céleste
Que ne défera plus le Tsar, démon funeste! »

En Bohême, en Serbie, en toutes leurs cités ,
Retentissait l'espoir de proches libertés,
De liens unissant sur la terre bénie
Tous les Slaves ensemble, en féconde harmonie ;

Hymne de la nature entière, doux échos,
Répétés par les monts, par les bois et les eaux.
Depuis lors, cet accord résonne à mon oreille,
Excite mon esprit, le berce et le réveille ;
Il lui fait voir unis, dans l'espace et le temps,
 Nos frères délivrés, tous les bons habitants,
En bonnets rouge ou blanc, des plaines, des montagnes,
En bottes ou pieds nus, des villes, des campagnes,
Des Slaves proclamer la fédération,
Forte, puissante et libre, en intime union...

Et les cloches sonnaient dans le pays en fête,
Désireux de la paix, abjurant la conquête ;
Seigneurs et villageois affranchis du collier,
Déposaient sur l'autel la branche d'olivier ;
Des aigles, messagers, annonçaient la nouvelle
 Au-delà de la mer, aux peuples étonnés ;
Les flots du Pont-Euxin portaient l'écho fidèle
Des accents glorieux, libres et fortunés.
Plus de Tsar ni de joug sur la vaste étendue,
Séparant les deux mers : l'une, sombre à la vue,
De la Baltique au Nord, blanche sous les frimas ;
Plus de vils espions, d'inutiles soldats !

11

Tous les peuples, unis par leur fraternité,
Se tendaient les deux mains du Prouth à Varsovie
Pour être heureux, en paix, sans tyran redouté,
Pour jouir au travail des bienfaits de la vie...
Bohêmes, Polonais, Serbes, Ruthéniens,
Moraves, vous encor frères de la Bosnie !
Nous avons dans nos rangs les Lithuaniens
Qn'unirent avec nous leur âme et leur génie.

Aux armes, citoyens !... Levons-nous et brisons
L'infâme joug du Tsar qui rougit nos sillons
Du pur et noble sang de vos compatriotes.
Que de vils scélérats, d'exécrables despotes
Meurtrissent de leurs coups, déchirent en lambeaux,
Parce qu'ils ont voulu délivrer leur patrie
Qui pleure et qui gémit sous de cruels bourreaux.
Répétons-lui sa phrase : « Oui, *point de rêverie*,
« Sire ! Vos grands projets, vos beaux plans crouleront
« Avec votre grandeur... Vous songiez à Byzance,
« Quand vous sentez sous vous un abîme profond
« Où le Tsar va tomber dans sa vaine arrogance !

Vive donc l'union ! Vive la liberté !
Abattons le pouvoir du maître détesté !

Unissons nos efforts, peuples et frères slaves !
Croates et Slavons, Bohêmes et Moraves,
Serbes, Illyriens, Bulgares et Roumains !

Pour devenir chez nous libres et souverains,
Ecrasons sans pitié le Tsar de Moscovie !...
Nous reprendrons alors une nouvelle vie....
Respectés par les Turcs et craints des Allemands,
Sur notre libre terre, heureux, forts et puissants !...

SIGISMOND KRASINSKI

(PRONONCEZ : **Krassigne-ski**)

AVANT-PROPOS

J'ai publié dans le premier volume de mes traductions le poëme le plus apprécié de Krasinski : *l'Aube*, en le faisant précéder d'une courte notice sur l'auteur et sur ses œuvres. Je me permets de le rappeler au lecteur qui serait tenté de relire les traits principaux de la vie littéraire du poëte, grand seigneur.

Je reviens maintenant à lui, ne pouvant me lasser de relire et d'étudier les trois grands maîtres en poësie : Mickiewicz, Krasinski et Slowacki qui forment le cycle d'or de la littérature polonaise au XIX⁰ siècle ; trois astres brillants qui

firent pâlir les étoiles poétiques du passé, et
illuminent de leurs splendides rayons les mysté-
rieuses profondeurs de l'avenir. Tous les trois
furent contemporains, et bien que différant de
tendances et d'opinions, ils furent inspirés par
un égal amour pour leur patrie qui domine dans
leurs chants, et forme un lien sympathique qui
les unit entre eux. Krasinski admirait et goûtait
le génie de Mickiewicz, sans partager ses opinions
politiques et religieuses; il était aussi en rapports
intimes d'amitié avec Slowacki ; leurs lettres
mutuelles, modèles de forme exquise et de style
épistolaire, forment le précieux monument d'un
curieux échange d'idées entre deux poëtes di
primo cartello, et peuvent servir de matériaux à
l'histoire du développement intellectuel et litté-
raire de l'époque.

Survint un incident qui les brouilla momenta-
nément, en les plaçant à la tête de deux camps
opposés.

Krasinski publia en 1845 ses trois premiers
psaumes patriotiques, inspirés par les chants

sacrés du grand psalmiste de l'Ancien Testament,
et qui vibrent, pleins d'harmonie, échos sonores
de la lyre de David ; ils contiennent la profession
de foi du grand poëte. J'ai tâché de reproduire
avec mes faibles moyens leur beauté d'images
et d'expressions poétiques. Le troisième psaume,
intitulé : *Amour*, eut un immense retentissement,
surtout à cause de la franchise de l'auteur qui
arborait fièrement le drapeau de la noblesse po-
lonaise, idéalisait ses mérites, et la représentait
comme le défenseur-né de la nationalité et de
l'indépendance de la Pologne, sans la haute di-
rection de laquelle, toute lutte populaire y ver-
serait honteusement dans l'ornière du crime et
des massacres. Slowacki, partisan passionné de
la démocratie, protesta avec vigueur contre le
lyrisme sentimental de Krasinski, amollissant
selon lui la nation ; il qualifia même d'indigne
poltronnerie la peur exagérée de meurtres et
d'attentats, et leva son drapeau démocratique en
face du drapeau suranné et vermoulu de l'aristo-
cratie polonaise, soutenant son opinion dans une

épître en vers, mordante et satirique, adressée à
son illustre antagoniste. C'est un petit chef-
d'œuvre de style et de forme dont voici les mor-
ceaux les plus saillants :

A L'AUTEUR DES PSAUMES

Oui, selon vous, mon noble sire,
Il faut supporter le martyre,
Pour mériter plus tard au ciel
Un triomphe spirituel.....

Vous nous prêchez l'action sainte,
La résignation sans plainte,
Et vous frémissez à l'aspect
Des couteaux et des faux d'Ukraine,
Trouvant leur emploi trop abject
Pour nous délivrer de la chaîne.....

Les accents du peuple, aux durs sons,
Ne sont pas d'aimables chansons ;
Ses glaives, des armes courtoises,
Aux manches en or et turquoises,
Ornant vos nobles écussons,
Ou des couronnes à fleurons
Qui parent vos titres de prince
Et de palatin de province.

Il n'est plus temps de geindre en vain,
De chanter, en rongeant son frein,
L'amour, d'une voix inspirée,
A la claire étoile azurée,
Au bel ange, aux traits radieux,
A l'astre descendu des cieux,
En dénouant sa blonde tresse
Sur le sein nu de sa maîtresse.....

Mais il faut combattre à son rang,
Répandre sa vie et son sang,
Faire une arme de son idée,
Pareille à l'onde débordée
Qui fait crouler murs et prison....
Tout est bon : et fer et poison,
Pour abattre le maître infâme,
Sans vain remords, ni pleurs de femme,
Et pour planter notre drapeau
Dans le cadavre du bourreau.....

Il faut payer de sa personne,
Laissant au ciel notre patronne,
Prêcher d'exemple au lieu de mots,
Montrer les dents, non des sanglots,
Et guider la foule en colère
Qui veut secouer sa misère,
Hurle et brise trônes et rois,
Tempête, onde et flamme à la fois ;

Tandis qu'en orgueilleux poëte,
Vous prenez le ton d'un prophète,
Aux tortures indifférent,
Voyant couler pleurs à torrent,
Le regard fixé dans l'espace,
De Dieu seul attendant la grâce,
Disant : qu'il faut savoir souffrir
Pour luire au ciel dans l'avenir ;
Des nobles craignant le massacre,
Des piliers du trône et du sacre...

Pourquoi trembler, avoir au cœur
Cette crainte et cette terreur
Des couteaux sanglants de l'Ukraine,
D'assassins parcourant la plaine,
D'ombres, de spectres du passé
Qui savourent le sang versé ???

Pleurant en vers élégiaques
Les excès des hordes cosaques,
Vous voyez leurs glaives partout,
Rougis d'un noble sang au bout,
Percer le sein de la patrie
Dans votre sombre rêverie ;
Et croyant voir surgir leurs os,
Vous trébuchez sur des tombeaux.....

Transes et peur sont chimériques,
Fruits de vos préjugés antiques

Qui vous troublent l'esprit, les yeux,
Prêtant des projets odieux
Au peuple dans son infortune,
Forcé d'ajourner sa rancune.
Il attend toujours un vengeur,
Renfermant son courroux au cœur ;
Vous l'annoncez dans un nuage
Qui voile votre beau langage
D'une trompeuse illusion,
Promettant à la nation
L'idéale et pure chimère
De sa régénération
Par la caste nobiliaire,
Grâce à sa sainte ambition
De sauver la patrie en larmes
Par ses vertus, et par ses armes,
De lui servir d'anges gardiens,
Des serfs faisant des citoyens,
Et chassant l'ennemi sauvage
Qui la tourmente et qui l'outrage.....

Vous oubliez que vos magnats
Valent moins que des assignats...
Qu'ils ont l'esprit couvert de rouille
Et le cœur pourri qui les souille.....

Cessez de trembler comme un faon,
Ne poussez plus des cris de paon ;

N'évoquez pas l'ombre éphémère
De Marius, de Robespierre,
De César ou d'autres tyrans.....
Soyez, ami, de votre temps.

Où voyez-vous, mauvais génie,
Des meurtres, des assassinats,
Crimes que le peuple renie,
Sans avoir vos goûts délicats ??...
Savez-vous comment il travaille ?
L'arme qu'il tient cachée au bras,
Pour s'en servir dans la bataille ?
Est-ce un couteau de scélérats ?
Qui donc l'a mis dans votre tête,
Pilote fuyant la tempête,
Soldat sourd au bruit du canon,
Contant fleurette à Trianon ??

Chrétien, prêchant la foi sincère,
Dites plutôt cette prière :

« O Seigneur tout-puissant, miséricordieux !
        Donnez-nous votre grâce !
Que votre règne arrive ici-bas, comme aux cieux !
        Guidez-nous dans l'espace,
Eclairant nos esprits d'une sainte lumière,
        Pardonnant nos péchés,
Accomplis par faiblesse, épurant sur la terre
        Nos sentiments cachés.....

Prêtez à la Pologne aide, secours, appui,
Dans son cruel martyre !
Libre, elle bénira votre nom aujourd'hui,
Et votre auguste empire. »

Tel est l'hymne d'un vrai chrétien
D'un digne et d'un grand citoyen.
Son chant monte au ciel, et s'élève
Dans l'azur et l'immensité,
Laissant passer le mauvais rêve
D'un jeune esprit trop agité.

Malheureusement, bientôt après, la révolte armée des paysans contre les propriétaires de la Galicie, fomentée et soudoyée par la politique immorale du gouvernement autrichien, sous la direction du prince Metternich, l'année 1846, et le massacre des nobles propriétaires dans les environs de Cracovie vinrent confirmer les craintes de Krasinski et battre en brèche les belles théories du camp opposé. Le poëte outragé se borna modestement à déplorer sa perspicacité et répondit à Slowacki — en publiant son quatrième psaume, intitulé : *Regrets*—, par des vers magni-

fiques dont nous citons les plus beaux ici même,
dans la préface, pour que le lecteur puisse mieux
juger de l'habileté, du talent et de la dextérité
des deux adversaires, dans cet assaut poétique
entre deux athlètes d'un génie prodigieux dans
l'art d'écrire :

EXTRAIT DU QUATRIÈME PSAUME : REGRETS

Vous nommez ma peur, folle et vaine,
Quand je prévoyais, qu'une chaîne
D'iniquités, de ses liens
Souillerait nos concitoyens.

Vous avez raison... Dans mon âme,
Je n'ai pas le courage infâme,
De pousser mes frères au mal,
Le peuple au combat social...

Je frissonne à l'aspect du crime
Qui s'acharne sur sa victime,
Et, portant le sabre au côté,
Je hais le poignard éhonté...

Oui, je manque de votre audace,
Et ne puis voir l'opprobre en face...
Que le Seigneur nous juge au ciel ;
Et mon dégoût, et votre fiel !

La veille même du pillage,
Du meurtre horrible et du carnage
Des nobles par les paysans,
De sales juifs et des truands,
Lâches imitateurs à gage
Des Septembriseurs [1], dans leur rage,
Des gens sans aveu, hors de loi,
Soldés par un pouvoir sans foi,
Vous évoquiez, dans votre rêve,
L'insurrection par le glaive,
N'osaut prévoir le triste sort
Des gentilshommes, mis à mort,
Et prêtiez la claire auréole
De votre brillante parole
Aux héros du Dniepr, de joyaux
Parant leurs fers et leurs fléaux...

Votre esprit gronde dans l'attente,
A l'approche de la tourmente,
A l'heure où nos patriciens,
Appelés par vous des vauriens,
Lèvent lenrs sabres héroïques
Pour chasser les tyrans iniques...
A votre voix alors, les faux
Des campagnards et leurs couteaux,

[1] Allusion aux assassinats dans les prisons de Paris, le 2 septembre 1792.

— Pour réaliser votre oracle —
Donnèrent le sanglant spectacle
D'une révolte sans pardon,
D'un hideux carnage sans nom
De la caste nobiliaire,
Pour un misérable salaire...

Vous chanteriez leur gloire en vain
Devant répéter le refrain :
« Mort aux seigneurs ! Mort à nos maîtres !
« Exterminons nobles et prêtres !... »

Oui, je bénirais Dieu, si vous aviez dit vrai,
Dussiez-vous me punir à grands coups de balai,
Comme un vil imposteur qui singe le génie,
Et fait entendre un son rauque dans l'harmonie
Des suaves accents du prophète inspiré
Qui prédit l'avenir et le montre à son gré...
Si la Pologne unie, avant l'affreux massacre,
Avait assisté fière et libre à votre sacre,
Offrant au grand poëte et couronne et lauriers,
Se moquant de mon style et de mes airs princiers,
J'aurais été joyeux de ma mésaventure,
En voyant ma patrie heureuse ; je le jure !
Et faisant bon marché de mon ambition,
A l'aspect du salut par l'insurrection...

Plût au ciel, qu'avant moi, vous ayez vu l'aurore
Du jour de liberté, couvert de brume encore !...
Nous aurions, tous les deux, joui d'un pur bonheur !
Vous, grâce à vos succès, moi, la Pologne au cœur ;
Car, comme vous, j'aspire à la voir glorieuse :
Mais crime et trahison n'ont pas d'issue heureuse ;
Pour être libre, un peuble a besoin de vertu ;
Sans elle, il dégénère, et de pourpre vêtu...
Recommandez-lui donc l'honneur et la sagesse,
Sans le combler d'encens qui n'est dû qu'à l'autel ;
Donnez-lui pour soutien notre illustre noblesse ;
Avant tout, suppliez à genoux l'Eternel !...

L'esprit révolutionnaire
Qui vous souffle votre credo,
Dans son ardeur incendiaire
Vous montre un magique tableau ;
Mais Danton, Saint-Just, Robespierre,
Dans leur folle œuvre sanguinaire,
Avaient inscrit sur leur drapeau
Les creux sophismes de Rousseau...

Vous croyez avoir le génie
Qui préside à l'humaine vie ;
Mais vous ne voyez pas la fin,
La cause de l'ordre divin !...
La foi n'éclaire, ni n'allume
Votre regard, couvert de brume ;

Elle vous cache aux yeux l'azur,
Où luit le rayon clair et pur
De l'auguste et sainte lumière
Que répand seule la prière
Qui réchauffe tout cœur contrit
De la flamme du Saint-Esprit,
Et lui montre l'image chère
Du fils de Dieu, venu sur terre
Pour absoudre péchés et torts
Du genre humain par les trésors
De foi, d'amour et de clémence,
Non par la haine et la vengeance,
Comme font les esprits pervers,
A la honte de l'univers...

Ne dites pas, dans la tempête,
N'avoir pas choisi le chemin
Menant le peuple à la conquête
De ses droits qu'il veut prendre en main.
Les divins élus sur la terre
Ont certe une seule manière
D'atteindre, en priant, le grand but
De la vie : au ciel le salut.
Pour l'avoir, ils ne font usage
Ni du fouet, ni du knout sauvage,
Ni du drapeau rouge, sanglant...
Seul, l'homme faible et chancelant
Peut choisir la fatale voie
Du crime, et devenir la proie

De ses brutales passions,
Causes de viles actions.
Il commande alors le carnage,
Au nom de la fraternité ;
Ordonne le meurtre et l'outrage,
Pour imposer la liberté...

Au nom du ciel ! quittez la route
Qui mène à la perdition ;
N'ébranlez pas par votre doute
La foi de la religion ;
Ne soyez pas pharisien.
Mais restez un bon citoyen.....

Montrez vos vertus en pratique
Par un amour patriotique
Des mérites de nos aïeux,
Dont héritèrent leurs neveux ;
Abdiquez votre orgueil superbe ;
Soyez moins fier et moins acerbe ;
Ne prenez pas l'air dégoûté
D'un enfant du siècle, gâté
Par le sentiment de l'envie
Qui corrompt et brise la vie,
Ecarte l'homme du devoir,
Et le conduit au désespoir
Par des désirs irrésistibles
Et des déceptions pénibles...

Il oublie alors son mandat
Sur terre, sa foi, sa patrie ;
Et dans sa folle idolâtrie
De lui-même, il devient ingrat
Pour la divine providence,
Se croyant dans son arrogance,
Et sous l'empire du démon,
Fait et pétri d'autre limon,
Que le reste de ses semblables...
Ses passions insatiables
L'entraînent dans un tourbillon ;
A sa suite, les faibles âmes,
Dociles à son aiguillon,
Se laissent prendre aux vives flammes
Des discours d'un esprit malsain,
Aux rêves de l'orgueil humain,
Et vont se perdre dans l'abîme
Des grossiers instincts et du crime...

———————

O noble patrie! Ange de mes rêves !
Pure et rayonnante, au ciel tu m'enlèves...
        Espérance est ton nom !
Drapeau rouge et Tsar blanc de Moscovie
Te font même horreur, chère Varsovie,
        De glorieux renom !

Vole aux cieux, Pologne, à l'aile azurée ;
Tu tiens dans ton cœur, ô mère adorée !
　　　Le sort du genre humain.
Planant au-dessus des vaines alarmes,
Tu n'as pour le Tsar, son joug et ses armes,
　　　Que mépris et dédain.

Nageant dans le bleu, fixe avec tendresse
Ton regard sur moi ; fais-moi la promesse
　　　De m'enlever un jour,
Loin des noirs soucis de l'exil sur terre,
Au pays d'azur, brillant de lumière,
　　　Sur un rayon d'amour!...

Souffre maintenant, à ta foi fidèle,
Martyre et tourments, étant immortelle
　　　Dans la création...
O, puissé-je avoir la joie indicible
De voir triompher de la mort terrible
　　　Ta résurrection !!

En même temps, parut le cinquième et dernier
psaume, nommé : *Bonne volonté*, peut-être le
plus beau, que nous avons reproduit en entier à
la suite des trois premiers. Slowacki convint lui-
même, plus tard, qu'il était allé trop loin dans sa
haine contre la classe privilégiée de la nation ; il

se reconnut dans un personnage de la *Comédie
infernale,* (drame de Krasinski) le barde *Julianus*
qui prêche le socialisme niveleur, et se rap-
procha, vers la fin de sa vie, de l'auteur ; celui-ci
l'accueillit avec aménité, et déplora sincèrement
sa mort prématurée.

En lisant les beaux vers de cette ardente polé-
mique entre deux grands poëtes, en parcourant
les œuvres des plus remarquables auteurs polo-
nais, le lecteur devra reconnaître qu'ils portent
tous sur leurs drapeaux, malgré leur divergence
d'opinions, de sentiments et de croyances, les
mots magiques :

Dieu, Patrie, Honneur et Liberté.

Même les plus sceptiques ne peuvent secouer
les liens du catholicisme militant dans lequel ils
furent élevés, appartenant de cœur et d'âme à
une nation, jalouse de maintenir le culte de ses
aïeux et son indépendance séculaire.

Le fragment de la *Glose de Sainte Thérèse,* que
j'ai aussi traduit, est une création écrite, l'on
dirait, sous la dictée de la sainte elle-même, dé-

vorée par son amour passionné et mystique pour le Seigneur. Les pensées et le langage sont splendides et peuvent rivaliser avec les chefs-d'œuvre du même genre de tout temps et de tout pays.

Mickiewicz et Slowacki n'ont guère laissé de trace, dans leurs écrits, de leur passage par Rome. Krasinski, au contraire, y séjourna long-temps, y composa son drame : *Iridion*, où nous assistons à l'effondrement de la société païenne, au IIIe siècle de notre ère, en face des forces vives et jeunes du Christianisme, et beaucoup de poé sies fugitives, détachées, d'une grâce et d'un charme incomparables, composées en majeure partie sous l'inspiration de la comtesse Delphine Potoçka. J'ai eu l'heureuse chance de les lire, écrites de la main de l'auteur, et je les ai savourées avec délice. Beaucoup d'entre elles, cimentant les liens d'attraction réciproque entre *deux âmes sœurs*, dans leur affinité spirituelle, ne seront pas livrées de sitôt au grand jour de la publicité par des considérations de famille, celle-ci voulant

garder pour elle ces trésors d'épanchements inti-
mes d'un esprit d'élite, au grand dommage **du**
monde lettré. J'ai choisi parmi celles qui ont été
publiées de délicieuses fleurs d'amour platonique,
épanouies dans le cœur du poëte : *La campagne
Romaine, Toujours et partout, Quand je mour-
rai, Les adieux, Après ma mort, Dernière
volonté.*

L'épître aux Russes prouve qu'il avait pour
eux le même sentiment que Slowacki, en dépit
de la tiédeur que celui-ci lui avait autrefois re-
prochée. *Nous mourrons avant.....* est le cri
navrant de l'âme d'un zélé patriote, obligé de
renoncer à voir la réalisation de son plus cher
désir. *L'oiseau se tait,* dit-il avec une triste mé-
lancolie..... Nous finirons comme lui, en nous
arrêtant à ces dernières paroles du poëte que le
découragement rendit muet.

PSAUMES DE L'AVENIR

FOI

Ame et sens, instruments imparfaits du génie,
Servent à m'élever dans l'espace et le temps,
A planer dans les airs en céleste harmonie.
Ils doivent choir un jour, ébréchés par les ans ;
Jour de mort et de deuil pour le monde vulgaire.
Le génie, immortel, continue à tracer
Dans l'espace infini sa brillante carrière,
Prenant forme nouvelle, et sentant repousser
Ses ailes pour voler sur la nue et l'orage,
« Renaissant de la chair ; » dit le commun langage :

L'être, ainsi transformé, prend un nouvel essor,
Se rapproche toujours, dans son élan sublime,
De la source divine, où brille le trésor
De vertus, de savoir et d'amour unanime.
Il se dégage, au ciel des attachements vains,
Balayés par le vent, comme des feuilles mortes,
Et les anneaux brisés de ses liens humains
Rendent ses qualités plus pures et plus fortes.

Il laisse loin de lui les ombres du passé,
Et poursuit dans son cours le clair chemin, tracé
Dans l'espace sans borne et brillant de lumière,
Où les astres de feux, gravitant dans leur sphère,
Forment la voie au ciel lactée ; où fait un jour
Un millier de nos ans. Sur l'aile de l'amour,
Il vole droit au but : à l'essence attractive
De la création qu'elle attire et motive,
Où tendent les esprits, les âmes et les corps,
Tous les êtres créés, leurs soupirs, leurs remords,
An centre éblouissant dont la force motrice
Fait mouvoir l'univers et l'emplit de délice,
Eclaire, anime, échauffe et maintient en éveil,
Distribuant la vie... à l'astre roi : Soleil !...

Je dépasse en mon vol les champs d'humaine gloire,
Les tourments de l'enfer, les cris du purgatoire,
Sous la forme d'un ange, éclatant de blancheur,
Et j'aborde une sphère, éternelle en bonheur,
Céleste région, lumineuse et divine,
Où l'on ne connaît plus ni trépas, ni ruine,
Où la vie immortelle et l'espace infini
Entourent de splendeur le Créateur béni..,

Les tombes et berceaux, attributs de la terre,
Sont faits pour les humains, voués à la misère,
Créatures encore incomplètes de Dieu...
Là, les poëtes, seuls, pressentent le ciel bleu,
Dans l'inspiration de rêves prophétiques ;
Mais les élus de Dieu, les êtres angéliques
Embrassent d'un regard le passé, l'avenir
Qui paraissent se fondre au présent, et s'unir
Dans un même tableau, lumineux et magique,
Qu'entrevoit le prophète, en vision mystique,
Dans ses moments d'extase, où l'esprit inspiré
Sent l'immortalité, dans un cœur épuré.
Les archanges, vêtus d'ondes éblouissantes
Qui rayonnent au loin de teintes éclatantes,

S'élèvent tout en haut, où trône l'Éternel,
Le Seigneur tout-puissant, le Maître universel...

De précieux trésors de rayons et de grâces,
Amassés tout autour, brillent dans les espaces ;
Les astres flamboyants, étoiles de l'azur,
Tracent dans leurs orbites un sillon clair et pur ;
Tout paraît infini dans la vaste étendue ;
Le temps, sans varier, marche et se perpétue,
Et sans que l'avenir puisse avoir une fin,
Immuable et fatal, sous la loi du destin.

Dans sa sagesse ainsi l'a réglé le grand Etre
Qui fut, reste et sera notre suprême Maître...
En vain les chérubins voudraient le voir de près ;
Il est inaccessible avant, — pendant, — après...
— Leur désir qui s'accroît, leur amour sans limites
Font l'éternel bonheur des pieux acolytes —
Il lie en une chaîne, aux multiples anneaux,
Du principe à la fin, les éléments vitaux,   .
Unit le Père au Fils par l'Esprit-Saint et juste,
En une Trinité mystérieuse, auguste,
Tout en demeurant l'Etre unique, personnel
Qui régit la nature, et trône dans le ciel.

Créés par le Seigneur à son image même,
Marqués du sceau divin et du sublime emblème,
Nous remontons, de monde en monde, au clair sommet
De l'idéal, où l'âme, épurée au creuset
De ses actes humains, resplendit immortelle
Dans la joie infinie, après son dur exil
Sur la terre, où restée à ses devoirs fidèle,
Elle contemple enfin l'éblouissant profil
Du Maître, retrouvant l'origine des choses,
Le principe immortel, le mot final des causes...
Mais pour bien mériter l'heureux et prompt retour
Aux régions d'azur, il faut, à notre tour,
Récolter tous les fruits dont nous portons le germe,
Reproduire l'essence et l'œuvre qu'il renferme,
Et tâcher d'obtenir le céleste séjour
Dans notre humilité, par notre immense amour....

Epurons ici-bas notre nature humaine,
Supportons dans la vie, honnêtement, la chaîne
Et les liens auxquels le sort nous a soumis,
Augmentons la valeur des mérites acquis,

Pour qu'au jour, où le Christ viendra juger la terre,
Par son ordre arrivée au bout de sa carrière,
Et choisira parmi les vivants et les morts,
Ressuscités soudain dans leur chair et leurs corps,
Les zélés serviteurs, les élus et les anges,
Nous soyons appelés aux célestes phalanges.
Tous certe, en attendant, hommes et nations,
Ont leur chemin tracé, leurs saintes missions ;
Ils portent, dans leur sein, une idée incarnée,
Et doivent accomplir leur haute destinée.

Il est un peuple élu, composé de martyrs,
Dont les tourments subis, les pleurs et les soupirs
Ont raffermi la foi, retrempé le courage
Pour lutter et souffrir le meurtre et le carnage,
Tant qu'il n'obtiendra pas justice et liberté,
Et le droit reconnu de la fraternité
Aux pauvres opprimés, malheureuses victimes
Que foulent les tyrans, fiers et vains de leurs crimes.

Tel sur terre est, Seigneur, le peuple polonais,
Champion de la croix, dans la guerre et la paix.
Il a beaucoup souffert sans perdre confiance
Dans la bonté divine, et garde l'espérance

D'avoir sa place au ciel parmi vos purs gardiens,
Et de servir d'exemple à ses frères chrétiens,
Comme ardent défenseur de la foi véritable,
Rivé même aux liens du malheur qui l'accable ;
Car il sait que souffrance et désolation
Produisent, tôt ou tard : Régénération !..
Et que saignante au front, la couronne d'épines
Se change au ciel en fleurs de saintes origines...

Le fils de Dieu, fait chair, sauva l'humanité,
Habitant notre cœur, en gage de pureté,
Partageant nos désirs, labeurs, vie et souffrance.
Il nous montra le but au ciel et l'espérance ;
Supportant le martyre, expirant sur la croix,
Le vrai chemin à suivre, en écoutant sa voix,
Le moyen du salut et la vie éternelle...
L'âme découle aussi d'une source immortelle,
S'efforce et tend sans cesse à revenir aux cieux,
Et voit poindre, à la mort, l'avenir glorieux...

Quand Jésus, au sommet du Thabor, sur la nue,
Apparut aux chrétiens éblouis à sa vue,

Le genre humain put voir sa transformation
Réaliser l'espoir de cette vision :
Qu'il laisserait un jour, quittant notre planète,
Vanités, noirs soucis et pleurs qu'elle reflète,
De viles passions l'esclavage odieux,
Et les dehors trompeurs d'un sort mystérieux
Pour admirer l'éclat de la cause première,
Et voler dans la joie, au sein de la lumière..,

Deux ailes : la science et l'amour infini
Le porteront au ciel, dans l'espace béni,
Où rayonnent au loin les élus, les archanges,
Et chantent au Seigneur d'ineffables louanges ;
Il verra le péché s'effacer de son front,
Pourra, dans son élan, s'élever d'un seul bond,
Léger comme la flamme, au haut de l'empyrée,
Porté par les rayons de la zone azurée.

2

ESPOIR

J'ai trop longtemps pour la justice
Fait vibrer ma lyre d'airain ;
L'heure approche d'entrer en lice,
    L'arme à la main.

Le Seigneur créa notre vie ;
Nous devons notre âme à Jésus ;
Et l'Esprit–Saint en nous relie
Ame et corps, de grâce pourvus.

Oui, je vois déjà blanchir l'aube
Du grand jour, où notre Sauveur
Viendra rayonner sur le globe,
Nous accorder dons et faveur.

Elle va bientôt sonner, l'heure
Où nous connaîtrons l'inconuu,
Où nous verrons, joyeux sans leurre,
Le Maître du ciel, bienvenu...

Les couronnes et diadèmes
Devront céder le pas, au ciel,
Aux malheureux, humbles et blêmes,
Les premiers devant l'Eternel.

Les défenseurs de la foi sainte
Qu'ils professent depuis mille ans
Au cœur, pure de toute atteinte,
Persécutés par les méchants ;

Les spoliés de cette terre,
Que les rois étouffent en vain,
Seront admis dans la lumière
A voir le Juge souverain.

Malgré leurs bourreaux, les victimes
Verront la bonté du Seigneur
Exaucer leurs vœux légitimes
Qu'ils nourrissent au fond du cœur.

Les pouvoirs de l'or et du glaive
Se briseront à votre voix,
Seigneur, s'enfuyant, comme un rêve,
Lorsque nous reprendrons nos droits.

A l'appel, à votre service,
Nous sortirons de nos tombeaux,
Epurés par le sacrifice,
Pour trouver amour et repos.

Le même zèle nous attire
A la divine passion,
Et nous rend prêts par le martyre
A notre résurrection.

Nous sentons dans notre génie,
Vibrer en nous, vivants et morts,
Les tons de céleste harmonie
Qui nous ravit par ses accords.

Aux accents de cette musique,
Notre être humain se croit au ciel,
Adorant Dieu, le Maître unique,
Et comme Dieu, pur, immortel.

Mais auparavant, le vieux monde
Doit trouver union et paix,
Reconnaître la loi féconde
De l'Evangile désormais.

Schismes, mensonges, hérésies
Confesseront haut leurs erreurs,
Maudiront leurs apostasies
Pour unir en Dieu tous les cœurs.

Alors, on verra sur la terre
Passer le pur souffle divin
Qui guérira toute misère,
L'âge d'or, précédant la fin.

L'humanité régénérée,
Reprendra son ascension...
De tous les peuples honorée,
Naîtra la nouvelle Sion.

Long fut le chemin, et la peine
Dure, dans le sang et les pleurs;
Mais nous voyons l'aube sereine ;
Proche est la fin de nos douleurs.

Le peuple martyr de Pologne
Prédit au monde son salut,
Bien que mourant à la besogne,
Lui montre la voie et le but.

Les autres ont vu ma patrie
Morte, ensevelie au tombeau...
S'ouvrant à l'éternelle vie,
Il se transforme en un berceau.

De l'avenir levons le voile
Qui couvre le ciel radieux
Où luit, brillante, notre étoile ;
Psaumes et fleurs, montez au cieux ! !..

Le Sauveur trône sur la nue...
A lui nos palmes et nos chants !
Il sourit libre, à notre vue,
De la croix et de ses tourments.

Au sein d'azur et de lumière,
Le Fils de Dieu, transfiguré,
Se fait voir au haut de la sphère,
Consolant le monde éploré.

Elevez vers le ciel vos âmes,
Et vos cœurs seront soulagés ;
Dans les embûches et les flammes,
Par Dieu désormais protégés.

Le succès du crime éphémère
Ne doit plus vous causer d'effroi ;
Car vous avez la force entière
D'unir l'action à la foi.

Votre espoir n'est pas illusoire ;
Le triomphe est sûr et certain.
Comme garant de la victoire,
Paraît le Maître souverain.

J'ai trop longtemps pour la justice
Fait vibrer ma lyre d'airain...
L'heure approche d'entrer en lice,
    L'arme à la main...

3

AMOUR

Combattons les tyrans sur terre,
Terrassons les démons maudits,
Sabre au poing, coupons en colère
Le knout des odieux bandits ;
Mais n'excitons pas en ivresse
Le peuple contre la noblesse...

Vains sont vos cris et vos discours ;
Pas de sang, ni ne boue immonde
Entre frères. Fêtons les jours
D'ère nouvelle dans le monde.

Avant l'aube de liberté,
Dans l'ombre, hache et guillotine
Agissent avec cruauté ;
La foule se rue, extermine,
Pille et se baigne dans le sang,
Pareille au fauve dégoûtant ;
Elle tue, abat et dénigre
Les prêtres, les dieux et les rois,
Libre et sauvage comme un tigre,
Non comme un guerrier de la croix.
Mais quand rayonne la lumière
Du Christ en nous, et nous éclaire,
Rejetons le glaive assassin,
Tendons-nous main et joue, en frères,
Et marchons, libres et sincères,
A notre glorieux destin.

Le massacre, action hideuse,
Le pillage, action honteuse,

Seront à jamais reniés
Par la nation polonaise
Dans la chance bonne ou mauvaise,
Cherchant de meilleurs alliés
Dans l'estime et la confiance,
Dans l'amour et la bienveillance
Entre nobles et paysans,
Deux éléments du même empire,
Deux cordes à la même lyre,
Rivaux de gloire, en leurs élans.

Je vous le dis, sans flatterie :
Libre sera notre patrie,
Grâce à leur cordial accord,
Comme l'âme au corps réunie
Dans une divine harmonie,
En double la force et l'effort,

Le peuple par cette alliance
Verra s'accroître sa vaillance
Pour marcher au suprême but.
Unissons tous les cœurs en vue
D'aider la patrie abattue ;
Là seulement est le salut.

Celui qui pour vaincre le diable
Se sert des armes du démon,
Commet une œuvre abominable
Dont l'infamie est le vrai nom.
S'il n'est pas même Moscovite,
Singeant leur vice et leurs travers,
Devenant leur lâche acolyte,
Il est, comme eux, vil et pervers.

La Pologne, innocente et pure,
Recouverte d'un blanc linceul,
Couchée au tombeau sans souillure,
A pour égide l'honneur seul.
Ceux qui lui porteront atteinte,
Forgeant de ses fers, sans égards
Pour les mérites de la sainte,
Non des sabres, mais des poignards,
Seront flétris par notre histoire
Dont ils veulent ternir la gloire.
Tentés par l'idée infernale
Savent-ils, que le Saint-Esprit
Ne peut bénir l'œuvre immorale,
Sanctionner crime et délit ?

Les maudits qui souillent leurs âmes
N'auront pas le sort des héros ;
Mais seront jetés dans les flammes,
Comme meurtriers et bourreaux.

Les chefs illustres, les génies
Subjuguent autrement les cœurs ;
Ils suppriment les gémonies,
Voulant se faire dictateurs ;
Bravant les périls de la gloire,
Ils vont fièrement à la mort,
Plutôt que d'avoir la victoire
Par la terreur comme ressort,
En salissant leur pourpre insigne
Dans la fange et le sang humain.

Tel au forum, clément et digne
Fut le premier César romain,
Tel le nouveau César en France,
Fonda sur l'ordre sa puissance.

Lisez les fastes des mortels :
Seuls, les chefs faibles sont cruels,

Et commandent meurtre et carnage
Pour teindre en rouge leur drapeau ;
Voyez Marius dans l'ancien âge,
Robespierre dans le nouveau.

Qui pourra conduire à la guerre
La nation en arme, entière ?
Seuls, les gentilshommes sauront
Se dévouer, et le feront :
La noblesse de Ruthénie,
De Pologne et Lithuanie.

Qui donc offrit son or, ses jours
Au saint autel, à la Patrie ?
Qui lui donna son pur concours,
Quand le peuple par incurie
Se croisait les bras, éploré,
N'osant croire au chantre inspiré ?
Cédant une part de fortune
Et de pouvoir, qui donc ouvrit
Aux pauvres gens de la commune
L'accès à l'aisance, au crédit ? ? !

Ni les juifs, ni les paysans,
Ouvriers, commis, ou marchands,

Mais les guerriers de la noblesse,
Sacrifiant vie et richesse,
N'ayant jamais tendu la main
Au vainqueur féroce et hautain,
Et qui meurent pour la patrie,
Ou vont peupler la Sibérie,
Gardant l'amour de leur pays,
Plus vif encor, pour ses débris.

Qui de nous, dans son existence,
N'a, la main sur la conscience,
D'une faute à faire l'aveu ?
Hors l'homme unique qui fut Dieu,
Quel Etat, quel peuple, quel âge
Pourrait-il dire, avec plein droit ?
« J'ai toutes vertus en partage,
« Je n'ai lésé qui que ce soit ! »

Mais le pécheur contrit s'épure
Par la souffrance et vole au ciel,
Sanctifié par la torture,
Comme le phénix immortel
Qui brûle et renaît de sa cendre.
Notre aigle aussi revit le jour,

Avec griffe pour se défendre
Désormais du cruel vautour
Qui lui dévora les entrailles,
L'ayant saisi dans sês tenailles ;
Mis en lambeaux par les brigands
Qui lui ravirent son plumage,
Il reprit ses ailes, ses sens,
Son bec pour venger leur outrage,
Et ronger sceptre et liens,
Crevant les yeux à ses gardiens.

Oui, partout je vois la trace
Des nobles et vaillants guerriers
Dont l'histoire admire l'audace
Et les couronnes de lauriers ;
Ils ont souffert pour la patrie
Tourments, injures et l'exil,
Fui le joug de la barbarie,
Délaissés par le monde vil,
Et proscrits par la politique...
Errant sur la terre et sur l'eau,
Du pôle Nord, aux bords d'Afrique,
Ils eurent l'espoir pour flambeau.

Ils ont versé leur sang, leurs larmes,

Illustré l'éclat de leurs armes,

Sur les glaciers des pics alpins,

Sur les sommets des Apennins,

Montré leur valeur accomplie

A la France et dans l'Italie,

En Espagne et chez les Germains,

Fait trembler tous les souverains, .

Et répandu partout la graine

De notre triomphe prochain.

Vous oseriez, nés de leur peine,

Les ternir de votre dédain ? ?...

La noblesse, à la foi fidèle,

Mène le peuple à l'action ;

Elle anime, excite son zèle

Par la sainte inspiration...

Sans elle, son âme rivée,

Comme le corps à ses liens,

Serait dans le vice énervée...

Sans elle, seuls, les plébéiens

Sont impuissants dans l'inertie ;

Sans l'étincelle et sans la vie

Que prête la noble âme au corps,

Et les grands noms à leurs efforts...

Pas de peuple sans la noblesse ;

Rien qu'une tourbe dans l'ivresse ! ! !

Les noms glorieux ont gardé

Les traditions de l'histoire ;

Par leur exemple, ils ont guidé

Le peuple à la mort, — à la gloire !

Ils ont le feu sacré, la foi,

Méprisent la démagogie

Qui s'insurge contre la loi,

En blasphémant Dieu dans l'orgie,

Et dévoilent l'absurdité

De ses ineptes théories

Qui pour nier flamme et clarté

Les recouvrent de leurs scories...

Ils savent que noblesse oblige,

Et garderont leur beau prestige,

Usant de leur pouvoir humain,

Pour répandre amour et lumière,

Donner sans cesse aux corps du pain,

Aux cœurs la foi par la prière,

Et, préservant du sombre abîme
Les égarés, privés de sens,
Les relever dans leur estime,
Montrant le ciel aux pauvres gens ;
Pareils à Dieu dans la nature,
Ennoblissant la créature.

Vous qui rabaissez l'être humain,
Regardez, comme sur la terre,
Tout fruit s'élève de son sein,
Et se transforme à la lumière ;
Le germe, infime à son début,
Croît, augmente et se développe,
Lutte et tend toujours à son but,
Libre enfin de son enveloppe.

Dans l'ordre des choses divin,
Les êtres forment une chaîne
Depuis les pierres et le brin
D'herbe, jusqu'à la race humaine
Qui relève son front au ciel,
Et remonte à l'Être éternel.

Ainsi veut la loi générale
Qui gouverne l'humanité !
C'est une folie immorale
De violer la vérité !

Celui qui croit, à son caprice
Faire aller le monde autrement,
Oter aux nobles leur office
De chefs, dans son égarement
N'établira rien de durable,
Passant sur tous l'abject niveau
Du glaive, et voulant sur le sable
Fonder l'informe état nouveau.

Il peut singer le vol de l'aigle,
Prêcher aux gens l'égalité,
Mais, en bravant morale et règle,
Il n'aura pas l'éternité,
Et dans l'empire qu'il recrute,
Il fera de l'homme une brute,
Au lieu de le guider au ciel,
Le fera glisser dans la fange

Par son système criminel,
Ravissant sa nature d'ange...
Dieu garde d'un pareil malheur
Et la Pologne et son honneur !...

O, mon aigle à blancheur d'hermine,
Au sublime essort dans ton vol !
Apprends-moi l'impure origine
De ces complots sur notre sol.

— « Ils sont le fruit de l'esclavage
Où s'infiltre l'amer poison,
Où l'homme, devenu sauvage,
Perd dans les liens sa raison.
La Sibérie et les tortures,
La mort, le knout et ses blessures
Ne sont rien près du mal affreux
D'un peuple qui maudit les cieux ! »

Quand l'oppresseur de la patrie
L'écrase atroce et fort,
On accuse dans sa furie
Le ciel, lui donnant tort.

L'ennemi dans son arrogance
Nous fait perdre l'esprit ;
Il trouble notre conscience
Qu'étouffe le dépit ;
Il flatte dans sa tyrannie
Les viles passions,
Encourage la félonie
'Aux lâches actions.
La haine transforme les crimes
En suprêmes vertus,
Rend cruels les héros sublimes,
Dans les fers abattus.

Nos fils voudront dès leur enfance
Devenir assassins,
Nos filles dans leur innocence
Mettront poignards en main.

La rose et naïve ingénue,
  Sans honte à son début,
Dira : « Frère ! massacre et tue !
  « C'est notre seul salut ! »

Et notre patrie, avilie
  Par le sang et le fer,
Dans son linceul ensevelie,
  Prévaudra sur l'enfer...

~~~~~~~~

Laisse, ô, chère Pologne sainte,
Ces perfides illusions !
Oh ! reste pure et hors d'atteinte
De ces ignobles passions !...
Garde la foi, dans la souffrance,
Au saint Sauveur surnaturel !
Tes nobles fils dans leur vaillance
Seront dignes d'entrer au ciel.

Laissons murmurer le Jésuite
A l'oreille, que tout moyen
Pour atteindre au but est licite,
S'il s'agit d'arriver au bien...

Laissons hurler les démocrates,
Que tous les crimes sont admis
Pour rendre libres les Sarmates,
Pour affranchir notre pays...

Qu'ont peut se baigner dans la fange
Et le sang, comme le démon,
Et puis redevenir un ange,
Se lavant du sale limon...

Qu'il s'agit d'obtenir en somme
Bonheur, puissance et liberté,
De faire d'un ilote un homme,
Usant même de cruauté....

Laisse, ô, chère Pologne sainte !
Ces perfides illusions,
Qui ternissent de leur empreinte
Tes plus pures ambitions,
Voulant faire d'une martyre,
Une bête immonde, un vampire !

Vils blasphèmes et faussetés,
Vices et crimes éhontés,

Cris de fureur et de colère,
Tristes produits de la misère
Excitant au meurtre pervers,
A l'opprobre de l'univers,
Qui font vibrer le bruit des chaînes,
Et tirer les fers de leurs gaînes...

Les noirs esprits, à ton chevet,
Ourdissent leur sale projet
D'entraîner dans le sombre abîme
Toi... la pure et noble victime...
Pour que tes sanglots et tes pleurs
Ne changent plus, au ciel, en fleurs ;
Pour que tu ne sois plus bénie,
Après ta sublime agonie,
Par le Christ, notre doux Sauveur,
Et, qu'indigne de sa faveur,
Tu te laisses prendre et séduire
Par le démon et son empire....

Toi dont la sainte passion,
Supportée au nouveau calvaire,
Annonçait la rédemption
Nouvelle et prochaine à la terre,

Tu pourrais vraiment t'avilir
Par les meurtres et le carnage,
De honte et de sang te salir,
Pareille au fauve qui s'enrage...

Je ne puis le croire... Jamais
La trahison, la flétrissure
N'ont souillé le nom polonais...
Je verrais plutôt la nature
Se teindre en noir, portant le deuil
De la vertu, mise au cercueil.

Qu'ils sont horribles, ces athées,
Aux convoitises effrontées,
En réclamant la mort des tiens,
La jouissance de leurs biens...

D'autres t'appellent ombre ou rêve,
Au nom du Tsar qui tient le glaive...
O, mon Dieu ! qu'ils sont effrayants,
Spectres, larves ou revenants !
Au visage de froid squelette,
Où la trahison se reflète.

Dans leurs yeux brûlent des tisons ;
Au lieu du cœur et des poumons,
Des serpents, tordus en spirales,
Leur sortent des lèvres, du nez,
Images d'instincts cannibales,
Qui dévorent ces forcenés...

Ils tracent dans l'air une chaîne
D'opprobre, d'envie et de haine ;
Cette foule d'êtres hideux
Se meut, s'approche, et leurs vipères,
Enroulant la croix sous tes yeux,
Souillent de souffles délétères,
De leur bave immonde ton corps
Pur, immaculé de victime,
Au calvaire expiant les torts
Du monde en mission sublime.

Tous voudriez ternir, mais en vain,
L'avenir brillant de demain ;
Fantômes d'un passé coupable,
Votre mort est inévitable !
Et, retrempée en ses douleurs,
La Pologne vit dans nos cœurs.

Pologne, ô nation martyre !
Souffrant dignement, sans orgueil,
Pour l'humanité qui délire,
De la gloire proche est le seuil !
Proche est la fin de ton supplice !
Pourvu que tu jettes le vice,
Tu verras ton ascension
Bénie au pays de lumière,
Avec le Christ ton union
Dont tu portas la croix sur terre.

Quand de la mort renaît la vie,
Et que l'âme est au ciel ravie,
Terrible est le combat
Du corps et de l'esprit qui doute,
Se lamente, implore et redoute
La fin de son mandat.

Domine ton esprit, demeure
Croyante, à cette dernière heure ;
Garde tes biens acquis ;
Et tu redeviendras la reine,

L'auguste et noble souveraine
　　Des Slaves affranchis.

Ils nomment les paroles creuses
Du Tsar, ses promesses mielleuses :
　　« Ruse et dérision ; »
Les nations en esclavage
Réclament ton saint patronage
　　Et ta direction.

Sois jusqu'à la fin pure et juste,
Monte au ciel, en offrande auguste,
　　Le saint amour au cœur ;
Et tu seras la messagère
Des dons célestes sur la terre,
　　Du divin Christ la sœur.·.

L'Orient attend son Messie...
Sera-ce le Tsar de Russie ?
　　Ou ta noble vertu ?
Il sème la mort, l'épouvante...
Trône par ta grâce innocente
　　Sur le monstre abattu !....

Montre ton visage angélique,
Fais voir ta bravoure héroïque
 Au monde émerveillé.
Laisse, dans ta splendeur divine,
Bénir ta céleste origine
 Le peuple agenouillé...

Apaise de vaines alarmes,
Fais tarir nos cuisantes larmes,
 Dompte, asservis la chair ;
Par ta grâce, enlève les âmes
Aux péchés, aux impures flammes
 De l'odieux enfer !

Par ton miraculeux prestige,
Par un surnaturel prodige
 Rend le monde vassal
De ta pureté séraphique,
De ta douceur évangélique...
 Sois-lui son Idéal !...

Combattons les tyrans sur terre,

Terrassons les démons maudits,

Sabre au poiug, coupons en colère

Le knout des odieux bandits ;

Mais n'excitons pas en ivresse,

Le peuple contre la noblesse....

Marchons, unis, au même but.

Peuple et nobles du même empire,

Deux cordes, à la même lyre...

Là seulement est le salut !...

A bas vos couteaux, Haydamaques (1),

Vos glaives assassins, cosaques !

Trêve aux propos calomnieux,

Aux vils blasphèmes odieux,

Pour que les os de Catherine,

L'impure et la grande Tsarine

Sous terre ne tressaillent pas

D'aise, à nos meurtriers débats.

---

(1) Nom donné en Pologne aux Cosaques jadis colonisés sur les bords de Dienpr, appelés aussi Zaporogues. Voir dans le Cycle Ukrainien, la préface du château de Kaniow et les pages 236 et 237.

A bas vos couteaux, Haydamaques,
Vos glaives assassins, cosaques !...

Pour qu'à l'avenir, nos neveux
Ne maudissent pas leurs aïeux
D'avoir arrêté dans sa voie
Le progrès, devenant la proie
De criminelles passions,
D'absurdes révolutions...

A bas vos couteaux, Haydamaques,
. Vos glaives assassins, cosaques !

Sachez, que le maître des cieux
Ordonne et décide en tous lieux,
Non le hasard, mais sa puissance
Et la divine providence ;
Et que tout projet, tout dessein
Criminel est stérile et vain...

A bas vos couteaux, Haydamaques,
Vos glaives assassins, cosaques !

La vertu seule est le moyen
De parvenir à l'ordre, au bien ;

Tout autre œuvre meurt avortée ;
La Pologne ressuscitée
Vous reprocherait vos excès,
Sanglant obstacle à ses succès.

A bas vos couteaux, Haydamaques,
Vos glaives assassins, cosaques !

Les traîtres, en livrant le sol,
Furent moins pervers dans leur vol,
Que vos infâmes démocrates
Qui souillent l'honneur des Sarmates.
Nos grands aïeux, dans leurs tombeaux,
S'indignent contre ces bourreaux.

A bas vos couteaux, Haydamaques,
Vos glaives assassins, cosaques !...

Mais quand l'heure d'ouvrir le feu
Retentira sur notre terre,
Serrons-nous tous sous la bannière,
Et marchons au saint nom de Dieu !
Changeons nos faux et nos faucilles
En armes contre l'oppresseur,
Défendons foyers et familles,
En mourant s'il le faut sans peur,

Donnons en prime aux volontaires
Pour leurs exploits champs et chaumières,
Et chassons l'ennemi du sol,
Vengeant le meurtre et le viol,
Faisant sauter ses forteresses,
Et lui reprenant nos richesses...

Les barbares seront vaincus,
Ils périront dans l'anarchie,
Et Dieu bénira les élus
De notre Pologne affranchie
Du Tsar, de son joug détesté,
Et radieuse, en liberté ! !...

CINQUIÈME PSAUME [1]

BONNE VOLONTÉ

Vous nous avez donné, Seigneur, dans votre grâce
Des trésors précieux... Votre main ne se lasse
De combler la Pologne, en la guidant au ciel ;
Après mille ans de gloire et d'éclat immortel,
Le Christ lui confia la palme du martyre,
Supporté dans l'espoir du séraphique empire,
Lui donna, comme don, la persuasion
De l'apôtre fervent de la rédemption
De notre humanité par le saint Évangile,
Et l'amour du prochain actif, sensible, utile
Qui s'offre à lui sans cesse, à toute occasion,
Et renonce aux exploits souillés d'ambition,

----

(1) Je donne dans l'avant-propos des extraits du quatrième psaume :
Regrets.

Voulant unir foyer, et famille et patrie
Par les mêmes liens d'affection chérie,
Repoussant de son sein, mais le jour, au soleil,
Les pervers seulement, rétifs au bon conseil....

Quand après deux mille ans, votre bonté féconde
Juge à présent, au ciel, les siècles et le monde,
Accordez-nous, Seigneur, la résurrection,
Pour prix de notre zèle à notre passion.

Vous avez répandu sur nous, Seigneur, vos grâces,
Préservé nos aïeux d'actions viles, basses,
Et permis, même après notre démembrement,
De sortir du sépulcre, en servant noblement
L'humaine liberté, sur les champs de batailles,
Et d'avoir, bien que morts aux yeux du monde entier,
Témoin de nos douleurs et de nos funérailles,
Mis notre aigle d'argent et le glaive d'acier
Au service loyal de l'équité sur terre.
Même en nous châtiant, votre main tutélaire
Fit surgir des tourments de nouvelles vertus,
Et rendit l'existence à nos corps abattus,

Leur infusant du ciel la divine étincelle,
Le pur souffle de l'âme et la vie éternelle,
Transformant les martyrs en célestes esprits,
Sous les yeux étonnés des peuples ébahis....

Quand après deux mille ans, votre bonté féconde
Juge à présent, au ciel, les siècles et le monde,
Accordez-nous, Seigneur, la résurrection,
Pour prix de notre zèle à notre passion.

Vous avez répandu sur nous, Seigneur, vos grâces,
Accordant aux martyrs de la croix les espaces
Lumineux de l'azur, où siégent les élus
Aprés leur mission, de gloire revêtus ;
Vous avez fait mûrir dans les épis la graine
Des zélés champions de la foi souveraine
Qui, sacrifiant vie et bonheur temporel,
Ont obtenu l'accès pour leurs âmes au ciel ;
Mais vous laissez sur terre à tous le libre arbitre,
Pour que nous méritions notre grâce, à ce titre,
Nous donnant le pouvoir et toute liberté
D'obtenir le salut à notre volonté.

Chacun de nous ainsi reste l'absolu maître
Et de sa destinée et du sort de son être,
Choisissant librement le chemin radieux
Qui s'ouvre au plus petit, comme aux grands, dans les cieux.

Quand après deux mille ans, votre bonté féconde
Juge à présent, au ciel, les siècles et le monde,
Accordez-nous, Seigneur, la résurrection,
Pour prix de notre zèle à notre passion....

Vous nous avez montré, Seigneur, le triste exemple
De Jérusalem, où s'élevait votre temple,
De la sainte cité, destinée à servir
D'autel à votre foi, qui se vit asservir
Par d'âpres passions de vengeance et de haine
D'un peuple en lutte ouverte, avec la race humaine ;
Elle devint la proie et du fer et du feu,
Et perdit le prestige éclatant du saint lieu,
Les précieux fleurons de l'auguste couronne
De pure élection. — L'amour saint l'abandonne,
Et de crimes souillée, abjurant le vrai Dieu,
S'écroulant dans l'abîme avec le peuple hébreux,

Disséminée au vent d'amère servitude,
Elle dure toujours dans son ingratitude
Envers le Créateur, méconnaissant la voix
Du Sauveur angélique, et blasphémant la croix.

Quand après deux mille ans, votre bonté féconde
Juge à présent, au ciel, les siècles et le monde,
Accordez-nous, Seigneur, la résurrection,
Pour prix de notre zèle à notre passion...

Vous nous avez, Seigneur, dévoilé l'infamie
Et le vice éhonté de la race ennemie
De nos durs oppresseurs. Ces monstres altérés
De sang et de massacre, êtres dénaturés,
Poursuivis par les cris de leurs pauvres victimes,
De femmes et d'enfants, égorgés dans leurs crimes,
Sont enfin dépouillés du pouvoir, cimenté
Par les pleurs et le sang, et, dans leur nudité,
Ils ne peuvent calmer leurs âmes criminelles
Du regret d'être aussi traités comme rebelles
Par votre juste arrêt qui punit les plus forts
Et puissants potentats, responsables des torts

Et des iniquités commis pendant leur vie...
Rois, même Anges déchus par l'orgueil et l'envie,
Furent pour leurs méfaits précipités du ciel,
Expiant leurs péchés dans l'enfer éternel.

Quand après deux mille ans, votre bonté féconde
Juge à présent, au ciel, les siècles et le monde,
Accordez-nous, Seigneur, la résurrection
Pour prix de notre zèle à notre passion...

Vous nous avez donné toute l'aide possible.
C'est à nous de veiller au bord de gouffre horrible,
Pour ne pas y tomber. Nous sentons croître en nous
Des ailes pour planer dans le ciel clair et doux,
Au sein de votre gloire et dans l'aube dorée
Qui couronne nos fronts de lueur éthérée,
Et les ravit du fond des abîmes obscurs,
Où s'agitent en bas tous les ferments impurs...
A l'orient paraît l'aurore éblouissante ;
Les anges, souriant sur la nue éclatante,
Tendent vers nous leurs bras... Au dessous le néant,
Vaste gouffre insondable, antre toujours béant,

Où domine et s'étend la mort universelle,
Des méchants endurcis la prison éternelle,
Où bouillonnent au fond les blasphèmes abjects,
La colère, l'envie et les péchés infects
De mensonge et d'orgueil, de haine et de luxure
Qui souillent de leur bave et l'âme et la nature.

Le fantôme effrayant de ce sombre chaos,
Squelette au sang figé de rouille, dont les os
Sont formés des débris de peuples en ruine,
Grandit, nous enveloppe et, hideux, nous fascine,
S'efforçant de reprendre un malfaisant pouvoir
Sur nos esprits, saisis par la crainte et l'espoir.

A peine relevés, et le pied dans la tombe,
Si, tremblant de vertige, il y glisse et retombe,
Nous devrons dire adieu, dans l'empire infernal,
A l'avenir splendide, au sublime idéal
Qui réjouit nos yeux de sa pure lumière...
Et nous replongerons dans les ombres, sous terre.

Protégez-nous, Seigneur, contre nos passions.
J'oubliais malheureux, humble dans ma faiblesse,

Que maîtres désormais, seuls, de nos actions,
Nous devons pratiquer, nous-mêmes, la sagesse
Sans plus oser des cieux réclamer le concours,
Ayant déjà reçu votre divin secours.

Ayez pitié, Seigneur, de l'humble sacrifice,
Des siècles écoulés rien qu'à votre service,
De notre dévouement à la religion
Et du choix glorieux, fait dans notre union,
De la mère du Christ, vierge sur terre et reine
Au céleste séjour, pour notre souveraine
De la Pologne, unie, heureuse de servir
La divine Patronne, et même de mourir,
Comme tant de ses fils l'ont fait avec vaillance,
Invoquant son doux nom et sa sainte assistance,
Au moment d'expirer. O, puisse en souvenir
De leur suprême effort la Vierge intervenir
Pour ses chevaliers morts, et bénir leur mémoire,
Les admettre à sa cour, assise dans sa gloire,
Interdisant snr terre aux esprits infernaux
De souiller de leur souffle empesté leurs tombeaux.

Notre reine bénie, au sein de la lumière,
Avance sur la nue éblouissante et claire

Que forment les esprits par sa grâce attirés,

En lui faisant cortège aux pays azurés.

Elle dépasse éclairs, globes brillants, étoiles,

Comme un navire au ciel, cinglant à pleines voiles,

Et s'élève au-delà des astres, des soleils,

Dans l'éclat infini de divins appareils,

Voguant toujours plus haut dans l'azur, dans l'espace,

Plus rapide en son vol que l'ouragan qui passe...

Arrivée au sommet brillant de l'arc-en-ciel,

Elle tombe à genoux aux pieds de l'Éternel.

Sur son front resplendit la couronne sarmate ;

Les replis ondulés de sa toge écarlate

Sont bercés par l'azur de l'espace infini ;

Les mânes des héros lui servent d'auréole ;

Elle implore pour nous le Créateur béni ;

Elevant d'une main l'auguste et pur symbole,

Le divin sang du Christ, elle a dans l'autre main

Un vase avec celui que versa, non en vain,

Sous le fer des tyrans, la nation martyre

Que frappent trois maudits bourreaux, sans qu'elle expire

Sous les coups, invoquant Jésus dans ses tourments,

Pleine d'espoir, de foi dans ses décrets cléments,

Notre reine voudrait, que le sang du calice,

Se mêlant à nos pleurs, les changeât en délices.

L'abîme ouvert étale en bas sa profondeur,

Où grouillent des serpents, horribles d'impudeur,

Qui se dressent vers nous, le venin à la bouche,

Voulant nous fasciner de leur regard farouche,

Et nous faire tomber dans le gouffre sans fond,

Le stigmate au visage et le vertige au front...

Comment les scélérats ignorent-ils encore

Que leurs désirs sont vains, à la splendide aurore

Du jour éblouissant, quand la mère de Dieu

Veut bien intercéder, elle-même en saint lieu !

Nous ne demandons pas un rayon d'espérance.

Nous en avons la fleur — ni la mort en démence

Des cruels ennemis — car leurs jours sont comptés —

Ni notre ascension Seigneur, à vos côtés.

— L'aube est proche déjà de la vie éternelle,

Et nous sommes armés de croyance et de zèle —.

Puissions-nous conserver la même pureté !

Avoir le même élan de bonne volonté,

Pour mériter le ciel ! C'est la seule prière

Que nous osons soumettre à vous, Seigneur, sur terrs.

Père, Fils, Saint-Esprit ! Auguste Trinité,
Qui régnez ineffable, en toute éternité,
Sur l'univers entier ! Force mystérieuse
Qui met en mouvement les mondes et les cœurs,
Dirige dans les airs leur marche harmonieuse,
Réprime tout écart et commande aux douleurs.
Père, Fils, Saint-Esprit ! Grave énigme insoluble
Pour la raison de l'homme, en sa sainte unité
Qui contient et déroule en elle, indissoluble
Les attributs sacrés formant la Trinité.

Vous qui gratifiez l'être humain, fait de fange,
Par l'inspiration d'une nature d'ange ;
Vous qui daignez donner au peuple polonais
La belle mission de guider, dans la paix
Et l'amour du bon Dieu, les nations rivales
Aux régions d'azur purement idéales,
Malgré les passions qui troublent la raison,
Et corrompent le cœur de leur mortel poison ;
Vous qui savez dompter les pervers, les rebelles,
Choisissant vos élus dans les peuples fidèles ;
Oui, nous vous prions, Père et Fils et Saint-Esprit !
En pleine confiance, avec le cœur contrit,

Et la simplicité de nos âmes pieuses,
En lutte avec le monde, ardentes dans leur foi,
Mais soumises à vous, Seigneur, et bienheureuses
D'obéir à votre ordre, à la divine loi...

Protégés par la Vierge et reine, par sa grâce,
Du peuple polonais qui la suit dans l'espace,
Nous vous implorons, Père et Fils et Saint-Esprit,
De vaincre le démon et son pouvoir maudit,
Et de nous éclairer de la vive lumière
Qui baigne votre trône et remplit l'atmosphère.

Nous vous supplions, Père et Fils et Saint-Esprit,
Sublime Trinité dont le nom est inscrit
Par le divin baptême en nos cœurs, dans nos âmes ;
Animez-les, mon Dieu! de pures, saintes flammes,
Et donnez-nous en don, à toute éternité,
Ferveur, persévérance et bonne volonté !

Quand après deux mille ans, votre bonté féconde
Juge à présent, au ciel, les siècles et le monde,
Accordez-nous, Seigneur, la résurrection,
Pour prix de notre zèle à notre passion.

16

II

ŒUVRES CHOISIES

ŒUVRES CHOISIES

~~~~~

FRAGMENT IMITÉ DE LA GLOSE DE SAINTE THÉRÈSE

Vivo seu vivir en mi
Y tan alta vida espero,
Que muero porque no muero...

J'ai peur non de la mort, mon Dieu ! mais de la vie.
Mon unique idéal est de bien vous chérir !
Dans ce monde ici-bas, rien ne me fait envie ;
Et je souffre la mort de ne pouvoir mourir.

Avant d'aller, Seigneur, me fondre en votre Etre,
Je veux subir ici les tourments de l'enfer,
Mériter votre grâce et pitié mon doux Maître !
Et m'unir, m'envolant, aux anges dans l'éther.

Je réclame ardemment les plus dures épreuves,
Et je vous bénirai, si j'ai plus à souffrir,
Voulant de mon amour donner le plus de preuves,
Et n'ayant qu'une peur : de ne pouvoir mourir !

Le seul soulagement à ma peine profonde
Que je n'ose hâter par ma propre action,
Craignant de vous déplaire, en délaissant le monde,
Et d'encourir par là votre punition.

Si vous me refusez l'unique et seul remède
A mes vives douleurs, laissez-vous attendrir
Par mon obéissance, et venez à mon aide,
Car je souffre la mort de ne pouvoir mourir.

Oui, je vois inspirée, en un rêve qui passe,
Le salut des pécheurs par le Christ révélé...
Mais son image fuit, la vision s'efface,
Et mon cœur, au réveil, se sent plus isolé...

Durant ce court moment, mon humble âme, en extase,
Se voyait bienheureuse, en toute éternité,
Comme un fluide, au ciel, qui se répand du vase,
Et nage dans l'azur en pleine liberté...

On ne distinguait plus le Maître et la servante,
Tant ils étaient unis dans la même entité ;
Créateur tout-puissant et créature aimante
Formaient un être ailé, par le souffle emporté...

Libre de sa prison, ma pure âme immortelle,
Joyeuse en son élan, volait dans l'infini ;
Ravie, elle adorait votre Grâce éternelle,
D'un regard bien plus clair, que l'œil humain terni ;

J'écoutais votre voix, non d'une oreille humaine,
Mais avec la ferveur d'un esprit idéal,
Surpris, émerveillé de la splendeur sereine
De votre majesté d'un éclat sans égal.

Les rayons lumineux de la gloire divine
Faisaient pâlir le jour, la clarté du soleil ;
Et le verbe sacré de céleste origine
Résonnait dans mon cœur, éclatant, non pareil. .

Mon être contemplait le Créateur sublime,
Non voilé dans l'hostie, offerte au saint autel,
Mais attirant à lui par un lien intime
Les élus, réunis près du trône éternel.

J'eus, grand Dieu ! le bonheur de vous voir dans mon à
De jouir en secret de votre intimité,
Plus que vos séraphins, mais c'est qu'aussi ma flamme,
Mon amour sont plus vifs, dans leur intensité.

Vous les avez admis au séjour des délices,
Et je reste exposée aux tourments de l'exil,
En proie au désespoir, condamnée aux supplices,
Et bénis votre nom, reposant sur le gril...

Plus je souffre pour vous, mon Dieu ! plus je vous aime ;
Dans mes sombres douleurs, plus grand est mon amour !
Et je me sens brûler de passion suprême,
De désir incessant de vous revoir un jour...

Pourquoi me quittez-vous, Jésus ! m'ayant ravie
Sur votre clair rayon ? Quand donc reviendrez-vous
Compatir à ma peine ? Abattue et sans vie,
Je vous attends, Seigneur ! en larmes, à genoux...

Calme aux yeux du prochain, je cache ma tristesse
Et l'amer désespoir qui me rongent les os...
Mon amour vous implore et désire sans cesse ;
Mais je supplie en vain, errant sur des tombeaux.

J'absorbe en mon désir toute mon existence,
Sans pouvoir ébranler votre décision,
Et sans avoir l'espoir, pour calmer ma souffrance,
D'un nouvel entretien, d'une autre vision.

O, soyez indulgent ! Accordez-moi la grâce
D'un doux épanchement dans un proche avenir,
Car je compte en pleurant le temps fatal qui passe,
Et je souffre la mort de ne pouvoir mourir...

Ni l'espoir de l'azur, des torrents de lumière
Inondant de clarté le céleste séjour,
Ni les dons merveilleux, accordés en salaire
Aux vertus ici-bas, ne causent mon amour.

Je vous aime, Seigneur ! pour votre saint martyre,
Pour vos tourments soufferts, par bonté ; sous le poids
De vos liens abjects, pardonnant leur délire
Aux mortels insensés, et mourant sur la croix...

Je vous aime, Seigneur ! divin dans la souffrance,
Expirant au calvaire, abandonné de tous,
Vous adressant au ciel, dans votre défaillance :
« Mon Père ! Ayez pitié ! Soyez clément et doux ! »

Je vous aime, Seigneur ! sous votre forme humaine,
Pour votre mort avant la résurrection ;
Car après, dans les cieux, votre gloire sereine
Fait taire les soupirs de ma compassion.

Assis sur votre trône, entouré de lumière,
Vous commandez, en maître, à l'univers entier ;
Mais lorsque je vous vois mourir sur le calvaire,
J'ose aimer mon semblable et vous glorifier...

J'assiste à votre mort, à l'agonie humaine
Du Christ, Sauveur, offrant son pur sang précieux
Pour le salut du monde, et comme Madeleine,
Je gémis à vos pieds, les larmes dans les yeux...

J'éprouve dans mon être une égale amertume,
Une angoisse pareille, et la même terreur ;
Comme le sien, l'amour me brûle et me consume...
Il n'en existe pas de plus grand dans le cœur !

Madeleine fut certe idéale, angélique ;
Je n'ose comparer ma ferveur à sa foi,
Une humble créature à son âme héroïque ;
Mais elle n'a pas pu vous aimer plus que moi.

Comment daignerez-vous dans votre sapience
Partager cet amour sans borne entre nous deux ?
Quand il est infini dans sa sublime essence,
Indivisible en parts, unique sous les cieux.

Je le dis hardiment : son âme aimante et sainte
N'a pu vous adorer autant que moi, Seigneur l
Elle embrassa, c'est vrai, la croix de son étreinte ;
Mai ne l'ai-je pas fait souvent avec bonheur '

Je vois toutes les nuits, intimement, en rêve,
Jésus crucifié ; j'entends sa douce voix
Qui pardonne au pécheur... Mon cœur vers lui s'élève,
Tout radieux d'amour, et je baise la croix.

Notre Sauveur, mourant pour affranchir la terre
Des liens du péché, bénit l'humanité ;
Son esprit monte au ciel, le corps divin éclaire
De rayons lumineux l'épaisse obscurité...

Prosternée à ses pieds, j'adresse ma prière
A notre Rédempteur ; je l'ai là, sous la main,
Et pourtant, quel abîme entre nous !... Ephémère
Est ma sombre existence, et son temps incertain ;

Tandis que notre Maître, éclatant sur la nue,

Commande à l'univers en toute éternité,

Et répand ses rayons dans la vaste étendue,

Illuminant l'espace infini de clarté...

Je touche de mes doigts les divines blessures

De vos membres, Seigneur ! attachés à la croix ;

Vos épines au front, je ressens vos injures,

Et je saigne du sang qui coule sur le bois.

J'entends le grincement des anneaux de la chaîne ;

Les clous de fer aigus, s'enfoncent dans mes chairs ;

Le supplice sanglant me fascine et m'entraîne...

Que ne puis-je, ô mon Dieu ! vous suivre dans les airs !

II.

DÉSOLATION

Mon cœur pétrifié ne peut plus s'épancher,
J'ai senti dans mes yeux mes pleurs se dessécher,
Je n'ai plus nul désir, nul espoir sur la terre,
Et j'éprouve déjà le calme de la bière,
Le néant de la vie, où tout est vanité...
Sans foi dans l'amitié, dans l'amour exalté,
J'ai perdu le bonheur avec toute croyance,
Et je vois tout passer dans mon indifférence...

Le mal et le bien...
Tout ne m'est plus rien...

Le ciel peut se ternir par l'orage et la brume,
L'océan soulever ses flots, blanchis d'écume,
Et menacer le sol d'un déluge nouveau,
Du monde criminel châtiment et fléau ;
Je resterai toujours aussi froide, insensible
A ce grand cataclysme, émouvant et terrible.

Comme un être sans corps qui n'a plus rien d'humain,
Et regarde le sort de l'homme avec dédain,
Ne pouvant comparer les malheurs de la vie
A ses maux éternels, sans borne, où l'on envie
Les tourments passagers de notre humanité
Que le vrai repentir peut rendre à la clarté ;
Je suis morte de même au monde, à la nature,
Et me confesse à Dieu, fragile créature :

          « Le mal et le bien...
          « Tout ne m'est plus rien. »

Si même j'entendais résonner la trompette
Du jugement dernier à la foule inquiète
Des trépassés, soumis au divin tribunal
Qui doit signifier à tous l'arrêt final ;
Si notre juge auguste, éclatant sur la nue,
Apparaissait soudain, radieux à ma vue,
Pour accueillir les bons, châtier les pervers,
Appeler les élus et juger l'univers ;
Je n'aurais même alors, dans ma désespérance,
Dans mon abattement, ni force, ni puissance
Pour baiser, dans mes mains frémissantes, la croix
Du Seigneur, bénissant notre Maître et sa voix...

Inerte, sur le sol je tomberais sans vie,
Balbutiant encore, au néant asservie :

> « Le mal et le bien,
> « Tout ne m'est plus rien. »

Affreuse vérité ! Réalité cruelle !
Seul drapeau de mon âme, à la douleur fidèle,
Qui fait taire la peur et l'admiration
Des vanités du monde et de son action..
Jadis, j'étais craintive, agitée et ravie
Par la belle nature et les biens de la vie ;
J'aimais la mer, les fleurs, les astres et l'azur,
Palpitant à la brise... A cette heure, plus dur
Que la roche est mon cœur... Je voyais tout en rose,
Eprise d'un héros — mon Idéal — la cause
De mon ravissement dans un vrai paradis
Qui ne m'offre à présent que ruine et débris...
J'habite un froid tombeau... sans issue ; il m'invite
A jeter tout espoir au gouffre sans limite...

> Le mal et le bien
> Tout ne m'est plus rien.

Ce qui rend ma douleur infinie et terrible,

C'est qu'elle est sans blessure et paraît insensible.

Tant que je ressentais de vifs chagrins d'amour,

Je pouvais espérer d'en guérir certe un jour ;

Mais l'absence des maux, dans ma sombre apathie,

Est le sceau de l'enfer, horrible et sans sortie...

Pour une seule larme, aux yeux venant du cœur,

Je donnerais dix ans de ma vie en sa fleur,

Car le manque de pleurs, de souffrance réelle,

C'est le gage absolu de ma peine éternelle ;

C'est mon arrêt fatal ; c'est ma damnation !

O pauvre infortunée !... O malédiction !...

Grâce, pitié Seigneur ! Que mon être soupire !

Qu'il puisse pleurer, vivre et souffrir sans plus dire :

« Le mal et le bien,

« Tout ne m'est plus rien. »

III

A PROPOS DE L'ARRIVÉE A PARIS DES CENDRES
DE NAPOLÉON Ier

(écrit au commencement de l'année 1841)

Je crois à l'espérance, à l'amour infini,
A mon ange gardien qui veille au ciel béni,
Au bien dans la morale, au beau dans la nature;
Mais de même au démon, à sa puissance impure
Dont sur terre il répand l'odieuse action,
Nous induisant au mal par la tentation ;
Aux chagrins de la vie, aux douleurs de l'absence,
Aux tourments de la chair, au deuil, à la souffrance...
Sans limite est aussi le pouvoir infernal
Qui, malgré nos efforts, nous pousse vers le mal.
Les beaux rêves dorés de la claire jeunesse
S'en vont avec les ans, et leur triste sagesse
Sait mal nous garantir des atteintes du sort
Qui mène les mortels par l'épreuve à la mort...

17

Le monde qui m'entoure est rempli de souillure,
Epris de voluptés, fier de sa pourriture,
Et plus mort dans ses goûts vicieux, que les os
De nos vaillants aïeux qui furent des héros.
J'admire ses progrès, ses grandes découvertes
Dans les arts, la science et les choses inertes.
La vapeur, la lumière et l'électricité
Lui servent de moteurs pour son activité ;
Son armée est nombreuse et la dette excessive ;
Généraux, courtisans, banquiers de race juive,
Joyeux et satisfaits bourdonnent en essaim ;
Mais le peuple travaille en bas, et meurt de faim...

Aux lieux où s'élevaient et tours et bastions,
De pâles ouvriers sont les seuls champions
De ce siècle égoïste aux vils instincts cupides,
Courbés sur leurs métiers dans des caves humides...
En place de l'église aux chants religieux,
Se dresse au ciel la bourse avec ses cris hargneux,
Et des murs des couvents aux humbles oraisons,
On construit lupanars, fabriques et prisons.

Oui, le monde à présent se vautre dans la boue ;
Le culte du veau d'or est le seul qu'il avoue.

Trafiquants et boursiers ont le haut du pavé ;

Ils subordonnent tout à l'intérêt privé,

Supportant honte et coups, le sourire à la bouche.

Le malheur du prochain, de leur pays ne touche

Guère leurs cœurs, pourvu qu'ils trouvent du profit

A la bourse ; leur face alors s'épanouit ;

Mais ils tremblent de peur, à la subite baisse

Du cours, craignant d'avoir un déficit en caisse.

Pour combattre, aucun d'eux ne prendra l'arme en main,

N'osant la manier, mais l'esprit âpre au gain,

Ils préfèrent l'argent à l'honneur, et la vie

Dans l'opprobre à la mort. Leur vile âme, asservie,

Devra pourtant quitter terre, richesse et biens,

Le jour du châtiment des mauvais citoyens

Dont les discours verbeux, les actions funestes

Ne trouveront pas grâce aux régions célestes.

Un être, pris, hélas ! de sommeil éternel,

Pourrait encore battre aux âmes le rappel

Aux nobles sentiments. Certe un cercueil unique,

Porté par l'Océan des rivages d'Afrique,

Annonçait à la France, aux clameurs des tambours,

Comme l'astre vermeil, l'approche des beaux jours.

Ce corps, traversant l'arc des triomphes, au seuil
De Paris, pouvait seul émouvoir son orgueil,
Et ranimer l'espoir au cœur, car il exprime
Le pouvoir incarné de la gloire sublime.

Quand la foule aperçut les restes du héros,
Ramenés de l'exil au glorieux repos,
Préparé sous le dôme en or des Invalides,
Le courage revint aux cœurs des plus timides,
En voyant avancer, environné d'encens,
Le cercueil du César dont les hauts faits brillants
Lui valurent couronne et pourpre impériale
Avec une puissance au monde sans égale...

Ce corps, même sans vie, enflamma les esprits,
Et rendit, un moment, l'ardeur aux moins hardis,
Évoquant du passé conquêtes et victoires,
Rappelant les exploits acclamés par l'histoire.
Les spectateurs émus tombèrent à genoux,
Et levèrent les mains, criant comme des fous :
« Vive Napoléon le Grand ! Vive sa gloire !
« Honneur à l'Empereur d'éternelle mémoire ! »

Le cercueil a passé, son prestige avec lui,
Et le temps redevient, — privé de son appui, —

Triste et morne, amenant une nouvelle année,
Egalement honteuse, à la mort condamnée...

Sans boussole et caduc, le pouvoir social
Est près de chavirer sous l'empire du mal,
Et les hommes sans foi veulent dans leur délire
Sacrifier l'honneur à l'or qui les attire.
Ils tremblent dans leur peau de perdre un seul cheveu,
Et pour temple ont la Bourse, où l'argent est leur dieu..

— « Que fait l'ange gardien qui releva la pierre
De la tombe du Christ, au caveau du Calvaire ? »

— « Il sert Dieu seulement, mais non pas les mortels. »

— « Et l'autre dont les soins pieux, surnaturels
Ouvrirent aux chrétiens la prison Mamertine,
Enlevant au bourreau les saints qu'il extermine ? »

— « Sommes-nous donc des saints ? Puis les temps ont changé.
Opprimés, sous le joug d'un despote-enragé [1],
Par d'odieux tourments, nous souffrons le martyre ;
Et si ce n'est le corps, notre génie expire...

_____

[1] Le Tsar Nicolas.

Flétri par l'ennemi, perdant sa liberté,
Il se rouille aux liens d'un pouvoir détesté,
Et s'abaisse aux instincts vils de la bête immonde,
N'osant guère aspirer, sous le maître qui gronde,
A garder les vertus d'un peuple digne et fier
Dont l'esprit plane au ciel, et domine la chair... »

Oui, l'amer souvenir, dans le dur esclavage,
D'avoir été jadis faits sur terre à l'image
Du Seigneur, et d'avoir possédé l'attribut
Des gens libres qui vont par la vie au salut,
Nous rend plus odieuse encore l'existence,
Ajoutant les regrets à l'horrible souffrance.

Heureux celui qui peut conserver sa fierté,
Malgré l'abaissement de la captivité,
Et subir dignement ses maux sans qu'il succombe
Sous leur poids, en allant le front haut à la tombe,
Triste de n'avoir pu mieux servir son pays,
Qu'il voudrait relever, pleurant sur ses débris...

IV

VINDOBONA

(ANCiEN NOM DE VIENNE, CAPITALE DE L'AUTRICHE)

Écrit en 1849, lors de la Révolution

Oui, la ville est en proie aux révolutions,
Sous l'empire du meurtre et d'âpres passions.
Dans la rue, on entend les clameurs de la foule
Qui hurle et, grossissant, mugit comme la houle.
Pauvre peuple égaré qui parcourt la cité
En masse, contre l'ordre et la loi révolté.
La tempête et l'orage obscurcissent la vue
Qu'illuminent soudain les éclairs dans la nue.
Vienne entend résonner avec les tourbillons
Une voix qui provient des foudroyants sillons :
« Tu demandes, en vain, à tes maux un remède !
« Sobieski n'est plus là, pour venir à ton aide... »

Unis dans leur délire, ouvriers et bourgeois,
Slaves, Italiens, Allemands et Hongrois,

Qui diffèrent entr'eux de langue et d'origine,

Babel des nations que l'ivresse fascine,

Ont levé le drapeau de la rébellion,

Vouant le vieil empire à la destruction.

La flamme des canons, le sifflement des balles

Se suivent aux remparts, la nuit, sans intervalles,

Et les vents déchaînés, la trombe, l'ouragan

Répètent à la ville avec le même élan :

« Tu demandes, en vain, à tes maux un remède !

« Sobieski n'est plus là, pour venir à ton aide !... »

Le feu brûle et sévit ; le sang coule à torrents ;

Les hommes, oubliant dans leurs emportements

La mâle dignité de leur nature humaine,

Reprennent les instincts de la bête à la chaîne

Qui, libre des liens, se jette avec fureur,

Et mord femmes, enfants, pris de folle terreur.

Dans la ville aux plaisirs, la nouvelle Sodome

Qui n'a pas de patrie, apparaît un fantôme,

Le fatal messager et l'ange de la mort,

Menaçant la cité, lui prédisant son sort :

« Je cherche en vain, dit-il, à tes maux un remède !

« Sobieski n'est plus là, pour venir à ton aide !...

La liberté souvent écrase de son poids

Ceux qui ne sont pas mûrs pour écouter sa voix,

Et dont les passions mènent à la ruine

Les esprits ignorants, sans frein et sans doctrine.

Esclaves affranchis, abusant du succès,

Pour venger leurs griefs par d'odieux excès,

Ils laissent s'abîmer Vienne, l'insoucieuse,

Dans le feu, dans le sang et la fange honteuse...

Où s'agitaient hier, joyeux, danse et concert,

Là, demain, s'étendront la cendre et le désert.

Plus de héros sauveur ! A ses maux nul remède !

Sobieski n'est plus là, pour venir à son aide...

V

PASSÉ ET PRÉSENT A ROME

L'Italie est pareille au bel ange déchu

Qui subit en exil l'arrêt fatal, échu...

Elle repose aussi, sous un ciel magnifique,

Dans une mer d'azur, baignant le sol antique

De glorieux guerriers, dont souillent les sillons
Les cadavres pourris d'indignes rejetons...

La piété chrétienne et la grandeur romaine
Ont délaissé ces lieux, leur illustre domaine,
Et ne révèlent plus leur génie inspiré
Dans les beaux monuments d'un passé révéré ;
Ceux-ci croulent, brisés par le temps inflexible,
Et semblent murmurer d'un son intelligible
Leur plainte larmoyante, en deuil d'anciens héros
Qui ne revivent plus, glacés dans leurs tombeaux,
Dans les cœurs des vivants, foule abjecte et sans gloire,
Sur la terre des dieux, aux champs de la victoire...

La campagne romaine a ses grands souvenirs
Pour peupler son désert, des tribuns, des martyrs ! !..
Le passant y médite, interrogeant l'histoire,
Sans penser au présent, muet pour sa mémoire.

Les palais des Césars sont en terre enfouis,
Et les temples des dieux ruinés, en débris,
Sont couverts d'un linceul, formé par la verdure
Du lierre envahisseur qui leur sert de parure.

Le temps a mutilé les marbres somptueux,
A changé le Forum en un marché boueux,
Où les arcs de triomphe et les fûts de colonnes
Surgissent isolés... Fantômes et personnes,
D'un passé plein de gloire, ils sortent des caveaux
De la Rome païenne, où reposent les os
Des libres citoyens, sous la poussière humaine
Des champions du Christ, de la foi souveraine...

VI

LAC D'ALBANO

Feuille sèche, enlevée à la teinte d'automne
Des bosquets d'Albano dominant les flots bleus,
Et qui formaient autour une triste couronne,
Pareille à mon bonheur, se fanant aux adieux,
Tu me rappelles l'eau du lac, calme et profonde
Qui reflétait l'azur du beau ciel dans son onde.

Des arbres le feuillage était déjà jauni,
Les murs se lézardaient et tombaient en ruines,
Les rochers nus montraient leur sombre front terni,
Le vent emportait fleurs et feuilles des collines..,
Doré par le soleil, le clair miroir de l'eau
Offrait toujours le même admirable tableau.

L'âme aussi laisse voir dans ses profonds abîmes,
En butte à la douleur, exposée à son dard,
Les splendides rayons qui brillent sur les cimes
Des grand pics lumineux, au-delà du brouillard...
En dépit des autans, mon âme et l'onde claire
Semblent s'unir au ciel, y puisant leur lumière...

VII

LE COLISÉE

Au centre de l'antique arène,
Aux lieux d'atrocité païenne,
Au champ de mort des saints martyrs,
La croix bénit les souvenirs

De vive ardeur dans les supplices,
De pieux, divins sacrifices....

Symbole auguste de piété,
Triomphant de l'iniquité,
Emblème de l'amour sans borne,
Elle est là, pourtant sombre et morne,
Quand les arcs du cirque, au printemps,
Se parent de fleurs tous les ans,
De violettes en bordure,
Au doux réveil de la nature....

C'est qu'elle voit la cruauté,
Le doute et l'incrédulité
Régner de nouveau dans le monde,
D'où fuit le bien, où mal abonde....
Mais proche est l'aube du grand jour,
Quand ressuscitera l'amour
De Dieu dans sa gloire éternelle,
Sans nulle tache originelle ;

Quand le Colisée en émoi,
Tout illuminé par la foi,

Tressaillira sur ses assises
D'allégresse aux grâces promises ;
Quand la croix, s'élevant aux cieux,
Paraîtra radieuse aux yeux
Des nations émerveillées,
Dans leur extase agenouillées...

Et le Seigneur, éblouissant
De clairs rayons, et tout-puissant,
Accessible aux âmes croyantes,
Sévère aux natures méchantes,
Exaltera peuples et rois,
Rétablira l'ordre et les lois
D'amour divin au Capitole
Dont l'erreur est toujours l'idole...

Les mortels trembleront de peur,
Les remords gagneront tout cœur,
Dans le Vatican, comme à Rome,
La conscience de chaque homme.
Puis soudain ces accents d'effroi
Changeront en hymnes de foi...

VIII

AUX RUSSES

L'homme, adorant Dieu seul, fidèle à sa patrie,
    Ne trouve pas grâce à vos yeux;
S'il n'est aux pieds du Tsar, qu'il aille en Sibérie,
    Chargé de liens odieux !

Vous n'aurez pas raison de ma fierté native !
    Bravant l'exil et le bourreau,
J'aurai toujours six pieds de ma terre captive
    Pour m'y creuser un froid tombeau.

J'aurai du moins la paix, couché dans ma demeure,
    Sans vous avoir pour compagnons,
Curieux de savoir, si je ris ou je pleure ;
    Sans voir vos basses actions.

A votre impure orgie en fête, à la lumière,
    Je préfère, dans mon orgueil,
Evitant vos regards, l'obscurité sous terre ;
    A vos traits, les vers du cercueil.

Vous n'avez nul pouvoir sur mon libre génie,
          Nulle prise sur mon esprit,
Incapable de faire aucune félonie,
          Narguant le sort qui me trahit.

Que ne puis-je dompter l'atroce barbarie
          De mes geôliers, briser mes fers,
Terrasser les bourreaux et venger ma patrie,
          En les refoulant aux enfers !

Mais la pauvre martyre expire sur sa couche,
          Tenant le crucifix en main ;
Son corps est tout saignant; plus de souffie à la bouche,
          Trois poignards lui percent le sein.

Je suis à son chevet, j'entends sa voix mourante,
          Je reçois son dernier soupir ;
Et je veux partager sa mort; pauvre âme errante,
          Je cherche un meilleur avenir.

Vous ne pourrez jamais avilir ma noble âme,
          Tant que je sens vibrer mon cœur ;
Je méprise, vivant, votre action infâme ;
          Mort, peut-être en aurai-je peur !...

Si les corps violés des morts, au cimetière,
    Acceptent les lois du démon,
Vous verrez, mais alors seulement, dans ma bière
    Mes os reprendre un vil limon,

Pour pouvoir supporter votre affreuse présence ;
    Mais pas avant. — Enfant, j'appris
A vous haïr au cœur. Ma haine et ma vengeance
    Sont mes seuls biens, tant que je vis.

Je ne les livrerai qu'à ma libre patrie ;
    Oui, pas même pour découvrir
L'essence du Seigneur qu'on ignore, et qu'on prie,
    Sans savoir vivre ni mourir.

Je ne voudrais pas même être au ciel un bel ange
    Radieux avec les élus,
Si je devais d'abord me vautrer dans la fange,
    Et vous faire de plats saluts.

J'ai vécu sans opprobre, et je mourrai de même...
    Vous croyez dans votre cerveau
Avoir force, puissance et le pouvoir suprême...
    Soit ! Laissez-moi dans mon tombeau...

IX

NOUS MOURRONS AVANT

La Pologne, pour sûr, sortira glorieuse
De la lutte acharnée ; et le Tsar redouté
Sera vaincu par elle, enfin victorieuse...
Mais nous mourrons avant le jour de liberté.

Elle sera puissante et toujours magnanime ;
Comme au sein du malheur, dans la prospérité...
Mais que d'écueils mon Dieu ! nous mènent à l'abîme
Où nous roulons, avant le jour de liberté.

Combien de temps, en deuil faut-il attendre encore,
Au milieu de périls, la divine clarté !
Triste et sombre est la nuit qui précède l'aurore,
Et nous mourrons avant le jour de liberté.

En dépit de l'amour, notre vie est amère,
Sans l'espoir du triomphe et dans l'anxiété !,..
Oui, nos fils plus heureux pourront voir la lumière ;
Mais nous mourrons avant le jour de liberté...

X

A UNE DAME

La larme dans votre œil, perle humide, attrayante,
Le sourire engageant de votre aménité
Ne forment pas encor l'image séduisante
Du parfait idéal de grâce et de beauté.,.

Le regard ingénu, la rougeur, l'innocence,
Dons merveilleux qui font le charme de l'enfance,
Ne sont plus suffisants, hélas ! dans l'avenir,
A la femme qui doit aimer, croire et souffrir.

Quand roses et soucis, tressés en diadème,
Garniront votre front de leur touchant emblème,
Quand du sein de l'amour, de son effusion
Jaillira du cœur pris votre inspiration,   .
Oh ! vous serez alors la muse du poëte,
L'idéal de son rêve, une beauté complète.,.

XI

LES ADIEUX

J'eus le temps de vous voir à peine, à mon désir.,.
Je dois vous dire adieu pour un long avenir,
Croyant depuis des ans, avoir aimé votre être
Admiré vos attraits, appris à vous connaître,
Et craignant, exilé dans un ennui mortel,
De ne plus vous revoir, qu'aux régions du ciel,

Si j'étais sûr au moins, que pendant mon absence,
Vous suivrez doucement le cours de l'existence,
Et non comme Julie, endormie au tombeau,
Le poison dans le sein, rêvant à Roméo !.,.
Si vous pouviez en paix redire encor ravie,
Contemplant l'horizon : « quelle est belle la vie ! »
Mon sort serait moins dur, et mes pleurs moins affreux.
Quand je songerais, triste, à mon ange aux doux yeux.

Mes larmes à présent, sont pleines d'amertume,
Bien que mon œil soit sec, en dépit de la brume
Qui s'étend sur l'esprit, en remontant du cœur ;
Sanglots intérieurs d'une immense douleur !

Rongeant mon âme, elle est discrète et contenue,
De la foule ignorée, et de Dieu seul connue.
Lui seul pourrait compter vos épines au front ;
L'âpre faisceau m'émeut, leur nombre me confond...
J'ai senti pénétrer leurs pointes dans mon être,
S'enfoncer dans ma chair, de mon sang se repaître,
Et le faire jaillir, emblème des tourments
Qui fondirent sur vous, à votre beau printemps,
Me poursuivent, le jour, la nuit, d'un mal étrange,
Et m'absorbent au point, qu'on ne saurait, mon ange,
Distinguer votre cœur du mien, couvert de deuil,
Devenu votre bien, charmé par votre accueil...

De vains mots ne pourraient exprimer la souffrance,
Ni définir non plus en moi l'abîme immense,
Creusé par le malheur, à toute éternité,
Qui n'a pas son pareil dans le monde habité.

Donnez-moi votre main, renvoyant votre esclave ;
Il bénira toujours votre beauté suave,
L'aura toujours présente à son cœur, à l'esprit,
Où chacun de vos traits est à jamais inscrit..,

Inutiles adieux !... car aux cieux immortelle
Est l'union des cœurs ; pure, sainte et fidèle !...

XII

A BÉATRIX

Le monde m'offre en vain plaisirs et passions,
Tresse festons et fleurs, resplendit, étincelle,
M'attirant aux éclats de joie universelle...
Je demeure insensible à ses séductions...

J'ai traversé la vie et ses illusions,
Et me trouve à présent sur la voie éternelle,
Où mon pur idéal luit en mon cœur, fidèle
A la bonté divine en ses perfections...

Oui, j'aime également la même créature,
Sur terre la plus belle œuvre de la nature,
La plus belle âme au ciel, et l'adore toujours

D'un amour infini, sans bornes, sans limites,
Me fiant aux vertus, admirant les mérites
De l'idéal béni qui vint à mon secours.

XIII

APRÈS MA MORT (a naples)

Lorsque mon cœur épris, consumé par l'absence,
Deviendra de la cendre, à la merci du vent,
Chantez à ma mémoire une douce romance,
Donnez, chère, à ma tombe un regard, en rêvant.

Quand mon âme, envolée au-delà de ce monde,
A vos yeux invisible, habitera les cieux,
Cherchez-la dans l'azur, à la lumière blonde
Et pâle de la lune, au-dessus de ces lieux,

Où les verts orangers encadrent la pelouse,
Et, discrets, protégeaient nos doux épanchements.
Montrez-vous accueillante à mon ombre jalouse...
Accordez une larme à nos rêves charmants...

Regardant le ciel bleu, la mer, ou le Vésuve,
Vous pourrez distinguer mon pur esprit, errant
Sous l'aspect d'un brin d'herbe, ou d'un subtil effluve
Qui vous imprégnera d'un arome enivrant.

Tel sur terre, je fus pour vous dans ma tendresse,
Aux yeux de ma chérie, astre, étoile, ou rayon ;
Mais à ceux de la foule, une épine qui blesse,
N'ayant au cœur pour elle aucune attraction.

Je ne pris jamais part à ses réjouissances,
Insensible à ses goûts, de glace à ses plaisirs...
De vos yeux rayonnaient mes seules espérances ;
Vers vous, sur terre... au ciel, tendent tous mes désirs.

Je vous ai certe aimée avec toute ma flamme,
Je n'ai pu loin de vous vivre triste, isolé,
En proie au désespoir, et j'ai rendu mon âme,
Pour voler vous revoir, sous forme d'ange ailé.

Son, je me mêle à ceux de la lyre sonore
Qui vibre, sous vous doigts, en tons harmonieux ;
Je résonne avec eux, je vous charme, et j'implore
Un tendre souvenir, un souris gracieux.

J'apparais dans la nue, en brûlante étincelle,
Provoquant le tonnerre et la foudre en plein air ;
J'éclaire le ciel sombre, et, brillant, je révèle
L'ardeur de mon amour et les feux de l'enfer.

Au lever de la lune, errant dans l'atmosphère,
Je m'agite et je luis, comme un clair feu follet ;
Vous voyant recueillie, à genoux, en prière,
J'effleure votre joue et son tendre duvet ;

Vous ne me voyez pas errer sur votre bouche,
Lui porter l'éclat vif et le parfum des fleurs
Des bosquets odorants, et, lorsque je la touche,
Vous fuyez le zéphyr qui se mêle à vos pleurs.

J'implore le Seigneur d'apparaître visible
A mon ange chéri ne fût-ce qu'une fois,
Au déclin du soleil, où je vous vis sensible
A mon immense amour, sur le banc, dans le bois...

Mais en vain... Je ne puis que gémir dans la brise,
Caresser votre sein d'un souffle pénétrant,
Entourer votre front d'une senteur exquise,
Et m'échapper ensuite au loin, en soupirant.

La lumière et l'azur sont pour moi sans prestige ;
Je cherche votre image... Elle manque au tableau.
Je voudrais vous ravir par un heureux prodige,
Car l'espace infini sans vous n'est qu'un tombeau.

Je vois, indifférent, et soleils et planètes

Former de leurs rayons des cercles, des anneaux,

Et voudrais me cacher parmi vos violettes...

Ma tristesse est extrême, infinis sont mes maux !...

Je suis environné d'un fluide électrique

Qui centuple ma force et ma vitalité ;

J'en souffre d'autant plus sans votre âme angélique,

Sans pouvoir sur mon aile enlever ma beauté ! !

Les soleils éclatants roulent dans l'étendue ;

Les globes suspendus gravitent autour d'eux,

Dans l'espace sans borne, insondable à la vue,

Sans pouvoir m'arracher à l'attrait de vos yeux.

Parmi les séraphins j'aperçus sur la voie

D'astres brillants au ciel un être radieux

Qui vous ressemblait... Oh ! ce fut ma seule joie,

Le seul instant que j'eus vraiment délicieux !

Donnez à ma mémoire un soupir, une larme ;

Plaignez le pauvre absent qui voudrait partager

Vos soucis et vos pleurs, vivre sous votre charme,

Dans un coin fortuné, sous le vert oranger,

Qui soupire en exil, au sein de la lumière,

Enveloppé d'azur, noyé dans l'infini,

Et languit, aspirant à voir l'image chère

De son pur Idéal, de son ange béni.

XIV

DERNIÈRE VOLONTÉ

Quand il faudra quitter mon pauvre étui mortel,

M'endormir à jamais du sommeil éternel,

Je voudrais sans secousse, et l'esprit en prière,

Sentir rompre le fil qui me lie à la terre,

M'éteindre sans douleur, me fondre dans l'air pur,

Comme une larme en mer, la brume dans l'azur ;

Mais avant d'expirer, à mon heure suprême,

Je voudrais vous redire encor, que je vous aime,

Mon bel ange gardien, vous bénir, ô, ma sœur !

Et rendre l'âme à Dieu, dans vos bras, près du cœur.

A mon prochain essor vers la vie éternelle,

Vous ensevelirez ma dépouille mortelle,

M'élevant en plein air un modeste tombeau,
Et non dans un couvent, à l'humide caveau.

Affranchi par la mort de ma prison sur terre,
Je veux au moins après reposer dans ma bière,
Sur la verte prairie, en pleine liberté,
Sous le dôme céleste, à la douce clarté
De l'astre de la nuit, à l'ombre d'un bel arbre,
Dans les fleurs qui croîtront près de ma dalle en marbre.

Semez à l'entour, chère, immortelles, œillets,
Roses, lierre et jasmin, nos champêtres muguets,
Le myrte d'Italie au sein des violettes,
Le bleu myosotis, de blanches pâquerettes,
Toutes les fleurs enfin qui plaisaient à vos yeux,
Heureuses de charmer vos goûts capricieux,
Et que je vous offrais avec joie et délices,
Pour vous faire aspirer l'odeur de leurs calices...
Jetez-les sur ma tombe, en pieux souvenir
Des adieux d'un mourant, de son dernier désir...

Sous la douce action de leurs couleurs riantes,
Mon être animera leurs formes attrayantes,

Et, transformé lui-même en une belle fleur,

Il viendra déposer sur votre tendre cœur

Le duvet embaumé de sa corolle, pleine

Des soupirs d'outre-tombe, éclos d'une ombre humaine.

J'apparaîtrai, mon ange, ainsi chaque printemps,

En brin d'herbe, étamine et pétale odorants

Qui croîtront au soleil, tout autour de ma dalle,

Enlaçant, sous vos pas, vos pieds de leur spirale.

Cueillez-les de vos mains, ornez-en votre front.

Puisse leur doux parfum, où mon être se fond,

Attendrir, l'effleurant, votre charmant visage !

Puissent les vives fleurs, sous l'abri du corsage,

Mourir de volupté, sécher sur votre sein,

Et, de retour au ciel, rendre à mon corps humain,

Suspendu dans l'éther, sa forme et sa prestance,

Lui valoir par amour la divine clémence...

XV

DANS LA CAMPAGNE ROMAINE

O, ma fière beauté, ma sœur, soyez bénie !
Sans croire aux doux propos de l'âpre tyrannie,
Vous avez dénoncé son langage mielleux,
Servant à déguiser l'atroce barbarie,
Et vous lui préférez notre noble patrie
Qui subit le martyre et le joug odieux...

Soyez bénie encor, ma belle Polonaise,
De l'aimer d'autant plus, dans la chance mauvaise,
Dédaignant les faveurs du maître, plein d'orgueil ; —
De la suivre en exil, saignant de ses blessures,
Avec amour et foi, chantant dans les tortures
La gloire des héros, et partageant son deuil...

O, ma pure beauté !... Du ciel soyez bénie !
Ange consolateur, muse de mon génie
Qui gardez l'espérance au sein de la douleur,
Voyant faiblir la foi, s'abîmer la patrie,
Du poëte éclairez la sombre rêverie
Par un divin rayon qui lui pénètre au cœur...

Soyez toujours bénie, ô, ma beauté sublime !
Dont le saint dévouement m'émeut et me ranime
Dans mes moments de doute et de déception...
Quand tombera des yeux l'épais rideau qui voile
L'avenir de la terre, et que, brillante étoile,
Elle terminera son évolution
Au sein de l'Eternel, ceux qui sont dans les larmes
N'auront plus ni frayeur, ni de vaines alarmes,
Mais jouiront en paix de leurs purs sentiments...
Malheur à ceux alors qui, dans leur folle ivresse,
Accordent aux plaisirs leur unique tendresse,
Oubliant leur patrie, égarés par les sens...

Soyez bénie enfin, ma céleste gardienne,
Pour vos rares vertus, pour votre foi chrétienne
Que blessent de leurs traits les rouges et les noirs,
Les partisans du Tsar, et les faux progressistes,
Les suppôts de Satan et tous les égoïstes,
Pour qui vivre et jouir prime tous les devoirs...

Tout l'espoir, chez les uns, dans leur âme amollie,
S'attache aux seuls canons ; d'autres, dans leur folie,
Veulent changer le monde au tranchant des couteaux...
Le Juge souverain, par son arrêt suprême,

Punira leurs esprits, indignes du baptême,
En les laissant croupir rivés à leurs tombeaux.

Voyez les souvenirs qu'a laissés Rome antique
    De sa gloire au pays !...
Le Tibre, aux flots troublés, baigne un désert magique,
    Parsemé de débris.

Où marchaient, orgueilleux, les souverains du monde,
    Sur terre sans rivaux,
Se confond, à présent, avec la boue immonde
    La cendre des héros.

Ils voulaient tout soumettre a Rome, aux sept collines,
    Et dompter l'univers...
Le bétail broute l'herbe au forum en ruines,
    Sombre asile de vers.

Ils durent leur pouvoir, leur puissance suprême
    A des exploits fameux ;
Mais ils virent souiller et sceptre et diadème
    Par leurs vices honteux.

Les monuments brisés, la campagne romaine,
Exemples merveilleux
De la fragilité de la nature humaine,
Adorant les faux dieux ! !...

Comme luit aux chrétiens la croix des catacombes
D'un éclat immortel,
De même brilleront, au sortir de leurs tombes,
Nos martyrs dans le ciel.

Je vous prends à témoin, colonnes mutilées
Des monuments anciens,
Enfouis dans le sol, murailles écroulées
De vieux temples païens ;

Palais, arc de triomphe... Oui, témoignez statues
Des grands hommes, en bloc,
Thermes, longs aqueducs aux arches abattues,
Aussi durs que le roc ;

Je vous évoque encor : revenants, grandes ombres
De la cité des morts,
Vous, soleil radieux, éclairant ces décombres
Et ces esprits sans corps,

19

Fantômes du passé, beau ciel de l'Italie,
        Répétez à loisir :
Que la Pologne en deuil, qu'on trahit, qu'on oublie,
        Ne peut vraiment périr..,

Que toute trahison recèle en soi le germe
        De honte et de trépas ;
Mais que notre Pologne, à Dieu fidèle, et ferme
        Dans sa foi, ne meurt pas.

Que ses durs oppresseurs, rassasiés de gloire,
        Heureux dans les combats,
Eprouveront défaite et revers dans l'histoire ;
        Mais qu'elle ne meurt pas.

Que ses cruels bourreaux, spoliateurs et traîtres,
        Tyrans et scélérats,
Seront punis un jour par le Maître des Maîtres ;
        Mais qu'elle ne meurt pas...

XVI

TOUJOURS ET PARTOUT

Quand je serai mort, ne dis pas amie,
  Qu'amère à tòn goût,
Ma passion folle a rongé ta vie,
  Toujours et partout.

Ne dis pas : avoir subi ma tendresse,
  De force être à bout,
Buvant le poison d'une sombre ivresse,
  Toujours et partout...

Mais parle, en cueillant des fleurs sur ma tombe,
  De moi sans dégoût.
Et du grand amour dont l'homme succombe,
  Toujours et partout...

Rêvant au défunt, accorde une larme,
  Le pardon surtout
Au pauvre amoureux, vivant sous ton charme,
  Toujours et partout.

A MADAME D. P.

Quand je mourrai, gardant mes péchés sur le cœur,
Et ceux de mes aïeux, priez pour moi, ma sœur !

Priez, car loin de vous, même aux enfers, mon âme
Souffrira des regrets bien plus que de la flamme.

Implorez Dieu qu'après des siècles de tourments,
Je puisse vous revoir dans les cieux éclatants,

Et que j'oublie alors la douleur de l'absence,
Et mon dur châtiment et ma longue souffrance.

Si vous me retirez votre appui, votre main,
J'aurai vécu sur terre absolument en vain...

Mon amour fut pour vous infini, sans mélange,
Survivant à la mort... Priez pour moi, cher ange !

Priez pour le pécbeur dont le cœur amoureux
Fut fidèle et sincère, et le sort malheureux.

Priez pour moi. Soyez aussi bonne que belle !
Ne me refusez pas une aide fraternelle !

Priez pour moi, ma sœnr, car seule vous savez
Dominer mon esprit et mes sens captivés ;

Tandis que les soupirs d'une autre âme sur terre
Rendraient uniquemeut ma douleur plus amère.

Vous êtes, ici-bas, ma consolation.
Mon soutien, mon espoir dans mon affliction,

Mon étoile polaire et le but de ma vie,
Où tendent mes efforts... et j'ai la seule envie :

De me fondre à votre être, en toute éternité,
De former avec vous une même entité,

Et de voler ensemble au sein de la lumière...
Priez donc pour le corps et pour l'âme d'un frère !...

XVIII

L'OISEAU SE TAIT

D'où vient, demandez-vous, que ma voix est muette,
    Le cœur glacé, l'esprit sans trait ?
Plus s'allonge la vie, et plus je m'inquiète..,
    En automne, l'oiseau se tait.

Les flots clairs du printemps se ternissent d'écume,
    Mon brillant rêve se défait ;
Je ne peux plus chanter, abreuvé d'amertume...
    En automne, l'oiseau se tait.

Quand je vois mon pays aux fers, en esclavage,
    Mes accents perdent tout attrait,
Et tremblent à l'aspect du meurtre et du carnage...
    En automne, l'oiseau se tait.

JULES SLOWAÇKI

AVANT-PROPOS

Krasinski a dit à propos du petit poëme de
Slowaçki, *En Suisse* : « C'est un bijou fait pour
« décourager les plus habiles qui ne sauraient en
« ciseler un pareil, de la même perfection esthé-
« tique. »

J'ai aussi commencé par lui mes traductions
et, après avoir glané sur le champ de beaucoup
d'autres auteurs, je reviens encore cueillir une
gerbe d'épis dorés sur le fécond domaine du sym-
pathique poëte, le rival de Mickiewicz et de Kra-

sinski, formant avec eux l'auguste triumvirat des
maîtres dans l'art d'écrire cette belle langue po-
lonaise, si peu connue et si digne de l'être des
hommes de cœur et de goût.

Mickiewicz, qui plus tard fut injuste à son
égard, avait pourtant, le premier, proclamé son
grand talent, après avoir lu le timide essai de sa
muse juvénile, et lui-même, dans ses épanche-
ments à sa mère, avoue avoir eu dès l'enfance
l'idée et l'envie d'arriver par l'éclat de son génie
à la gloire d'outre-tombe. Nous pouvons suivre
la marche progressive de ses impressions dans
ses œuvres et dans ses lettres à sa mère, per-
sonne d'un esprit supérieur qui lui servit de guide
et de confidente à la fois. Il s'y confesse avec une
grâce naïve de sa rivalité, à Paris, avec Adam
Mickiewicz dont il cite l'opinion : « La poésie de
« Slowaçki est monumentale, pareille à une belle
« cathédrale d'une architecture merveilleuse, mais
« où Dieu est absent. » L'orgueilleux jeune
homme, froissé dans son amour-propre, évita
depuis lors l'illustre maitre, et se retira comme

Achille sous la tente, disant avec trop d'assurance :

« Sans être ennemis, sur nos piédestaux
« Nous étions pareils à des dieux rivaux. »

Des amis communs voulurent les réconcilier et engagèrent Slowaçki à adresser un speach flatteur à Mickiewicz, à un banquet donné le jour de sa fête, en son honneur. Slowaçki le fit de mauvaise grâce, entremêlant ses louanges d'un encens ironique :

« Comme une sombre idole, on vit votre génie
Planer sur les grands bois de la Lithuanie.
La foudre dans la voix et l'éclair dans les yeux,
Faisant peur aux humains, même aux anges des cieux.
. . . .
Sans frisson dans le cœur, sans me laisser abattre,
J'ai cru pouvoir lutter avec vous, et combattre
Au sein de l'ouragan qui mugissait dans l'air,
Bravant le ciel eu feu d'un regard calme et fier. »

Mickiewicz répondit au toast, le verre en main, par une brillante improvisation où, tout en appréciant le mérite littéraire de Slowaçki, il lui reprochait de manquer d'amour et de foi, et il la termina par ces deux vers :

Le poëte inspiré doit guider dans la voie
Qui mène l'homme à Dieu par les pleurs et la joie.

Cette entrevue fut un court arrêt dans leur mésintelligence qui s'envenima bientôt au point de décider Slowaçki à quitter Paris. Il alla s'établir à Genève, où il écrivit son beau poëme : *Kordian*, pour rendre ainsi, disait-il à sa mère, sa lutte plus égale avec Mickiewicz. Ici trouvent place ses amours poétiques qui nous valurent : L'*Episode en Suisse*; la *Séparation*; les *Marguerites*; l'*Abandon* et tant d'autres gracieuses bluettes, où se reflètent avec une franchise ingénue les sentiments exaltés du poëte. Il fut présent à l'inauguration du monument élevé à la mémoire de Jean-Jacques Rousseau, et rêvait une gloire pareille, comme il l'avoue d'une manière charmante à sa mère : « J'éprouve le besoin d'atteindre mon point culminent; j'ai déjà vingt-cinq « ans. Je dois révéler au monde mon génie, ce

« que je suis, ce que je vaux... » On voit percer l'effort d'un grand travail intérieur qui se manifesta par la création du poëme *Anhelli*, suffisant pour établir la gloire de l'auteur dont l'excellente traduction par le marquis de Noailles fut publiée, dans le temps, dans la *Revue Contemporaine*, et que Krasinski estimait être la meilleure œuvre de Slowaçki, proposant de graver sur sa tombe :

« *A l'auteur d'Anhelli.* »

Son séjour à Rome le rapprocha de Krasinski, et lui fit faire la connaissance d'Alexandre Potoçki grand seigneur exilé, qui sacrifia à sa patrie son immense fortune, confisquée par le tsar Nicolas. Il était le fils du palatin Félix Potoçki, le héros du charmant poëme : *Marie, de Malczewski* (voir le Cycle Ukrainien). L'idée vint à notre poëte d'en écrire la continuation qu'il composa avec des couleurs si vives et si éclatantes, que la *Marie de Malczewski* pâlit à côté, comme une fresque admirable, mais à moitié effacée. On a reproché

à tort à Slowaçki d'avoir mis trop en évidence les
turpitudes d'une illustre famille de Pologne, dont
les représentants actuels ont réhabilité le nom
par leurs mérites et leurs vertus patriotiques. Il
s'excusa, en disant avoir placé dans un cadre his-
torique le tableau émouvant de l'état psychologi-
que d'une âme bourrelée de remords, jaloux avant
tout d'accomplir les règles et les conditions de
l'art, sans se laisser influencer par des considé-
rations personnelles. Il suivait certes volontiers
les inspirations puisées dans ses lectures, témoin
le voyage en Orient, entrepris, écrit-il à sa mère,
après avoir lu, un soir dans la bible la phrase :
« Les églises d'Asie vous saluent... »

La Grèce l'émut plus profondément que Rome.
Dans sa traversée par mer pour aller en Egypte,
il rima ses touchantes impressions, à la vue du
soleil couchant :

Je suis triste, étouffant les soupirs de mon âme,
Pleine d'émotion,
A l'aspect du soleil qui plonge, tout en flamme,
Dans son immersion

Au sein de la mer bleue, éteignant sa lumière,
  Son éclat et son feu . . . .
Les rayons du bel astre éclairent ma prière,
  Et je souffre, mon Dieu !

Pareil aux blonds épis qui dorent la campagne,
  Et sont vides et creux,
Je relève le front, bien qu'ayant pour compagne
  De mes jours, en tous lieux,
Attachée à mon sein, une douleur amère . . .
  Sans en faire l'aveu,
Je tremble de frayeur, éloigné de ma mère,
  Et je souffre, mon Dieu !

Je porte mon chagrin sur la vague écumante
  Qui soupire, ou mugit,
Couvrant le vaste abîme, et ma terreur augmente,
  Attristant mon esprit . . .
J'aperçois, dans son vol, une blanche cigogne
  Qui nage dans le bleu ;
Je songe alors, pensif, à ma chère Pologne,
  Et je souffre, mon Dieu !

Loin de ma mère en pleurs, des miens, de ma patrie,
  J'erre, pauvre exilé,
Et je cueille des fleurs sur la tombe chérie
  De mon ange envolé . . .
Ma cendre n'aura pas d'asile au cimetière,
  Pas de larmes d'adieu ;

Par le vent balayée elle sera sur terre . . .
    Et j'en souffre, grand Dieu !

Oh ! je sais, que malgré mon bon ange qui prie,
    L'arrêt du sort fatal
Me condamne à passer le reste de ma vie,
    Sans voir le sol natal,
Et mon nom à périr, sans qu'il laisse de trace
    En ce trouble milieu,
Où d'autres habitants prendront bientôt ma place . . .
    Et j'en souffre, mon Dieu !

« J'ai éprouvé sur les pyramides, (écrit Slo-
« waçki à sa mère) un sentiment pareil à celui du
« frêle oiseau errant qui trouve un instant de
« repos sur les plus hautes branches d'un arbre ! ! »
Nous retrouverons dans ses vers le souvenir
grandiose qu'elles lui laissèrent, mais rien à propos
du Christ au Calvaire, où il pleura pourtant, comme
un enfant, dit-il toujours à sa chère confidente.
Il s'enferma tout un mois, dans un couvent isolé
sur le mont Liban, à *Belchesban* (le repos des
morts) et y composa le navrant poëme : *La peste
à El-Arisch*, une perle de la littérature polonaise,

qui vient d'être traduit en vers français, d'une
manière délicieuse, par M. *Gasztoftt*, fils d'émi-
gré polonais, professeur à l'école de Batignolles
à Paris, et le traducteur consciencieux des œuvres
complètes de Slowaçki en prose. Un autre Fran-
çais, auteur et poëte distingué, établi présente-
ment à Cracovie, M. Jules Mien a appris la langue
polonaise au point de la parler et de l'écrire, com-
me un indigène. Il s'est senti attiré par le génie
sympathique de Slowaçki, et a traduit beaucoup
de ses œuvres en vers et en prose d'une façon
remarquable, sachant si bien se l'assimiler, qu'il
a eu le courage, dernièrement, de compléter par
d'ingénieuses interpolations un drame posthume
de l'auteur, trouvé inachevé dans ses manuscrits,
pour qu'on pût le représenter sur la scène de
Cracovie, hardiesse qui fut couronnée d'un succès
mérité.

Revenu d'Orient en Italie, Slowaçki est toujours
sous l'empire d'une sombre mélancolie qu'il con-
fie ainsi à sa mère adorée : « Plains ton fils, pau-
vre bergeronnette vagabonde qui, au lieu de se

tapir dans les roseaux de nos étangs, a voulu vol-
tiger sur la mer infinie. Pourquoi me suis-je
épris de *la Vénus de Médicis* et de la statue du
Dante, au lieu de moissonner les biens de la terre
avec les fillettes du pays, et de secouer les ceri-
siers de ton verger, tandis que je me suis égaré à la
recherche des fruits du jardin des Hespérides ? »

Il fut pris à Florence d'une nouvelle fièvre
amoureuse qui ébranla fortement le cœur du
poëte ; mais son orgueil ne lui permit pas de
s'exposer à un refus, en demandant en mariage
la main d'une jeune, belle et riche compatriote,
bien disposée pour lui, mais dont les parents
l'étaient moins. Slowaçki s'enfuit de Florence,
adressant à son Angèle des vers pleins d'amer-
tume. Elle mourut bientôt après, et nous trou-
vons son souvenir dans la strophe suivante de
Bieniowski, poëme humouristique :

Fraîche fleur du printemps, éclose en Podolie,
Elle avait le nom d'Ange, était douce et jolie,
Et laissa dans mon cœur un tendre souvenir
Que les ans, ni la mort ne purent affaiblir.

Je suis tout imprégné de son parfum suave
Que j'aspire, en baisant sa relique, humble esclave
De mon amante au ciel... Les cyprès du tombeau
Ombragent son pur front ; sur la branche, l'oiseau
Gazouille, en son honneur, une triste élégie
Aux roses de l'enclos, en larmes... O, magie
De l'amour ! O, miracle étonnant, merveilleux !
J'ai présente à l'esprit la scène des adieux...
Mais oublions l'orgueil dont je me glorifie,
Et prenons l'existence avec philosophie.

En quittant l'Italie il adressa à Krasinski les
vers qui suivent :

Adieu, chantre inspiré, l'archange de la foi
Qui m'a charmé, séduit et soumis à sa loi !
Vous avez partagé mes chagrins et mes larmes,
Me donnant par vos soins du courage et des armes
Contre le désespoir... Vous avez consolé,
Et guéri de sa plaie un esprit désolé
Qui tient à vous montrer sa vive gratitude,
Et voudrait oublier son amour dans l'étude
Sérieuse de l'art, conservant dans son cœur
Le culte du génie illustre, son sauveur...

Combien ils diffèrent, dans les sentiments
qu'ils expriment, de la mordante épître, écrite

plus tard à l'auteur des trois psaumes (voir l'a-
vant-propos de Krasinski), sous l'empire d'un
dépit passionné, mais passager qui fit place à des
convictions plus raisonnables.

Monsieur Thadée, et surtout la déplorable
influence de l'apôtre mystique, Towianski le rap-
procha, à Paris, d'Adam Mickiewicz dans une
commune aberration d'esprit. Ils voyaient, tous
les deux, par les yeux de Towianski, l'incarna-
tion du génie humain dans Napoléon Ier. C'est à
cette idée fixe qu'il faut attribuer l'éclosion des
deux poésies : *Paris* et le *Retour des cendres de
Napoléon*. Slowaçki, s'absorbant de plus en plus
dans une contemplation intérieure, obéissait avec
respect aux ordres d'un esprit mystérieux, écri-
vant servilement, sous sa dictée, des paroles de
jour en jour plus incohérentes. Sa mère avait
beau le mettre en garde contre cette hallucina-
tion mentale, ses amis tentèrent en vain de le
distraire, Krasinski, entre autres, lui écrivit :
« Donnez la saine raison comme lest à votre fan-
« taisie diaprée des couleurs de l'arc-en-ciel. » Sa

belle intelligence s'affaiblissait progressivement, sans plus pouvoir retracer les images fugitives de son imagination déviée de la ligne du bon sens.

Le récit de sa *conversation avec la mère Macrine* forme encore une lumineuse éclaircie dans son ciel nébuleux. Le lecteur pourra le constater dans ma traduction. J'ai cherché à rendre fidèlement son génie poétique, dans son élégie sur *Rzewuski*, légende populaire, bien que de fraîche date, en Ukraine; dans ses stances à sa mère, où il épanche ses plus doux sentiments pour celle qui lui servit de guide pendant sa vie, et recueillit pieusement, après sa mort, tous ses écrits pour lui former le monument impérissable qu'il désirait tant avoir de son vivant; j'ai traduit encore sa poésie finale : *Mon testament*, dernière vibration mélodieuse d'une lyre, aux cordes brisées.

Citons en finissant l'appréciation poétique par Krasinski de ses deux glorieux émules :

« Mickiewicz représente le génie de la sculpture, Slowa-
çki celui de la musique où se distinguent les teintes du
Corrège et de Raphaël portées sur les ondes sonores de
Beethoven. Dans les accents de son style magique, il n'a
été surpassé par personne, et bien rares sont ceux qui ont
pu l'égaler. *Liszt* seul sait faire vibrer les sons avec la même
habileté qu'il a mise à écrire ses vers. Les mots, s'ils pou-
vaient, en s'animant, exprimer leur reconnaissance, de-
vraient élever un monument à Slowaçki avec l'inscrip-
tion : *Patri patriœ*, »

Ce qui inspire à celui-ci la plaisante boutade :

On veut donner la vie aux mots,
En faire de vrais escargots
Qui, fiers et contents de l'espace
Que je leur accorde avec grâce,
Dans mon style mélodieux,
Viendraient élever, sous les cieux,
De syllabes à ma mémoire
Un beau monument à ma gloire,
Gravant dessus l'inscription,
— Preuve touchante d'union : —
« *Patri patriœ.* » Flatterie
D'amis, ou fine raillerie
De la critique et du bon goût,
Trouvant, que j'abuse surtout
De l'art de composer ma phrase
D'accents creux, dictés par l'emphase.

Mais j'entends au sommet le son
Du rossignol et sa chanson ;
Des mots de feu sur la colonne
Servent l'encens à ma personne...
Non... Ce n'est pas un leurre vain,
Mais le gage sûr et certain
D'une bienveillante pensée,
De me louer toujours pressée.

Nota. — Voir l'appréciation de Slowaçki, comme auteur dramatique, dans la notice, au debut du premier volume de mes traductions.

A LAURE

MARQUISE DE NOAILLES

EN LUI DÉDIANT MES TRADUCTIONS DE SLOVAÇKI

~~~~~~~~~

Par le gracieux patronage
De votre esprit d'un goût si pur,
Soyez mon guide au temps d'orage,
Ma claire étoile dans l'azur,
La Muse, inspirant le poëte,
Son bel Ange, au doux souvenir,
Dans l'œuvre, miroir qui reflète
Les flambeaux du peuple martyr.

Nice, Novembre 1880.

Charles DE NOIRE-ISLE.

LE COMTE FÉLIX

Poëme qui fait suite a

MARIE DE MALCZEWSKI

PRÉFACE DE L'AUTEUR

Il est des sujets que la plume d'un poëte ne devrait jamais toucher. Telle est, à coup sûr, la mort du même comte Félix qu'Antoine Malczewski nous a dépeint avec de·si merveilleuses couleurs dans son poëme : *Marie*[1] . Pourtant je ne sais quel entraînement, auquel je voudrais donner le nom d'inspiration, m'a forcé à écrire le poëme qu'on va lire. Sans m'écarter des traditions réelles, j'ai tâché d'idéaliser, autant que possible, une

---

[1] Je l'ai publié dans le *Cycle Ukrainien.* Voir le quatrième volume de mes traductions.

histoire remplie d'horreur et de ténèbres. Peut-
être quelques strophes de la confession de Félix
me vaudront-elles l'indulgence du lecteur pour le
reste du poëme que je ne me sens plus le courage
de refaire ni de retoucher.

Salut steppes fleuris ! Salut champs de l'Ukraine !
Des tertres arrondis s'élèvent sur la plaine,
Tombeaux de preux guerriers, recouverts de gazon,
Sous le dôme azuré dominant l'horizon,
Souvenirs du passé, lugubres sentinelles
Du royaume des morts, témoins de leurs querelles.....
Leurs longues croix, en bois gris, noirci par les ans,
Sont des points de répère en route pour les gens ;
De grands aigles parfois s'arrêtent sur leurs cimes,
Et semblent raconter d'anciens exploits sublimes.
Sur la neige, en hiver, ces croix sont des jalons,
Et surgissent, l'été, d'une mer de chardons
Qui, rougissant le sol, font vibrer sur la terre
Des échos belliqueux, dans la chaude lumière
De l'astre éblouissant qui répand son éclat
Sur les os des guerriers tombés dans le combat.
Cette plaine en effet est un vaste ossuaire
Qui garde la mémoire intacte, légendaire

D'antique indépendance avec la liberté,

Gravée au fond du cœur, d'un peuple redouté,

Fier et vain de sa gloire éclatante et splendide,

Que lui rappelle l'aigle en son essor rapide,

Que chante le printemps, que redit l'ouragan

Qui siffle, en traversant le steppe d'un élan.

La campagne s'anime au souffle de la brise,

Et croit voir Pulawski [1], montant sa jument grise.

Ou Sava [2], conduisant cent guerriers à cheval,

Cent cosaques, à l'air joyeux et martial.

Ces vaillants cavaliers reposent sous la plaine....

Fais comme eux.. Dors en paix sur leurs tombeaux, Ukraine.

---

[1] Casimir Pulawski, confedéré de Bar, mort a Savannah, en combattant pour l'indépendance des États-Unis.

[2] Cosaque polonais l'un des plus célèbres confédérés de Bar.

II

Connais-tu bien, passant, les ondines du lac ?
Sais-tu, que des héros, coiffés d'un noir kolback,
Sauveront le pays dans la verte vallée
De la *Janczarycha*, donnant une volée
Au cruel oppresseur qui, battu, s'enfuira,
Comme a prédit, un jour, le vieux Wernyhora [1] ?

Où colombes et cerfs se baignent, à la brune,
Dans l'onde cristalline, éclairés par la lune,
Des flots, rougis de sang, s'écouleront alors,
Charriant dans leur cours plusieurs milliers de morts,
Et l'heure sonnera d'une juste vengeance
De l'affreux esclavage et de notre souffrance.
Puissent nos cœurs rester, même dans les combats,
Aguerris à la lutte, en courageux soldats,
Mais humains aux vaincus, cléments dans la victoire,
Sans permettre aux remords de ternir notre gloire.

---

(1) Autre cosaque fameux dont les prédictions sont restées dans la mémoire du peuple.

Soyons pour le pays ses bons anges gardiens,

Portant le glaive en main et la croix des chrétiens,

Invincibles alors.... Pour nous réduire en poudre

Il faudrait, non du plomb, mais l'éclair et la foudre.

III

Excite ton coursier, presse-le du talon,

Dépasse le château qui blanchit au vallon ;

Ne te laisse pas prendre à la splendeur des marbres

Qui luisent au soleil, au milieu de beaux arbres,

Aux mensonges dorés, gravés sur le portail

Autour de l'écusson avec tout l'attirail,

Fastueux et pompeux de l'antique noblesse,

Ayant, par droit divin, et pouvoir et richesse.

Fuis au loin dans le steppe, embaumé par les fleurs ;

Evite le manoir et les échos flatteurs

De noire trahison, terrible épidémie

Qui livrerait ton âme à la force ennemie,

Bien plus funeste encore que la contagion

Qui s'attaque au corps seul par son infection....

Malgré l'art et le goût de ses décors splendides,

Les bosquets odorants, les eaux du lac limpides,

Où des cygnes hautains promènent leur blancheur,

Tandis que les massifs étalent leur fraîcheur,

Et que le rossignol chante amour à la ronde,

Au sein de la nature attrayante et féconde

Qui répand d'une main tilleuls et peupliers,

De l'autre sur les champs épis d'or et rosiers ;

En dépit de son charme, entraînant et candide,

Crains l'abord du château... Là, vit l'homme perfide !

IV

Depuis la Grèce antique et ses temps fabuleux,

Où les rois et les dieux, encor moins scrupuleux,

Etalaient leurs forfaits aux yeux des Pélopides,

Eteignant dans le sang la race des Atrides,

Nulle part on ne vit tant de crimes commis,

Tant de lâches noirceurs, que dans ces murs maudits.

Nulle part n'exista dans toute la contrée,

Une famille aussi riche et déshonorée

Par tant d'actes honteux des vivants et des morts.

Je frissonne d'horreur en racontant leurs torts...

Oui ! De la croix faisons le signe saint, de crainte

De voir planer le diable au-dessus de l'enceinte.

V

Les salons sont remplis d'hôtes, de courtisans,

Tandis que morne et seul, le maître de céans

Reste à l'écart. Jadis, on le voyait paraître

Au milieu du banquet, comme un fantôme, un être

Evoqué du pays des ombres, faisant peur

Aux convives surpris, troublés dans leur humeur.

Un frisson répulsif parcourait l'assemblée,

A sa vue effrayante, à sa voix étranglée,

Et le vin qu'il buvait, semblait être du sang,

Bien qu'il eût la pâleur d'un spectre hâve et blanc.

Nul ne le connaissait parmi tous ces convives,

Nul ne se dérangeait dans la salle aux ogives,

A son entrée au seuil, et nul ne lui parlait,

Malgré l'éclat du nom et l'âge qu'il avait.

Les enfants qui venaient, sur l'ordre de leur mère,
Pour lui baiser la main, voyant son air sévère,
Fuyaient glacés d'effroi par son sinistre aspect,
Saisis de peur, — au lieu d'amour et de respect. —
De la crainte qu'on a devant un spectre horrible.
Son visage n'était pourtant pas si terrible ;
Ses traits beaux, réguliers, étaient pétris d'orgueil,
Il s'efforçait de faire aux enfants bon accueil ;
Son regard était tendre, aimable le sourire ;
Mais le fatal arrêt du ciel le fit maudire,
En semant l'épouvante et l'horreur sur ses pas,
Le livrant aux démons, même avant le trépas.
Il se savait lui-même, en âme et conscience,
Etre un épouvantail à la crédule enfance,
S'étant aliéné par ses viles erreurs
Ses parents, ses voisins, amis et serviteurs.
Il avait depuis lors perdu toute espérance
De maîtriser leur haine, et souffrait en silence,
N'ayant plus le pouvoir de dominer les cœurs,
Ni d'étouffer les cris de la foule, vengeurs ;
Bien qu'elle osât blâmer tout haut son infamie,
Elle implorait l'aumône à la main ennemie ;

Et dans son désespoir, bourrelé de remords,

Il répandait son or, ouvrait ses coffres-forts,

Sans pouvoir apaiser la rumeur vengeresse

Qui châtiait son crime et sa scélératesse.

VI

Il voulut vivre alors loin du monde, isolé,

Avec un pâle enfant, chétif, étiolé,

Son fils, triste orphelin de son ancienne femme,

Son cher ange gardien qui consolait son âme,

Fixant sur le vieillard ses yeux grands et gros bleus

Qui reflétaient l'azur séraphique des cieux;

Mince et frêle rameau qui végète et s'élève

Auprès de l'arbre altier, desséché dans sa sève.

Le père souriait à ses tendres ébats,

Contemplait, soucieux, ses traits fins, délicats,

Aspirait les rayons de sa douce paupière,

Et plaçait son espoir dans son humble prière.

Craignant de perdre, un jour, son gentil chérubin,

Il avait appelé son garçon : Séraphin,

Car il avait eu peur, sous un souffle funeste,

De voir son fils changer en une fleur céleste,

Et rejoindre, en mourant, les anges de l'azur.

Il lui donna ce nom tout idéal et pur,

Plus facile à redire, au sein de l'empyrée,

Où l'enfant, s'envolant, de nature éthérée,

Retrouverait pour sûr, au ciel, des âmes sœurs,

Parmi les chérubins qui chantent dans les chœurs.

Il fut sauvé pourtant, et resta sur la terre ;

Mais sa santé, toujours chancelante et précaire,

Se trahissait dans l'œil grand ouvert, égaré,

Dans ses désirs fiévreux, son pas mal assuré ;

Car le corps fléchissait sous les élans de l'âme

Qui s'agitait, brûlant et rayonnant de flamme.

Son sourire angélique avait l'attrait du ciel,

Ses pleurs auraient touché le cœur le plus cruel,

En brillant à travers sa chevelure blonde,

Pareille aux fins rameaux d'un saule en pleurs sur l'o

Chose étrange ! Le père, en son émotion,

Voyait le sceau fatal de malédiction

Peser sur son enfant, sur sa frêle existence,

Ce qui rendait encor plus vive sa souffrance ;

Car les yeux de son fils, aussi purs qu'un miroir,
Lui montraient ses remords, ses regrets sans espoir ;
Les gestes de l'enfant, ses paroles sans suite,
Sous l'empire d'un mal incurable, insolite,
Epouvantaient le père, en troublaient la raison,
Evoquant le passé.... la lâche trahison..,.

Félix la nuit alors, sous le poids de son rêve,
Appelait au secours, et gémissait sans trêve....

VII

Où donc est la comtesse ? Achetée autrefois,
Jeune esclave, au bazar, pour son joli minois
Qui lui valut l'honneur d'être épouse et la reine
Du sombre palatin, traitée en souveraine,
Sur le comte elle exerce un pouvoir absolu....
Dans le parc, en mystère, est-ce au bras d'un élu,
Qu'elle oublie, écoutant, dans une allée ombreuse,
Les propos d'un amant, épris de la charmeuse,
Le monde et ses devoirs, les nombreux courtisans,
Réunis au château, son mari, ses enfants ?....

Tout doit plier au goût du moment, au caprice

De la femme aux beaux yeux qui se plaît dans le vice;

Elle entoure pourtant l'époux de tendres soins,

Et lui remplit sa coupe, à l'écart, sans témoins,

En y versant tisane, ou philtre et médecine ;

Légère comme un sylphe, à son chevet s'incline,

Inquiète, écoutant mots surpris au sommeil,

Et se tient aux aguets, prudemment, en éveil,

Epiant les discours du malade en délire,

Touchant le cœur, le front, pour juger s'il respire,

Car son corps éprouvait soudain de tels frissons,

Que les pieds devenaient plus froids que des glaçons,

Et le visage avait cette pâleur mortelle,

Que prête le trépas au mourant qu'il appelle.

Avec qui donc peut-elle errer dans le jardin,

En cherchant à tâtons, dans l'ombre, son chemin ?

Oh ! bien sûr, ce n'est pas une tendre amourette ;

Car la belle comtesse, infidèle et coquette,

Ne cache nullement ses amours éhoutés,

Place l'amant du jour à table, à ses côtés,

Et choisit sans pudeur, dans la pourpre et l'hermine,

Un prince illustre, ayant grand nom et fière mine.

Tous les gens sont sur pieds ; la foule à son aspect,

Le salue humblement, le traite avec respect ;

Il est comme chez lui.... S'imposant, il dirige

La danse et les plaisirs... Tout cède à son prestige ;

Il commande au château, sans faire de jaloux,

Fait la cour à la femme et protège l'époux....

Ce n'est donc pas l'amour que, lubrique et dévote,

La comtesse, la nuit, va chercher dans la grotte,

Ménagée avec art près de la chute d'eau

Qui jaillit sur l'entrée et forme un clair rideau.

L'onde sous le cristal de sa nappe liquide,

Cache aux yeux indiscrets le fond de l'antre humide,

Prend la teinte d'iris, aux rayons du soleil,

Et couvre le réduit d'un brillant appareil

Qu'ose seule franchir l'anxieuse hirondelle,

Pour rejoindre son nid, volant à tire-d'aile ;

— Le pouvoir d'une mère est si fort, si réel,

Que tout obstacle fond à l'amour maternel. —

Mais l'hirondelle dort la nuit, dans sa retraite,

Et le couple s'avance, inquiet en cachette...

La comtesse Sophie avec son compagnon,

Entre par un couloir sous le frais pavillon,

Tremblant, comme une feuille, aux battements de l'aile

Des oiseaux, au bruit sourd que fait la cascatelle.

Quel est ce confident muet, mystérieux ?

Des herbes de son front retombent sur les yeux,

L'absinthe, au goût amer, s'y mêle aux fleurs sans nombr

Ellébore et pavot au chardon rouge et sombre ;

Son long vêtement blanc apparaît éclatant,

A la fauve clarté d'un feu qui brûle, ardent,

Sous un chaudron de fer, où bouillonne et s'agite

Une étrange liqueur qui bout dans la marmite.

A quels labeurs secrets occupent-ils leurs mains ?

Ont-ils en vue un philtre, ou de sombres desseins ?

La châtelaine ici, tramerait-elle, aidée

D'un affreux sortilège, une œuvre à la Médée?...

VIII

Mais à peine au début de l'invocation,

La comtesse entendit, rouge d'émotion,

Des centaines de voix vibrer dans l'atmosphère ;

La grande allée au parc de mille feux s'éclaire ;

Soudain volent dans l'air de sinistres propos

Dont les chênes touffus répètent les échos.

Le cygne alors recouvre, en courroux, l'eau d'écumes ;
Il la bat de son aile, et, déployant ses plumes,
— Sa voile en éventail — , il fend le clair miroir
Du lac, vogue superbe et fier vers le manoir,
Et creuse avec orgueil un paisible sillage
En cercles infinis qu'il trace à son passage ;
Tel vibre un cœur viril, troublé dans son sommeil
Par la foudre qui luit, et, farouche au réveil,
Il s'élance et voit fuir la foule épouvantée
Qui s'éloigne, évitant l'approche redoutée
Du pauvre infortuné qu'a frappé le malheur,
Et se disperse au loin, en proie à la terreur ;
Mais l'orgueil le soutient dans la chance contraire,
Lui donne du courage et l'arme pour la guerre
Des ailes de l'esprit. Pareil au cygne blanc
Qui dans sa majesté navigue sur l'étang,
Il se redresse fier de son divin génie,
Répond par le dédain à l'âcre calomnie,
Et traverse la vie en lutte avec le sort,
Ayant Dieu pour témoin de son combat à mort.
Oui, dût-il se briser dans la mortelle étreinte,
Il jouit d'inspirer, non pitié, mais la crainte.

IX

La rumeur dans le parc réveille les oiseaux,
Effarouche les cerfs, fait trembler les bouleaux.
La foule vocifère et répand la nouvelle,
Que le Comte rend l'âme à Dieu, dans la tourelle ;
On parle d'attentat, de mort par le poison,..
La grotte retentit des bruits de trahison...
Le confident sourit, mais la belle comtesse
Devient pâle, immobile, aux cris à son adresse...
Vraiment, qui l'aurait vue, à ce moment affreux,
Regarder fixement le ciel de ses grands yeux,
Aux rayons de la lune, à travers l'onde claire,
Sourire avec mépris aux propos du vulgaire,
Par la douleur saisie et blême de frayeur,
Retenir dans son sein les battements du cœur,
Et venir fièrement au-devant de la foule
Qui grondait et hurlait, comme la mer en houle ;
Qui l'eût certe aperçue alors dans tout l'éclat
D'une grande beauté, de son teint délicat,
De son air indigné des clameurs, des outrages
Qui froissaient son esprit rassasié d'hommages,

Vu l'angoisse du cœur s'informant, anxieux,

Comment va son mari ?... les larmes dans les yeux ;

Celui-là n'aurait pu la supposer coupable,

D'un lâche assassinat, honteux, épouvantable !

Infidèle à l'époux, elle l'avait trahi ;

Mais n'aurait pu commettre un tel crime inouï !

X

Une croisée au mur reflète à la brune,

Paraissant être en feu, le disque de la lune.

Là, l'ange de la mort, lugubre messager,

Surveille le fier hôte et sa vie en danger,

Attend l'instant fatal, où, l'enroulant de flamme,

Il pourra du mourant enlever la sombre âme.

A la porte d'entrée, on entend retentir

Le galop d'un cheval, un cosaque accourir,

Panache rouge au vent sur la bure rustique

Du vieux et bon curé portant le saint viatique.

Baissez le pont, levez la herse du château,

Laissez passer gardien et prêtre sous l'arceau.

Le révérend Procop gardera la mémoire
De sa course au clocher, rapide à n'y pas croire,
En croupe sur l'ardent et vigourenx coursier
Portant sa double charge, aisément en courrier.
On tourne sur leurs gonds les battants de la porte ;
Le cosaque à cheval rend le prêtre à l'escorte,
Faisant descendre au seuil le pâle confesseur
Qu'on avait demandé pour le noble seigneur,
Et rentre, chuchotant, dans la foule à voix basse :
« Sortilége et magie. Oui, le maître trépasse
« Par œuvre du démon. Funeste châtiment,
« Ourdi par la comtesse au profit de l'amant.
« On l'a vue, à minuit, s'enfermer dans la grotte,
« En mystère évoquer l'ombre d'un patriote,
« Du grand *Wernyhora*, pour avoir le poison
« Qui répand aujourd'hui le deuil à la maison. »

XI

Le prêtre reste en vain dans la salle d'attente.
Félix parle à son fils d'une voix caressante,
A huis clos, sans témoins. A mourir condamné,
Il a vu clairement, qu'il meurt empoisonné ;

Il renvoya ses gens, sans paroles de blâme,

Serviteurs, courtisans, voire même sa femme,

Fit ensuite fermer la porte et ses verrous,

Seul avec son enfant, au regard pur et doux...

— Devront-ils à sa mort, entrer, brisant la porte ? —

Félix tient son garçon, il l'embrasse et l'exhorte,

Emu par les soupirs de l'ange au cœur sensible,

A subir avec calme un trépas infaillible...

C'étaient alors des pleurs, mêlés d'âpres sanglots

Qui déchiraient le cœur, entrecoupant les mots.

On vit poindre à la fin l'aube au ciel, puis l'aurore,

Et l'entretien secret durait sans trêve encore ;

Le jour n'apporta même en eux nul changement,

Et passa tout entier, mystérieusement,

Dans les épanchements de leur peine commune,

Jusqu'au nouveau lever sur terre de la lune.

L'approche de la mort les rendait éloquents ;

Leurs sons se mariaient dans des accords touchants.

Ceux qui les écoutaient à la porte, dans l'ombre,

Prétendaient distinguer des voix en plus grand nombre.

XII

La rumeur circulait au pays, que la nuit,

Des fantômes hantaient le châtelain, sans bruit,

Ailés, étincelants, à figures humaines,

Et lui soufflaient au cœur des passions malsaines.

Une fois, obsédé par ces esprits malins,

Le comte, les fuyant, courut dans les jardins

Se jeter, comme un fou, dans l'eau de la rivière.

On ramena le maître au manoir, en litière,

Et le démon, dit-on, s'enfuit sur un balai...

On se rappelle encor la date du trois mai [1]...

Il dut commettre un crime, au temps de sa jeunesse,

Et le remords affreux le tourmente et l'oppresse ;

La foudre maintenant le poursuit de ses feux,

Enveloppe son corps, lui roussit les cheveux,

---

[1] Allusion à la date de la Constitution de Pologne de 1791 contre laquelle protestèrent les partisans de la Russie.

Illumine les yeux, sillonne le visage
Qui de l'esprit maudit représente l'image,
Et l'entoure du souffle empesté des tombeaux
Dont l'âcre, impure odeur lui.pénètre les os.
Le monde dit, voyant sa physionomie :
« Terrible du pécheur dut être l'infamie ! ! »
Il évoque, troublé, les spectres des enfers,
Portant gravés au cœur des reproches amers,
En juste châtiment des actions passées ;
Puis étant assailli par d'horribles pensées,
Et voyant son espıit de regrets tourmenté,
Il se couvre les yeux d'un linge ensanglanté.
Dans ce linge, autrefois, une lance cosaque
Lui fit passer l'arrêt fatal, démoniaque
De son peuple en fureur d'avoir été trahi,
Abattu, mutilé par un crime inouï.
L'arrêt sur parchemin, près du lit, sur la table,
Exerce sur le Comte un pouvoir effroyable,
Assiège son esprit, fascine le regard
Qui fixe là, tout près, le manche d'un poignard...
Oh ! malheur à celui qui tient en main la cause
Et l'instrument de mort ! Le remords qui se pose
Dans le cœur du coupable, amplement lui suffit,
Sans spectre ni fantôme, à punir le délit...

XIII

Autrefois, j'ai connu Félix dans son jeune âge,
Heureux de ses succès et de son beau visage ;
Un homme paraissant défier l'avenir,
Un brillant cavalier, créé pour éblouir,
Sur son coursier fougueux, sa femme ou son amante,
Galopant sur le steppe, en armure éclatante,
Ou dominant la plaine, au haut d'un mamelon,
Superbe, noble et fier, sur son bel étalon...
Il semblait être alors l'ange du steppe agreste,
Un messager ailé de la voûte céleste,
Immobile et fixant le ciel d'un œil sans peur,
Avant d'ouvrir au vent les ailes de son cœur.
Peut-on changer ainsi ! Qu'a-t-il fait de sa vie,
Des nobles qualités qui suscitaient l'envie ?
Est-ce un leurre des yeux ? rien qu'une illusion ?...
Je cherche en vain le preux guerrier en action.

XIV

Affreuse fut la fin de sa premièré femme,

Elle fut mise à mort par un complot infâme,

Enlevée et noyée au milieu d'un étang,

Quand Felix répandait pour son pays son sang.

On dit que l'attentat, ordonné par le père

De Félix, lui valut un châtiment sévère ;

Son front, disent les uns, roula sur l'échafaud ;

Et d'autres : qu'en prison il se tua plutôt...

C'est vraiment une erreur. La chose est incroyable,

De voir le châtiment d'un grand seigneur coupable !

Une tache pareille à son illustre nom

Par le glaive flétri de la justice !... Oh ! non,

N'aurait-on plus le droit, quand on est riche et comte,

De se couvrir de sang, et d'opprobre, et de honte,

D'armer des assassins pour massacrer sa bru,

Et de se racheter du meurtre reconnu ? ?

L'homme envoie une balle au grand aigle qui tombe,

Puni d'avoir causé la mort d'une colombe ;

Mais ne saurait venger le crime de l'orgueil
Qui mit impunément sa victime au cercueil.
Le fils seul eut l'audace, en son deuil inflexible,
De montrer à son père, un sabre nu, terrible...
Oui, tels sont des forfaits les chaînons vicieux,
Que le père à son fis devient certe odieux,
Trouve en lui le vengeur sévère, inexorable
Qui des aïeux maudit la mémoire coupable,
A moins que son esprit, par le crime sali,
Et par la trahison de l'honneur avili,
Ne soit plus en état de s'ériger en juge,
Etant traître au pays, misérable transfuge...
Car tel est le décret rigoureux du destin :
Que l'homme qui se vend vaut moins que l'assassin.

XV

Félix depuis le crime, en proie à la tristesse,
Avait présente aux yeux la mort de la comtesse.
Son visage, assombri, se couvrit de pâleur ;
On y voyait empreints l'orgueil et la douleur.

Morne et silencieux, l'amour de la patrie

N'éveillait en son cœur qu'une âpre moquerie ;

Insensible aux élans d'une autre passion,

Il n'ouvrait son esprit rien qu'à l'ambition,

Et rêvait, disait-on, pouvoir, sceptre et couronne,

Entourant d'un mystère étrange sa personne,

Posant en roi futur aux yeux de ses amis

Qui, charmés par son vin, l'encensaient au logis.

Je le perdis de vue, au milieu des tempêtes

Qui fermentaient déjà dans les cœurs et les têtes,

Me disant : « A quoi sert la dureté du fer,

Et le culte éternel à l'être le plus cher,

Immuable et fidèle à la voix de la tombe,

Si son esprit éclate au feu, comme une bombe,

Et porte en lui la force aveugle du malheur

Qui lui fera trahir la patrie et l'honneur ?

Je connais bien Félix et son âme orgueilleuse.

Il ourdit en cachette une œuvre ténébreuse

Qui produira des fruits amers dans l'avenir.

Puissé-je me tromper !... mais son ardent désir,

L'amour inassouvi, brisé par l'infortune,

Sa secrète pensée altière et peu commune

Auront une funeste et nuisible action

Sur notre pauvre peuple en révolution, ·

Malheureux héritier de l'amante perdue,

Qui sert d'enjeu fatal à son âme vendue...

Puisse la nation ne pas subir la loi

De ce spectre sinistre, agité par l'effroi,

Qui vit son pur amour se dissiper en poudre,

Prêt à braver l'éclair et le choc de la foudre. »

XVI

Aujourd'hui, c'est la fin ! Grande agitation

Règne au château. La foule a fait invasion

Dans les salons dorés. Les valets font main basse

Sur les divers objets qu'ils emportent en masse,

Profitant que le maître agonise chez lui.

Meurt-il empoisonné ? de remords ? ou d'ennui ?...

Son enfant, fleur céleste, étoile matinale,

S'étiole et s'éteint sous sa peau terne et pâle,

Et l'épouse occupée à serrer les brillants,

Déchire et jette au feu les secrets documents ;

Elle a pour compagnon un Grec, en son costume
National, couché sur le divan. Il fume,
Et commande en sultan. Ses ordres, brefs, précis
Sont par la femme aimante aussitôt obéis ;
Elle baise ses mains, à ses pieds se prosterne,
Dame, redevenue esclave et subalterne...
Servile créature ! Être trompeur et bas
Qui ne sait maintenir chastemeut ses appas.

XVII

— « Sophie ! » Elle s'avance humblement à son ordre...
« Laisse là tes joyaux ! Les cheveux en désordre,
Et l'amour dans le cœur, viens me tendre le front.
Vraiment c'est merveillenx ! mon esprit se confond !
Quelle magicienne est ton Hécate slave !
J'irai voir de mes yeux comment la vieille esclave
Dans la grotte accroupie, invoque les démons
Et conjure la mort à l'aide de poisons. »
— « O cher Antinoüs ! Le remords me tourmente,
Quand je vois mon époux et sa mort imminente,

L'œuvre de la sorcière ! Elle fut l'instrument
De la haine du peuple et de son châtiment,
Prédit dans sa mémoire... Oui j'en suis innocente ;
Je voulais obtenir le charme d'une plante
Qui réveillât les sens et l'amour du vieillard...
O, faute impardonnable ! Est il vraiment trop tard ?
Si son cadavre allait m'aimer... Pensée horrible !...
S'il venait se dresser de la tombe visible... »
La porte s'ouvre alors, et le couple tremblant
Voit entrer le mourant dans son linge sanglant.

XVIII

Qui lui mit sur le front cette rouge serviette ?
Son enfant s'amusait à faire sa toilette ;
Quand le disque d'argent se montrait dans les cieux,
Il posait en écran des roses sur les yeux
Du Comte, pour qu'il pût supporter la lumière ;
Ou bien il se plaçait entre l'astre et son père,
S'enveloppant ainsi de ses pâles rayons
Qui donnaient au vieillard de sombres visions,

Et paraissait vêtu d'un voile de tiistesse

Qui flottait, transparent, sur sa douce tendresse.

Ce linge teint de sang était là, près du lit,

Lugubre souvenir du crime qu'il commit.

L'enfant aurait-il mis l'écrit diffamatoire

Sur le front de son père, en gage expiatoire,

A l'ordre obéissant d'un ange ténébreux,

En coiffant le maudit d'un bonnet rouge affreux ?

Oh ! non, cela n'est pas. Séraphin, je l'assure,

N'a pu souiller de sang la tête du parjure...

J'aime mieux croire encore au fantôme effrayant

De la patrie en deuil, au spectre clairvoyant,

Accourru pour mêler de l'absinthe au breuvage,

Parant la trahison de ce sanglant bandage.

Pour qu'elle se gravât mieux dans l'esprit des gens,

De sang ornée, au lieu de roses et d'encens.

XIX

S'est-il vraiment rompu, le cœur de la comtesse,

Tombée à fleur de sol ? Le choc, dans sa rudesse,

Sur le pavé de marbre a fait vibrer le son

Du crâne qui se fend, dans la chute au salon,

De l'épouse adultère, aux pieds du spectre horrible,
Frissonnant de dégoût, mais toujours inflexible,
Au contact de sa femme, à l'aspect de sa mort
Visible qui portait le sceau fatal du sort.
Il n'eut qu'un seul instant d'émotion, de doute,
Et reprit, absorbé par son rêve, sa route,
L'œil fixe, grand ouvert, triste et silencieux,
Accomplissant, pensif, un but mystérieux.

XX

Est-ce une vision ?... On la prend, on l'emporte,
Et le bruit se répand que la Comtesse est morte.
Le Grec, inanimé, tout à l'heure pimpant,
Est sans souffle, immobile et froid comme un serpent.
Des paroles sans suite échappent incertaines
A ses lèvres ; le sang s'est glacé dans ses veines ;
De la pâleur du marbre, il ne voit, n'entend rien,
Et ne peut se lever, ni bouger sans soutien...
On s'effraye à sa vue ; on le palpe, on le touche,
Lui faisant respirer, sels, éther à la bouche,

Et malgré tous les soins et stériles efforts,

On ne peut parvenir à réchauffer son corps.

Il est enfin couché sur son lit avec crainte.,.

« Dieu ! que se passe-t-il ?... La femme était enceinte ;

« Restera-t-elle en vie ? Ou va-t-elle mourir,

« Emportant au tombeau l'enfant, fruit du plaisir ? »

Interroge au jardin la foule qui murmure,

Et veut savoir la fin de l'affreuse aventure.

XXI

Un beau soleil envoie au Dniepr ses clairs rayons

Qui tracent sur le sol de lumineux sillons ;

Les roses font briller leurs perles de rosée,

La nature, au réveil, s'étale pavoisée

Des magiques couleurs de la création ;

La fleur s'ouvre à l'amour avec effusion ;

Des biches, au poil d'or, bondissent sur la plaine,

L'aigle plane, en son vol, au-dessus de l'Ukraine.

Mais au sombre château, les pâles habitants

Ecoutent sans plaisir l'appel du gai printemps,

Et des yeux s'ouvriront à la vive lumière
Pour se clore à jamais à leur heure dernière.
A quoi bon naître alors, vivre, aimer et haïr,
Pour voir s'enfuir la joie et son cœur se flétrir,
Et pour rendre, en ce jour, le souffle de son âme,
Laissant l'astre éclatant, toujours le même, en flamme.

XXII

Le palatin appelle... On brise les battants
De la porte... A l'entrée, on voit deux corps gisants,
Pére et fils, étendus, qui s'étreignaient par terre.
Le vieux comte a besoin d'un prêtre, et d'une bière
Pour son fils. Un des gens court chez le menuisier,
Et le moine attendait, priant sur le palier...
Il savait consoler les grandes infortunes,
Le confesseur béni des châteaux et communes ;
Il releva le père et le prit sous le bras,
Lui mit un crucifix en main, guidant ses pas
Vers la croisée ouverte, où la belle nature
Ramène à Dieu l'esprit de toute créature.

« Le soleil et les fleurs attendriront son cœur,

« Et lui rappelleront son fils et le Seigneur ! »

Pensait-il. « Nous verrons son âme se détendre

« Dans les pleurs, soupirer, devenir douce et tendre. »

Mais non ! Le comte est là, muet et courroucé,

Pareil à l'arbre au bois que la bise a glacé,

Privé de son feuillage et blanchi sous le givre,

Fantôme qui se montre ayant cessé de vivre.

Le curé fit un signe aux gens vêtus de deuil ;

Ils placèrent l'enfant dans un petit cercueil,

Et quittèrent la salle à pas lents, en silence,

Evitant les regards du père et sa souffrance.

Il ne dit mot, gardant sous un masque emprunté

L'orgueil au fond du cœur, montrant calme et fierté.

Depuis la mort du fils chéri, perte cruelle,

Il était impassible à tout autre nouvelle,

Foudroyé dans la vie, atteint par la douleur

Qui le décomposait, envahissant son cœur...

Le prêtre attend, les bras croisés sur la poitrine,

L'âpre confession du crime, sous l'hermine.

XXIII

Félix s'asseoit ; le prêtre écoute le récit
Des forfaits odieux de cet homme maudit :
« Tout est fini pour moi, je le sais, sur la terre !
Vous voyez ces creusets et ce fourneau, mon père !
Le Seigneur me punit d'un châtiment cruel,
En faisant préparer un breuvage mortel,
Où se mêlait un philtre à l'eau de la fontaine ;
Une flamme d'amour et de la cendre humaine.
Mon cher enfant et moi, nous avons bu, les deux,
Dans la coupe broyés, les os de nos aïeux.
Qui donc a préparé la boisson qui me tue ?
Quel fantôme, la nuit, s'est montré dans la nue ?
M'a soudain révélé des faits mystérieux,
Surprenant aux enfers ses secrets ténébreux ?
Par un raffinement de vengeance cruelle,
On a voulu punir la trahison rebelle
Par les mânes sacrés de nos vaillants aïeux,
Sur mon être agissant, comme un venin affreux.

« Certe ils ont réveillé mes passions mauvaises,

Fait couler dans mon sang la chaleur prise aux braises,

Excité par le mal les appétits du corps,

Et ranimé l'esprit, bourrelé de remords...

Savaient-ils qu'ils soufflaient, non l'amour dans l'âme,

Mais orgueil, convoitise et leur impure flamme,

Agitant les ferments de la corruption,

Dont s'étend le ravage et grandit l'action ?...

Mon cœur dormait déjà d'un sommeil si paisible,

Sous la cendre et la rouille, à la vie insensible ;

Et voilà, que je sens une nouvelle ardeur

Qui rallume mon sang pour la lutte, et fait peur

Au monde épouvanté de voir foudre et tempête

Résonner sous le crâne et jaillir de ma tête...

L'amour seul reste mort ! Qui donc aimer vraiment ?

Si je voyais surgir par un enchantement

L'objet de mon amour, de ma brûlante flamme,

Mon bel ange gardien... Si ma première femme

M'apparaissait soudain, le regard radieux,

Le sourire divin, comme on sourit aux cieux,

Des lèvres m'envoyait une douce caresse,

Je ne saurais, en pleurs, répondre à sa tendresse,

N'ayant plus, vieux pécheur, l'auréole et l'éclat

De la claire jeunesse, et son cœur délicat,

Marqué du sceau fatal d'une lente agonie,

Juste punition de ma coupable vie.

XXIV

« Il circule sur moi des bruits injurieux

Qui sont exagérés, faux et calomnieux ;

Je ne veux pas non plus me parer d'innocence,

Quand grâce à mes péchés, mortelle est ma souffrance.

Mon épouse noyée, arrachée à mon cœur,

Et mon père, accusé d'être l'infâme auteur

De l'ignoble attentat !... O ciel ! Miséricorde !

Voir son arrêt fatal de mourir par la corde ! !

Quelle tache à mon nom, illustre et plein d'orgueil,

De rouler, dans l'opprobre et la honte, au cercueil ! ! !

Si j'avais, à présent, à refaire ma vie,

J'aurais préféré certe encor l'ignominie

De ma position, comme fils d'un pendu,

A l'amer sentiment de mon honneur perdu !...

23

Mais quand le châtiment, l'échafaud et sa honte
Allaient souiller mon nom et mon titre de comte,
Je frémissais d'horreur. Mon père heureusement,
Mourut en gentilhomme... à point... et dignement...
D'où vient votre frisson ? Me croiriez-vous capable ?...
Oh ! non. A la faveur d'un temps épouvantable,
On m'a vu, je le sais, m'élancer à cheval,
Quitter subitement la cour du tribunal,
Et faire retentir, sous mon galop, la terre...
On trouva cette nuit mort, teint de sang, mon père..
Mais j'en suis innocent ! Mon cœur jamais ne ment,
Bien qu'il soit par trop fier pour s'astreindre au serment.

XXV

« Oui, j'en suis innocent ! Pourtant ma conscience,
Condamnant le forfait, m'en donna l'apparence ;
Car je dois l'avouer, j'attendais cette mort,
La voyant s'accomplir, comme un décret du sort.
Quand on vint me donner l'accablante nouvelle,
Je parus impassible à ma perte cruelle,

La prévoyant au cœur, la sentant dans le sang
Qui n'aurait pas permis une atteinte à mon rang ;
Certes, je la trouvais fatale, inévitable,
Dût-elle me laisser un souvenir coupable ;
Mais je n'en voulus rien montrer aux curieux,
Dominant ma douleur sous un ton dédaigneux ;
Les reçus froidement, drapé dans l'infortune,
Et planant au-dessus de la sphère commune,
Je surpris les badauds par mon abord glacé,
Qui masqait, à leurs yeux, un air embarrassé.
J'avais dans mon chagrin l'impassibilité
Que ne peut émouvoir aucune adversité,
Ni la mort d'un pur ange, ou celle de mon père ;
Où poignards et poison, injustice et misère
Passent sans activer les battements du cœur
En deuil, pétrifié, calme dans sa stupeur...
Mais la foule trouva dans mon hautain silence
La cause et la raison d'une impure alliance...

« Vous savez que l'orgueil, produit par le malheur,

Peut mener sa victime au crime, au déshonneur ;

Et qu'il ose braver l'autorité divine,

S'insurgeant en démon contre son origine...

Si la religion ne courbe pas le front

Du pécheur, s'il n'a plus le frein moral au fond

De son cœur en révolte, affrontant la tempête,

Ni le fer, ni le feu du ciel... rien ne l'arrête...

Le mépris même humain, la malédiction

Ne sauraient comprimer sa puissante action...

Tel fut l'orgueil aveugle et hautain de mon âme,

Qui la fit chavirer aux écueils... Pas de blâme

Pour la fière égarée !... Excusez ses écàrts,

Car elle avait du bon, et droit à vos égards.

J'ai voulu refouler les efforts de la rue,

Non en cheval rétif qui se cabre et qui rue,

Mais en chef qui résiste à son peuple insensé,

En cherchant un appui ; par la lutte pressé,

Je crus l'avoir trouvé dans la grande Tsarine,
Réclamant pour les miens l'aide de Catherine.
Certes, je n'avais plus Dieu gravé dans mon cœur,
Implorant le concours d'un perfide sauveur !

XXVII

« Je ne m'excuse pas de ma conduite étrange.
Je parle ouvertement sans vous donner le change.
Mes yeux ternis, creusés par la douleur, mon front
Soucieux et ridé qui pâlit à l'affront,
Témoignent de ma lutte et de ma défaillance,
Sous les cuisants remords de l'âpre conscience.
Ils ne me laissaient guère en repos, sur mon lit,
En me faisant songer à l'outrage, au délit,
La nuit me réveillaient en sursaut, aux lumières
Sinistres des éclairs, aux échos des tonnerres...
Je me levais en pleurs, et trempé de sueur,
J'errais dans les salons, à la faible lueur
De la lune, blanc spectre, attirant mes regards
Égarés sur la nue, inquiets et hagards...

Lorsqu'un sommeil de plomb abaissait mes paupières,

J'étais alors en proie aux esprits, aux sorcières ;

Dans mon rêve éploré, gémissant sur un banc,

Je me frottais les mains, pour en ôter le sang...

Je voulais me venger au-dela de la tombe,

Tuer les ravisseurs de ma pure colombe...

Car tout cela passait dans mes songes hideux.

Je sens encore au front le contact rouge, affreux

Du linge ensanglanté... Prenez-le... C'est infâme !

Que fait l'ancienne esclave ? Où se trouve ma femme ?...

XXVIII

« Laissez-la ! qu'elle vive en paix, cher confesseur ;

Je renonce à mon droit d'être le délateur

De tous les chagrins, certe, infligés à ma vie,

Et du crime odieux de trahir ma patrie...

Un ange de beauté, mais de vice pétri,

Qui me couvre de honte, après m'avoir flétri.

Elle ne comprit pas les sublimes pensées,

De mon sein amoureux, au loin les a chassées,

Sous les tendres baisers de molle volupté,

Où la corruption s'allie à la beauté...

Elle montre à présent l'ardeur d'une furie,

Et marche au but secret avec effronterie...

Elle peut confesser à d'autres ses péchés,

Son espoir criminel et ses goûts débauchés...

« J'ai tracé ces jardins [1], créé cette fontaine,

Ces jets d'eau en l'honneur de la belle sirène.

Marbres blancs d'Italie aux contours gracieux,

Beaux cygnes, naviguant sur les flots clairs et bleus,

Arbres, fleurs et palais, les bosquets, la prairie

Surgirent à ses yeux, surprenante féerie,

Et furent les témoins de nos folles amours...

Ils semblent à présent narguer mes vieux jours,

Tout joyeux de survivre au maître solitaire...

Oh ! que ne peuvent-ils s'abîmer sous la terre,

Disparaître avec moi de ce monde vivant,

Démolis par les eaux, balayés par le vent,

---

1. Il s'agit ici des célèbres jardins de Sophïowka, en Ukraine, chantés par Trembeçki dont le poëme fut traduit en vers français par le comte de Lagarde. Ils échurent en partage au comte Alexandre Potoçki, lui furent confisqués en 1831, par ordre du Tzar Nicolas, et donnés en cadeau à la Tsarine (sic).

Nivelés sur le sol, et sans laisser de trace
Au passant qui voudrait, les retrouvant sur place,
Condamner ma personne et juger mon passé,
En désignant les lieux, où le traître, oppressé
De remords, promenait en rêvant, sa tristesse ;
Le monstre, niant Dieu dans sa scélératesse,
Et cherchant dans la grotte un refuge odieux
Qu'il partageait avec des reptiles hideux.

XXIX

« L'amour de la patrie ! O, grande et noble idée !
L'âme s'élève au ciel par son souffle guidée.
Ceux qui, pareils aux chefs des oiseaux voyageurs,
Sont en tête du peuple, et s'en font les vengeurs,
Laissent l'éclat du nom, leur gloire et renommée
Rejaillir sur le sein de la patrie aimée.
S'ils meurent, leurs esprits, toujours en action,
Conduisent en avant leur chère nation
Qui suit ses grands héros, les admire et les venge,
Et les vénère au ciel, sous les traits d'un bon ange,

En faisant revenir leurs restes de l'exil,

Comme un palladium, au moment du péril....

Les guerriers inconnus dont la tombe modeste

Cache à tous les regards l'ascension céleste,

Et se trouve, isolée et sans pleurs, dans un coin,

Excitent mes regrets, mon envie au besoin...

Pourquoi ne suis-je pas mort, comme eux dans la lutte,

Au lieu de tendre en haut et de faire une chute ?

J'ai désiré finir ; j'ai cherché le trépas,

Prenant sous Kosciuszko part aux sanglants combats ;

Inconnu des guerriers, la visière baissée,

Recouvert en entier d'une armure foncée,

J'attaquai l'ennemi, mon épée à la main,

Luttant, le désespoir dans l'âme, mais en vain.

Je combattis ainsi, sans me faire connaître,

Sans qu'on pût soupçonner en ma personne un traître,

Aux lueurs du canon, toujours au premier rang,

Et je cherchais l'oubli dans une mer de sang...

Les soldats demandaient : quel était ce fantôme,

Ce grand spectre de fer, s'escrimant sous le heaume,

Étrange, audacieux ?... La mort ne voulut pas

De mes jours attristés par de vils attentats...

Oui, les éclairs de bronze étaient pour moi sans foudre,

Mon ombre se dressait, à l'odeur de la poudre,

Terrible, invulnérable, en taillant l'ennemi
De coups retentissants et d'un bras affermi ;
Les balles m'évitaient, sifflant à mon oreille,
Et le fer se brisait... Véritable merveille !
Mon esprit, poursuivi par la fatalité,
Semblait être doué de l'immortalité...

« Oui, tel fut du Seigneur le décret implacable ;
Je devais vivre encor, et souffrir en coupable,
Et sentir dans mon sein mes remords incarnés,
Seul avec les vautours et les chiens acharnés,
Sur le champ de bataille, encombré de victimes.
La lune rouge et terne éclairait ces abîmes
Ouverts du genre humain... J'observais l'horizon,
Quand tout près, un blessé s'écria... « Trahison ! »
Et me cracha soudain, l'infamie au visage.
J'eus l'idée, un moment, de châtier l'outrage,
Et je saisis mon sabre... Oh ! calmez votre esprit,
Mon père, je n'ai pas tué l'homme maudit
Qui, mourant, m'accablait d'un dur, sanglant reproche...
Mais j'y pense, à cette heure où mon trépas est proche.

XXX

« Kosciuszko, chef illustre, est en Suisse, au tombeau.

Quand il vivait, je fus jaloux de son drapeau,

Béni par la victoire, et de sa renommée...

Je voudrais, en ce jour, voir son ombre, animée

De son souffle puissant, fondre l'eau des glaciers,

Et rentrer en Pologne avec de frais lauriers.

Les esprits, à sa mort accueillent leur confrère ;

Les pauvres orphelins l'appellent tous : « mon père !...»

Oui, son coursier de guerre, au funèbre convoi,

S'arrêtait, m'a-t-on dit, fidèle à son emploi,

Du vivant de son maître, aux lieux de la commune,

Où le défunt venait en aide à l'infortune...

Que son heureux destin est différent du mien !

Il jouit maintenant, comme un homme de bien,

De sa gloire si pure... et je sens dans ma tête

Les prodromes affreux d'une horrible tempête.

XXXI

« Ne vous détournez pas pour me cacher vos pleurs,
Mon père ! Ayez pitié de mes vives douleurs !
La Pologne trahie, et moi traité d'infâme,
Je revins au logis de ma première femme.
A l'aspect des tilleuls, aux sonores arceaux,
Laissant passer la lune à travers les rameaux,
Et qui me murmuraient une adorable histoire
Des beaux jours de jeunesse et d'amour et de gloire,
Je crus revoir Marie et son front, caressé
De mon souffle amoureux, dans un lontain passé.

« Un triste sentiment me retint à l'entrée,
Ramenant au présent ma pensée égarée ;
Je passe enfin le seuil. Le temple inhabité
De mon culte fervent est dans l'obscurité...
Les murs me regardaient avec pitié, dans l'ombre,
Et semblaient, à ma vue, avoir un air moins sombre.
Ils me chuchotaient bas d'aimables souvenirs,
Provoquant dans mon cœur et larmes et soupirs.

Pourquoi suis-je venu dans cette solitude,

Où croissent les chardons, à la tige âpre et rude ?...

Mais je ne suis pas seul ! Oh ! dans l'ombre apparaît

Un viellard, un fantôme, à l'air morne, inquiet...

Je revois, aux rayons argentés, mon beau-père,

Un objet à son bras ; son visage est sévère,

Implacable et farouche. Oh ! que vois-je, mon Dieu !

Il tient un crâne en main, l'injurie en ce lieu...

La tête de mon père !!! Oh ! maudite vengeance !

Il avait déterré son cadavre, en silence,

Et juge rigoureux, l'ayant décapité,

Il brandissait le chef du défunt détesté...

XXXII

« Ce vieillard inhumain raviva ma blessure,

Me soufflant dans le cœur une vengeance impure.

Ceux qui croyaient pouvoir me fouler à leurs pieds,

Furent, à mon aspect, à leur tour effrayés ;

Mais, tout en répandant sur terre l'épouvante,

Je me laissai gagner par la peur écœurante

Que j'avais de moi-même, outrageant le bon Dieu

Par mon ambition dont je vous fais l'aveu.

Je désire à présent me fondre dans l'espace...
Que mon âme infinie, atteinte de disgrâce,
Quitte au plus tôt ce corps, comme un sinistre éclair ;
Qu'elle aille se dissoudre, en plongeant dans l'éther !
Que chaque atome à part, du cœur chaque parcelle
Brûle comme un tison, pareille à l'étincelle !
Mais puissent tous les maux ne pas fondre à la fois
Sur mon être mortel, l'écrasant de leur poids.

« J'ai senti des douleurs terribles, dans ma vie ;
Accordez-moi l'appui de votre main amie.
Prières, pleurs, soupirs, n'épargnez nul effort
Au secours du pécheur, sur le seuil de la mort.
Oh ! j'ai vu, cette nuit, celle de mon cher ange,
Dans ses yeux égarés, mystérieuse, étrange...
Par moment, la lueur du ciel s'y faisait jour ;
Ses lèvres murmuraient des paroles d'amour
Avec un fin sourire, et son cœur en délire
Vibrait là, sur mon sein, comme une douce lyre ;
Mes rêves de jeunesse, et mon amour profond,
Ombres des jours heureux, lui passaient sur le front ;
Sous l'empire divin d'une seconde vue,
Son esprit éveillé dépassait l'étendue ;

Lui, qui m'avait aimé toujours, et tant souffert,

Paraissait tout savoir, dans son œil grand ouvert ;

Il avait l'air épris d'une idée immortelle,

De poursuivre, en mourant, dans l'air une étincelle,

Comme le cygne au lac, épris de l'arc-en-ciel,

S'envole de la brume, à son splendide appel.

Mais quel feu, quelle force avait son âme aimante,

Dans ses expressions si tendre et si charmante !!

Des lèvres lui coulaient de suaves accents,

Mélancolique adieu, sons graves et touchants !

Je vis son front briller d'une claire auréole,

Les ailes d'un oiseau lui pousser à l'épaule,

L'être croître, grandir et s'idéaliser,

Et monter dans les cieux, m'envoyant un baiser...

Il se dressait sur pieds, se haussait à la taille,

Semblait chanter victoire après l'âpre bataille...

Puis son corps retomba, brisé dans son transport,

Il sentit en une heure : amour, souffrance et mort !...

Oh ! miracle étonnant ! Pure flamme divine

Qui rayonnait au sein de cette âme enfantine !...

Les fortes passions qui règnent dans mon cœur

L'ont tué, me laissant survivre à ma douleur.

Bien plus, j'aime toujours avant ma fin prochaine

Avec la même ardeur, brûlante, surhumaine...

Mon père ! avec la croix chassez ma passion
Qui me montre Marie !... Oh ! quelle vision ! !
Son ombre vient à moi, conduite par son père,
En cheveux blancs, l'air sombre et la figure austère.
Fantômes écœurants ! Quel horrible tourment
D'avoir là, sous les yeux, mes victimes vraiment !
Deux êtres qui pourraient me reprocher leur honte,
Et déplorent pourtant le péril que j'affronte,
Qui, me sachant perdu, mon bonheur en débris,
Ne me regardent pas avec haine et mépris...
Pourquoi vous cachez-vous à mes regards, Marie !
Ayez pitié de moi... Venez, ombre chérie !
Merci d'avoir voulu m'apparaître en esprit,
Triste, muette et blanche, en linceul pour habit,
Soupirant après moi, pure et chaste colombe,
Me pressant de m'unir vite à vous, dans la tombe.
Marie, attendez-moi, là-bas, sur le gazon,
Que l'astre de la nuit se cache à l'horizon,
Et nous irons ensemble... Où ?... j'ignore ; et qu'importe !.
Pourvu que nous soyons unis, ma chère morte !
Notre vie, ici-bas, passe vite en son cours,
Et nous aurons au ciel encor d'heureux jours...
Mon père, parez-la d'une robe en dentelle ;
Posez-lui sur le front une fraîche et nouvelle

Couronne de jasmin... Faites-la bien laver
Par des femmes, l'aidant au moment du lever...
N'oubliez pas !... Sa tombe est la troisième au bord...
Voyez ! sa robe cède et s'ouvre au moindre effort...
Vous ferez tout cela, mon père, avant l'aurore...
Mon épouse sourit au ciel et nous implore.

XXXIII

« On verra dans ma tombe un objet de terreur.
Oh ! n'en parlez jamais, pour ne pas faire peur.

« Ce linge teint de sang, placez-le dans l'église
En expiation de ma vile entreprise...

« Rappelez-moi, mon père, en l'offrant à l'autel
De la Vierge Marie, à sa clémence au ciel.

« Ce sang me fut jeté par le peuple au visage ;
Puisse-t-il m'obtenir grâce, au prix de l'outrage !

« Oui, témoin de ma honte, et marque de l'affront,
Ce linge ensanglanté qui m'a souillé le front,

24

« Je le dépose aux pieds du Sauveur de la terre
Dont le décret sera peut-être moins sévère.

« Mon avilissement, certe à mes propres yeux.
Est de mon repentir un gage sérieux ;

« Mon esprit souffrira, voltigeant sur ma tombe,
Moins encor, j'en suis sûr, qu'à l'heure où je succombe.

« Si je semble insensible aux maux, c'est mon orgueil
Qui m'a donné la force, en face du cercueil.

« Ayant à mon chevet désespoir et souffrance,
Moins fier, je verserais des larmes en silence.

« Mais je ne pleure pas, car je sens dans le cœur
De fortes passions pour vaincre ma douleur :

« Un vrai feu dévorant, l'âcreté de la haine,
Le mépris de moi-même et de la race humaine,

« Ma fatale faiblesse, en ternissant mon nom,
L'a privé pour toujours d'un antique renom.

« Je vous devais l'aveu de mes torts immuables,
Oserez-vous m'absoudre ? et sont-ils excusables ?

« Votre saint ministère et l'extrême onction
Pourront-ils exercer sur moi leur action ?

« Je laisse en sang, en feu, ma patrie enchaînée
Qu'a mise en cet état ma rage forcenée.

« Des milliers de ses fils lutteront et mourront,
Sans pouvoir effacer l'outrage de son front.

« J'ai livré le pays aux malheurs, à la guerre ;
Pourrai-je m'endormir paisiblement sous terre ?

« Non, mon père, pour moi tout espoir est folie...
Mais priez Dieu pourtant, pour que mon cœur oublie. »

XXXIV

Le palatin est mort ! Grand trouble à la maison.
Le cadavre trahit les traces du poison ;
Mais le sang, échauffé par l'ardeur de la fièvre
Qui depuis ses malheurs décolorait sa lèvre,

Remords, pleurs et regrets, agents d'un mal moral,
Au visage avaient pu, par leur effet fatal,
Donner l'aspect sinistre et la teinte verdâtre
Qui du crime accusait la trame opiniâtre.
Les taches pouvaient donc être le résultat
De cause naturelle, et non d'un attentat.
N'est-il pas mieux de croire au châtiment qu'au crime,
Et d'expliquer ainsi la mort de la victime ?...
Quand la terre rejette un monstre de son sein,
A quoi bon s'affoler d'amers soupçons en vain ?...
Mais on entend partout des voix accusatrices,
Et la foule s'obstine à chercher les indices
D'un fait abominable, en contant les récits
Fabuleux des amours de la dame au logis.
On parle des motifs secrets de la comtesse,
De liens criminels, de faute et de grossesse,
Et que, pour la cacher à l'ombre d'un tombeau,
Elle mit un cercueil à côté du berceau...

O curiosité babillarde et malsaine
Qui cherche à commenter toute action humaine !

XXXV

Le funèbre cortége, éclairé de flambeaux,
S'avance tristement dans l'allée aux tombeaux,
Poussé par l'ouragan qui siffle sur la chaîne
D'hommes, vêtus de deuil, s'allongeant sur la plaine.
Funérailles de luxe, à la mort d'un magnat
Dont on met la dépouille en terre avec éclat.
Des colonnes de feu s'élèvent, en Ukraine,
Des tertres sépulcraux, placés sur le domaine ;
Ces jalons lumineux brillent à l'horizon,
Au passage imposant du cercueil à blason ;
Les mânes des aïeux chuchotent à voix basse,
Pesant les actions du petit-fils qui passe ;
Le grand steppe murmure, et le ciel clair se tait,
Voyant ensevelir Félix et son forfait.

Apparu tout à coup au haut d'un tertre en dôme ?

« Traître, dit-il, tu meurs d'un poison odieux,
Composé d'os broyés, reste de tes aïeux.
Va, noir cercueil, où dort cet homme abominable
Qui fut nourri du lait de mon sein. Misérable !
Cueille anx enfers les fruits du pays ravagé...
Enfant, je t'ai bercé ; je veux te voir rongé
Maintenant par les vers, hideux hôtes sur terre,
Jusqu'à ce que ton corps soit réduit en poussière.
Tes fils effaceront un jour ton action ;
Mais tu ne sauras pas cette expiation !
Ils ressusciteront l'Ukraine des décombres ;
Mais tu l'ignoreras dans le pays des ombres !
Le temps reste immuable à tes yeux dans son cours ;
Comme au jour de ta mort, tu souffriras toujours ! »

Après avoir ainsi parlé, l'ombre magique
Disparut dans les airs, comme une leurre d'optique.

XXXVII

Brillant de mille feux, les salons du château
S'éclairent, comme avant, tous les soirs de nouveau,
Et l'eau coule toujours, voilant la grotte sombre,
Aux rayons argentés de la lune, dans l'ombre.
Cygnes blancs et rosiers, aux rougeurs du carmin,
Murmurent bas, dit-on, le nom de Séraphin,
Les premiers sur le lac, les fleurs dans la verdure.
Au moment où repose et s'endort la nature,
On prétend avoir vu l'enfant, aux ailes d'or,
Illuminer, la nuit, la grotte et son décor,
Splendide vision, dans le réduit étrange
Que clôt la chute d'eau, sous les traits d'un bel ange.
Les chérubins du ciel, accourus en ce lieu,
Lui mirent dans les mains une harpe de feu.
Il s'assit, fit vibrer les cordes de sa lyre,
Et forma des accords navrants. Sous leur empire,
Les cygnes, attirés par les accents suaves,
S'émurent à ses sons tristes, plaintifs et graves,

Pareils aux cris et pleurs de notre nation,

Destinée à périr par la désunion ;

Et, frappant l'air de l'aile, au son de la musique,

Ils prirent leur élan, suivant le chantre épique,

S'envolant avec lui dans les cieux étoilés,

Loin des soucis amers, sur la terre exilés.

Ils formèrent longtemps, dans les airs, des guirlandes

De fleurs blanches, montant en célestes offrandes,

Et noyés dans l'azur, disparurent aux yeux,

Faisant une auréole au chanteur merveilleux.

Ce récit est il vrai ? Faut-il croire au miracle

De cette ascension, prodigieux spectacle ? . . .

Les cygnes depuis lors ont quitté le jardin.

Déserté l'eau du lac, pour suivre Séraphin ;

Depuis lors, sont muets les bardes et poëtes,

N'ayant plus d'auditeurs pour leurs chants de prophètes.

II

CONVERSATION

DE

JULES SLOWAÇKI

AVEC LA MÈRE MACRINE

Dans un Couvent de Paris, l'année 1846

(RÉCIT AUTHENTIQUE)

LA MÈRE MACRINE

~~~~~~

L'abbesse Miéczyslawska, plus connue sous le nom de
la mère Macrine, naquit dans la province de Minsk, en
Lithuanie, l'année 1786. Elle était la fille d'un curé du
rite grec-uni, fut élevée à Minsk dans un couvent de re-
ligieuses de l'ordre grec-uni de Saint-Bazile, et y prit le
voile. Elle en était l'abbesse supérieure, lors de la con-
version forcée des populations du rite grec-uni au culte
schismatique, appelé en Russie le culte orthodoxe, or-
donnée par l'empereur Nicolas de néfaste mémoire, et
favorisée par l'indigne apostasie de l'évêque grec-uni,
Siémaszko, l'année 1838. Celui-ci réunit dans le couvent
des Baziliens à Zurowice, dans le gouvernement de
Grodno, tous les supérieurs des couvents et les curés du

rite grec-uni, au nombre environ de huit cents prêtres, et
leur fit signer une adresse à l'empereur de Russie dans
laquelle ils imploraient la grâce d'être réunis au culte
orthodoxe russe. Les pauvres prêtres, tentés par les falla-
cieuses promesses de l'apostat Siémaszko et intimidés par
ses menaces, signèrent en grande majorité la fatale
adresse, de peur de perdre leur modeste avoir et de vouer
à la misère leurs femmes et leurs enfants. Un petit nom-
bre seulement refusa de parjurer malgré l'affreux mar-
tyre auquel s'exposaient les récalcitrants qui furent, en
effet, emmenés et dispersés dans les couvents russes de
l'intérieur de l'empire, où ils furent soumis aux plus
mauvais traitements ; personne de leurs parents et de
leurs amis n'en entendit plus parler...

Les paroissiens grecs-unis furent plus difficiles à con-
vertir que leurs curés. Dans bien des villages ils protestè-
rent et opposèrent même une vive résistance, de même
que, quarante ans plus tard, leurs coreligionnaires du
diocèse de Chelm, dans le royaume de Pologne. Mais
alors, comme en 1874, la force armée et les exécutions
sommaires vinrent en aide au prosélytisme religieux pour
accomplir l'ordre formel du gouvernement russe et faire
triompher l'injuste loi du plus fort.

Le dix-neuvième siècle vit ainsi, à deux reprises, la
seconde fois tout récemment, sous le règne d'un prince
qui a la prétention d'être l'émancipateur de ses peuples,

la répression violente et brutale exercée sur des chrétiens
trop attachés à leur·culte, bizarre anomalie qu'on observe
souvent sous le régime arbitraire de la force primant le
droit.

Les bonnes religieuses de l'ordre de Saint-Bazile, à
Minsk, avec leur mère abbesse en tête, refusèrent d'abju-
rer, malgré les persécutions et le véritable martyre que
leur fit subir l'infâme évêque apostat. Leur récit fait à
Slowacki par la mère Macrine, est, hélas! de la plus na-
vrante réalité.

Le couvent de Minsk fut supprimé ; l'abbesse et les.
religieuses, au nombre de quarante, furent reléguées dans
un cloître de nonnes russes à Witebsk où elles restèrent
deux ans, employées comme servantes ; elles furent ensuite
transportées à pied , sous escorte de la gendarmerie,
comme des forçats, à Polotzk, où elles servirent de ma-
nœuvres aux maçons, à la bâtisse des nouveaux murs de l'é-
vêché ; elles furent enfin enfermées, l'année 1843, dans un
couvent isolé, situé près d'un bourg écarté, perdu dans
les marais, nommé *Miadzioly*. L'abbesse parvint à s'en
échapper avec l'aide de quelques amis courageux du dehors,
l'année 1845, avec deux sœurs qui restèrent cachées dans
le pays, tandis qu'elle traversa heureusement la frontière
et se réfugia d'abord à Paris, et puis à Rome, où le pape
Pie IX l'accueillit avec distinction et mit à sa disposition
un petit couvent non loin de la basilique de Sainte-Marie-

Majeure. Elle y mourut en odeur de sainteté, en 1869, âgée de quatre-vingt-trois ans.

Durant ces sept années d'épreuves et de tortures, pas une des sœurs n'abjura ses vœux et ses serments. La plupart moururent à la peine, et celles qui restèrent après la fuite de leur abbesse furent exilées au fond de la Russie.

La narration détaillée de leurs souffrances fut publiée par l'ordre du saint-Père, et produisit dans le temps, une profonde impression dans le monde catholique. Le prince Paskiewicz, lieutenant de l'empereur Nicolas en Pologne, s'en émut ; il engagea les consuls de France et d'Angleterre à Varsovie à faire vérifier sur les lieux l'inanité de ces absurdes accusations ; mais seulement, au lieu de les diriger sur Minsk, chef-lieu de gouvernement en Lithuanie, il les envoya à Minsk, bourgade du même nom en Pologne, où les consuls constatèrent par leurs agents, que l'abbesse Miéczyslawska y était parfaitement inconnue, et qu'il n'y avait jamais eu même à Minsk de couvent de l'ordre de Saint-Bazile...

Ils s'empressèrent de le mander à leurs gouvernements respectifs, traitant de propos calomnieux la déclaration d'une victime purement imaginaire...

C'est ainsi qu'on écrit souvent l'histoire ! ! !...

Ayant ouï parler des tourments, des tortures
    Soufferts pour la religion
Par l'abesse Macrine, aux saignantes blessures,
    Victime de l'oppression,
J'allai me prosterner devant la sainte mère,
    Non pour vérifier l'état
Du faible corps infirme, et de son âme austère,
    Simple et fidèle à son mandat ;
Mais par un dévouement filial, sous l'empire
    D'une franche admiration
Pour la pure matrone et la grande martyre,
    Pieuse et douce en action.
Je venais m'inspirer à sa bonne parole,
    Calmer le trouble de mon cœur
Qui voyait dans la nue une rouge auréole,
    Et frissonnait, tremblant de peur,
A l'aspect d'une image, à la vive lumière
    Qui m'éblouissait, en dardant

Ses rayons, comme ceux que Moïse en prière
　　　Vit surgir d'un buisson ardent.

Je trouvai solitaire et simple dans sa mise,
　　　Dans la cellule d'un couvent,
L'exilée, en bonnet et tablier, assise
　　　Calme et recueillie, en priant.
Elle avait l'air plutôt de mener le ménage
　　　Honnête d'un couple bourgeois,
Surveillant jeux et cris de bambins en bas âge,
　　　Pensant à leur soupe à la fois,
Et me rappelait certe ainsi ma bonne mère
　　　Qui portait ses clefs en trousseau . . .
Les traces de souffrance et d'une vie austère
　　　Assombrissaient le clair tableau,
Prêtant une triste ombre aux traits de son visage,
　　　Et courbaient son front, radieux
D'égaler les martyrs en vertus, en courage,
　　　Dont le prix l'attend dans les cieux.

Elle me dit alors : « Ma présence vous trouble,
　　　Emeut trop votre cœur loyal ;
Malheur subi pour Dieu, pour la Pologne, double
　　　La valeur de l'acte moral.

Vous paraissez plus pâle encor que la noyée
  Dans les flots glacés du Niémen,
Et je vous plains, ami, d'avoir l'âme effrayée
  Des hommes chassés de l'Eden. »

La voyant soupirer, je lui dis : « bonne mère,
  Elevant votre cœur au ciel,
Mêlez-vous à vos pleurs et blâme et plainte amère
  D'un abandon si criminel ?

Comment ? Vingt millions de nos compatriotes
  Ne purent venir au secours ?
Un nombre égal de sous, lancés sur les despotes,
  Sauraient réduire rois et cours...

Si chacun de son sang donnait rien qu'une goutte,
  Elles formeraient un torrent
Suffisant pour noyer les tyrans qu'on redoute...
  Vingt millions d' yeux, en s'ouvrant,

Et qui feraient jaillir éclairs, tonnerre et flamme,
  Pourraient mettre le monde en feu,
E n'osent pas sauver une sainte, une femme...
  Nous en répondrons devant Dieu ! »

— « Oh ! n'accusez personne et plaignez les victimes
  Du sort et d'un joug odieux,

Que n'ont pu secouer tous leurs efforts sublimes.

    Attendons la grâce des cieux !

Comment vous nommez-vous ? dit-elle après bien vite :

    Quels sont vos titre et qualité ?

Je repris rougissant : « Nuls ; et mon seul mérite

    Est de haïr l'iniquité... »

Après ces quelques mots, long et nouveau silence...

    Je n'osais plus l'interroger ;

Elle compatissait à mon humble souffrance,

    Oubliant son propre danger...

Et pour me consoler, voyant mon âme en peine,

    Livrée à l'exaltation,

L'abbesse me prédit l'heure sûre et prochaine

    De notre résurrection.

Après avoir ainsi fait briller à ma vue

    Les rayons d'un clair avenir,

Elle me dit l'histoire authentique, inconnue

    Des tourments qu'elle eut à subir.

« Un jour vint au couvent la terrible nouvelle,

    Que notre évêque, grec-uni

S'était fait apostat, à son culte infidèle,

    Se souillant d'un crime inouï.

Nous étions dans le doute, anxieuses et sombres,
    Craignant pour nous honte et malheur,
Et croyions voir errer, dans l'église, les ombres
    D'anges qui pleuraient de douleur.

Nous frissonnions de peur, nous prosternant à terre,
    Implorant le saint Sacrement,
De nous accorder zèle et foi par la prière
    Pour vaincre notre abattement...

Restée ensuite seule, et priant la Madone,
    Qu'elle m'apprît la vérité,
Je vis soudain paraître auprès d'une colonne
    L'esprit de l'évêque effronté

Parue à mon désir, son image muette
    Fixait sur moi ses yeux vitreux,
Miroir terne et troublé de son âme inquiète,
    En proie aux sentiments honteux,

Où se peignaient son crime et son apostasie...
    Je m'étendis alors en croix,
Sur le sol, déplorant la basse hypocrisie
    Du lâche et vil être à la fois ;

Et mon cœur fut trempé d'une sueur glacée
    Qui traversa mon vêtement,
Et de la croix forma l'empreinte, retracée
    Tout humide, sur le ciment.

« L'évêque un jour, vint nous rendre visite,
     Paré de décorations.
Il sentait l'eau-de-vie et l'encens moscovite
     Qui stimulaient ses passions.
Bien qu'il voilât, fermant à demi la paupière,
     Son regard fauve, intelligent,
Je sentis, sur-le-champ, son venin de vipère
     Et son but, le dévisageant.
Je ne vous dirai pas ses paroles menteuses,
     Ses discours qui me font horreur ;
Il voulut m'attirer par des offres honteuses,
     Et subjuguer ainsi mon cœur.
Il faisait miroiter à mes yeux, prêtre infâme,
     Richesses, pouvoir, mitre, honneurs,
Et croyait asservir mes vanités de femme
     Par de sales propos flatteurs ;
Ses mots vils, dits tous bas à l'oreille, en mystère,
     Sifflaient, pareils à des serpents,
Me laissant entrevoir la fortune sur terre,
     Ou bien la mort et ses tourments.
Le démon lui soufflait des paroles indignes,
     Blasphèmes forgés en enfer,
Dont la bave souillait sa croix et ses insignes,
     Au grand plaisir de Lucifer.

Le Christ me protégea contre la tentative
    Et l'assaut du malin esprit...
L'évêque dit alors, reprenant l'offensive :
    « Gare aux soucis... » puis il sortit.

« Je réunis les sœurs devant l'image sainte
    De la Vierge, et les fis jurer
D'obéir à nos vœux, malgré toute contrainte,
    Dût-on même nous torturer ;
De résister sans crainte à l'ordre diabolique
    De l'évêque, indigne apostat,
Jusqu'à la mort, priant pour l'âme schismatique,
    Lui pardonnant son attentat.
Grande fut la stupeur de nos religieuses ;
    Les unes voulaient demander
L'avis du pape à Rome et son aide pieuse ;
    Et d'autres sans s'intimider,
Parlaient de mettre auprès de l'autel de la Vierge
    Des barils de poudre à tirer,
Et de monter la garde autour, brûlant un cierge,
    Pour sauter plutôt qu'abjurer.
Toutes montraient vraiment de l'ardeur et du zèle,
    Prêtes à leur sacrifier

L'existence, à souffrir, sous le fouet qui flagelle,
    Sans même se plaindre ou crier.
Pourtant, dès qu'arrivait une lettre, un message,
    Elles venaient avec effroi
Réclamer mon appui, la frayeur au visage,
    D'avoir à lutter pour leur foi.

« Nous reçumes enfin la fatale missive.
    Contenant l'ordre impérieux
D'abjurer notre culte, ou bien l'alternative
    De faire au couvent mes adieux.
L'ordre formel était vague, obscur, sans rien dire
    Touchant notre futur destin...
Que nous réservait-il ? La prison,ou sort pire
    Encor, le sombre exil sans fin,
Dans les steppes glacés de l'âpre Sibérie,
    La chaîne aux pieds des criminels,
Sous le joug de la verge et loin de la patrie,
    Au pouvoir de geôliers cruels ? ?...
J'eus peur qu'on ne nous fît un procès politique,
    Nous condamnant pour un complot.
Tout était préférable à cette incertitude
    Qui nous écrasait de son poids,

Et dominait nos cœurs rongés d'inquiétude,
    Dans un pays sans foi, ni lois.

« Nos persécutions et l'atroce martyre
    Subis plus tard, ouvertement,
Firent moins soupirer nos cœurs sous leur empire,
    Que ce premier bannissement.
Nous avions, par instants, une transe mortelle,
    A l'aspect de tout pli secret
Qui nous communiquait une terreur réelle,
    Sous son mystérieux cachet.
L'âme émue éprouvait une angoisse terrible,
    La peur de tourments inconnus,
Et que notre malheur, sous un maître inflexible,
    Ne fît céder notre refus.
Dieu protégea plus tard nos âmes défaillantes,
    Nous aguerrit dans les tourments,
Nous permit en plein jour d'être fortes, vaillantes,
    Au milieu de maux évidents.
Souffrir pour Dieu devint une sainte habitude ;
    Geler de froid, mourir de faim,
N'était-ce pas le sort de notre servitude
    Aux sens grossiers de l'être humain ?
Combien de mendiants infirmes, invalides,
    Meurent sans asile et de froid ;

Que de braves soldats, vétérans intrépides,
    Périssent sans pain et sans toit ! !...
Quand l'esprit a la foi, le corps reste insensible
    Aux tortures de notre chair ;
L'âme acquiert dans les maux un élan invincible
    Vers le ciel, bravant flamme et fer ;
Mais au premier début, en proie à l'épouvante
    De quitter notre toit si cher,
Notre douleur était, je l'avoue, accablante...
    Certe, on souffre ainsi dans l'enfer ! »

Je frissonnais ému, voyant la sainte mère
    Parler un langage inspiré,
Et j'entendais le cri de la Pologne entière,
    Dans les accents d'un cœur navré..
L'abbesse domina sa touchante éloquence,
    Comprima ses élans d'ardeur,
Et reprit d'une voix, pleine de bienveillance,
    Pareille à celle du Sauveur :
« Vous voulez le récit de nos peines communes,
    Quand on supprima nos couvents ;
Je vous raconterai la fin de quelques-unes
    Des sœurs, de toutes les tourments.

« J'étais supérieure alors, ou mère abbesse
    D'une de nos communautés
D'ordre de Saint-Bazile, une humble pécheresse,
    Mais au-dessus des vanités
Et des tentations du grand monde futile
    Dont les hochets et les trésors
N'ont nul charme à mes yeux. Leur action stérile
    Cause seulement des remords.
Je fus pourtant aussi gâtée, en mon jeune âge,
    Par mes parents nobles et fiers,
Dans le luxe élevée, ayant à mon usage
    Des objets précieux et chers.
Mais la grâce de Dieu purifia mon âme,
    Epurant mes goûts, et l'amour
Du Seigneur me prêta sa lumière et sa flamme,
    Quand des épreuves vint le jour.

« Il apparut bientôt le jour du sacrifice...
    L'évêque, arrivé le matin,
Nous appela chez lui, pour nous prêcher d'office
    La soumission au destin.
Les bonnes sœurs tremblaient comme feuilles sur l'arbre,
    Au souffle vif de l'ouragan ;

Moi-même, j'étais pâle, immobile, de marbre,
    Bien qu'ayant au cœur un volcan.
Je croyais voir mon sang s'écouler de mes veines,
    Goutte à goutte, dans mon cerveau ;
Mes nerfs surexcités avaient le poids de chaînes
    Qui me serraient dans un étau.
Mais je sus maîtriser par force la souffrance,
    Pour ne pas effrayer mes sœurs,
Et j'écoutais l'évêque apostat en silence,
    Fière et calme, avalant mes pleurs.
Le Seigneur eut pitié de son humble servante,
    M'inspirant une sainte ardeur.
Je me dis : « De Goliath, par la grâce puissante
    Du bon Dieu, David fut vainqueur !
« Je n'ai plus peur de rien, pas même de la verge ;
    Et je tiendrai tête au tyran,
« Sous la protection de la divine Vierge,
    Au prêtre inspiré par Satan ! »
Je repris, grâce à Dieu, mon air digne, impassible,
    Concentrant mon courage au cœur,
En face de l'évêque inhumain et terrible,
    Sans ressentir nulle terreur.
Il dit, fixant sur nous son regard de vipère,
    Avec un sourire mielleux :

« Voulez-vous adopter, mes sœurs, à ma prière,
        Le culte orthodoxe et pieux
« De notre grand monarque, et de sa sainte Eglise
        Qui diffère bien peu du rit
« Catholique Romain ? » A sa grande surprise,
        Un froid silence de granit
Fut à ses mots trompeurs notre seule réponse.
        Il soupira ; son œil haineux
Hostile, présageant une verte semonce,
        Lançait un venin odieux.
A cet instant suprême alors, nous, faibles femmes,
        Nous sentîmes un feu sacré
Rayonner, et soudain illuminer nos âmes...
        L'espoir du salut assuré !...

« Auriez-vous, chère sœur, l'imprudence et l'audace
        De désobéir au décret
« Du puissant Empereur, de refuser sa grâce ? »
        Reprit-il, en montrant un fouet.
L'évêque furieux de voir notre silence,
        L'écume à la bouche, à l'instar
De la fange à l'égout, poursuivit en démence :
        « Remplirez-vous l'ordre du Tsar ? »

A ce sauvage appel nous restâmes muettes,
  Prenant en pitié l'apostat
Qui déversait sa bile en sales épithètes,
  Indignes de l'épiscopat.
Stupéfait, ébahi de notre saint courage,
  Il fixait son œil égaré
Sur l'abbesse et les sœurs dont le calme visage
  Reflétait le cœur épuré.
Aveuglé par la haine, et, tremblant de colère,
  Il nous parla, comme à des chiens :
« Filles de la révolte ! Oui, vous aurez affaire
  « Alors au knout, dans les liens.
« Rêvez à la Pologne, abjectes créatures,
  « Prêchez la révolution
« Dans les fers. Je saurai dompter par les tortures
  « Vos esprits en rébellion. »
Il dit, brisa la croix et sortit, plein de rage,
  Donnant des ordres aux soldats,
Amenés à sa suite, indice et sûr présage
  D'odieux projets scélérats.
Nous crûmes, en effet, lutter avec le diable,
  Sous la forme d'un monstre humain,
Dont l'abjuration infâme, épouvantable
  Révélait l'infernal dessein...

« Il fallut délaisser notre pieux asile,

    Sous la garde de durs geôliers.

Oh ! je plains, detout cœur, les hommes qu'on exile

    Loin du pays, de leurs foyers !,..

L'air était calme et pur dans notre maison sainte,

    La croix du Christ nous protégeait ;

La voûte rayonnait de sa sublime empreinte,

    Le parfum des fleurs embaumait...

Pour la dernière fois, nous vînmes à l'église,

    Avant le départ prier Dieu.

Oui, la grâce divine éclaire et favorise

    Les cœurs fidèles, en tout lieu.

Nous nous mîmes ensuite en route pour l'exode,

    En songeant à notre salut,

La croix en tête. Ici même, un sombre épisode

    Vint en attrister le début.

Nous avions, au couvent, une religieuse,

    Vieille infirme, aux membres perclus ;

Elle fixait ses yeux tout autour, anxieuse

    De lire sur nos traits émus

La raison et le but de ce remu-ménage.

    Nous tournions nos fronts vers le mur,

Afin qu'elle n'apprît le motif du voyage,

    Ce qui l'eût fait mourir, bien sûr.

« Nous prenions avec nous la sœur paralytique,

    Espérant trouver en chemin

Un refuge à la vieille, une âme évangélique

    Qui voudrait lui tendre la main,

Et la laisser mourir, dans un coin, sur sa couche,

    Paisiblement, sous un abri...   .

Elle, sourde et malade, ouvrant les yeux, la bouche,

    Soupirait, sans pousser un cri,

Et faisait des efforts pour savoir, inquiète,

    Pourquoi ce désordre affolé ?..

Car j'avais, pour adieux, fait sonner la clochette,   .

    Et nous chantions l'*Avé stellé*.

A ce beau chant divin, au départ, nous sentîmes

    Plus vives encore nos douleurs...

Ils furent si navrants, les regrets des victimes, ⁎

    Que la sourde entendit nos pleurs...

Et, sentant une force en elle surhumaine,

    Leva ses béquilles en l'air,

Et s'escrima, pareille au guerrier qui dégaine,

    Pour l'amour et la foi, son fer.

Elle était sur les bras de nos sœurs, deux novices

    Qui la portaient hors du logis,

Lui prodiguaieet leurs soins touchants et leurs services,

    Et soutenaient ses pieds roidis...

« J'accourus la serrer aux genoux, aux chevilles,
   Calmer son transport au cerveau,
En affrontant les coups de ses longues béquilles
   Qui, s'abattant comme un fléau,
Lui glissèrent des mains... La pauvre âme en délire,
   Avait cessé tout mouvement.
Le corps resté sans vie, une statue en cire,
   S'affaissa sur moi lentement...
Je la pris dans mes bras. Diaphane et légère,
   Elle ne pesait qu'à mon cœur...
Je la bénis alors et dis une prière,
   La recommandant au Seigneur. »

— « D'où viennent vos accents ? dis-je, ô, sainte matrone
   Vos récits touchants, colorés ?
Qui donc de Dante au front vous posa la couronne ?
   Vous prêta ses sons inspirés ?
Épanchez dans le mien votre cœur angélique,
   Mère !... En votre sublime élan,
Seriez-vous un esprit divin, évangélique,
   Pareil à Moïse ou saint Jean ? »

Elle me répondit : « Chétive et faible femme,
   Je pleure la mort de mes sœurs.

Ecoutez, quelle fut la rigueur certe infâme
    De nos bourreaux, et nos frayeurs...

« Nous quittâmes l'autel calmes, dignes et fières,
    Portant le cadavre glacé
De la pauvre défunte, et disant des prières,
    Le cœur gros et bouleversé.
Nous espérions au moins trouver quelques voitures,
    Près de la porte du couvent,
Et qu'on épargnerait aux faibles créatures
    La boue et la pluie et le vent.
Mais, ô déception ! Le long de la muraille,
    Nous ne vîmes que des soldats ;
Nous devions suivre à pied et coucher sur la paille,
    Au pain noir, comme des forçats.
Oh ! vous ne savez pas, comme est dur à l'oreille
    Le bruit des sabres, des mousquets,
Et le profond dégoût, qu'au fond du cœur éveille
    La peur des gros mots, des soufflets....
Tout mon sang se glaça, je crus perdre la tête,
    Au premier coup que je reçus...
Moi, femme, être battue, à l'égal d'une bête,
    Livrée à des gardiens bourrus !...

Je vous confesse ainsi mes torts, et vous raconte
　　Mes terreurs devant le danger.
Plus tard, je m'aguerris à la verge, à la honte...
　　Je voulus d'abord me venger,
Avant de supporter la souffrance avec calme,
　　En tâchant d'obtenir au ciel,
Par mon humilité, des saints martyrs la palme,
　　Le salut de l'âme éternel.

« Oh ! comme elle était belle, en été, la prairie !
　　Traversant le fleuve en bateau,
J'admirais en secret la nature fleurie,
　　L'azur qui se mirait dans l'eau,
Et j'oubliais alors l'exil et la torture ;
　　A l'aspect des bois, des taillis,
Des coteaux émaillés de fleurs et de verdure,
　　J'eus l'esprit et le cœur ravis.
Je me penchais au bord pour mieux voir couler l'onde,
　　Et la regardais, l'air heureux,
Quand j'entendis, soudain, crier l'évêque immonde :.
　　« Hé ! Retiens-la par les cheveux ;
« Elle va se jeter, la folle, à la rivière. »
　　Et le Cosaque obéissant

Me saisit par le cou, frappa de sa lanière
    Sur ma figure et, m'adressant
Des jurons, croyait plaire au vil monstre en démence.
    Je lui dis : « L'eau n'est pas le ciel,
« Bien qu'elle ait même azur et même transparence ;
    « Se noyer est péché mortel. »

Elle se tut, baissant humblement ses paupières.
    Je repris : « Le navrant récit
De forfaits odieux, de vos douleurs amères
    Emeut vivement mon esprit...
Et si vous aviez vu, dans la claire onde, humide,
    Le ciel s'ouvrir éblouissant,
Aurait-il entraîné dans son azur limpide
    Votre corps, en le ravissant ?... »
Elle jeta sur moi son regard angélique,
    Et répondit, en souriant :
« L'espoir du ciel me prête une force énergique ;
    Je l'attends sur terre, y croyant.

« A Witebsk, je fus près du terme de ma vie,
    Mise au cachot avec mes sœurs
Dans un affreux couvent schismatique, asservie
    Aux nonnes de mauvaises mœurs ;

Ces femmes sans pudeur, se livraient à l'ivresse,
A l'orgie, aux sales propos ;
On sentait l'eau-de-vie au souffle de l'abbesse,
Et l'infecte odeur des tripots.

On entendait souvent cris et pleurs lamentables
Des sœurs novices qu'on rossait,
Et qui baisaient la main des nonnes implacables,
Selon l'ordre, à tout coup de fouet.

Images de l'enfer, ces repaires infâmes
Abritaient le vice éhonté ;
En place de prier les odieuses femmes,
Se plaisaient dans l'ébriété.

Vous imaginez-vous nos dégoûts, nos misères,
Dans ce malpropre, abject milieu ?...
Combien peuvent souffrir nos êtres éphémères,
Avant de parvenir à Dieu !...

Comment de nos bourreaux vous dépeindre la rage
Et les cruels raffinements !
Harengs salés sans eau, coups de poing au visage,
Ou privation d'aliments,

C'était, à notre endroit un simple badinage...
Porter des pierres aux maçons,
Se courber tout le jour, sous le fouet à l'ouvrage,
Dormir, la nuit, sans paillassons,

Sur le sol dur et nu,en proie à la vermine,

  Avec des rats et des crapauds,

Rien ne put ébranler en nous la foi divine

  Qui s'exaltait sous les barreaux ;

Et revoyant enfin la céleste lumière,

  Après un mois de noir cachot,

Nous avions conservé, par la grâce plénière

  Du Christ, chair pure et cœur dévot.

Notre esprit épuié, grandi par la souffrance,

  Avait fait une ample moisson

De douce charité, de sainte patience...

  L'amour nous servait de boisson ! !..

« *Siemaszko* (1), furieux de notre résistance,

  Voyait ses efforts sans effet;

Il ne put obtenir l'inique obéissance

  D'aucune sœur à son décret.

Le traître désirait l'adhésion publique,

  Fût-elle fictive, à l'édit

Du puissant Tsar, le chef du culte schismatique,

  Par respect pour l'ordre prescrit.

---

(1) Nom de l'évêque Grec-uni qui passa au schisme dit orthodose, et força ses subordonnés à faire de même.

Nulle sœur, grâce à Dieu, ne lui fut infidèle
    Préférant braver le trépas ;
Deux firent une chute, au sommet de l'échelle
    Des maçons, se blessant aux bras ;
Une autre fut atteinte, au front, par une pierre
    — Qui, brisant son câble moteur,
Tomba, de tout son poids, du haut du monastère —,
    Et mourut, fauchée en sa fleur.
Nous regardions longtemps après ce même câble,
    Rougi de sang, avec effroi,
Car il nous rappelait la perte irréparable
    De l'ange, martyr de sa foi.
Mais malgré nos tourments, je répète et l'assure :
    Nulle n'accepta l'union
Avec le schisme impur, nulle ne fut parjure
    A sa sainte communion.

« L'évêque même alors eut un moment de crainte,
    Par les Russes étant blâmé :
« C'est les travaux forcés, disaient les gens sans feinte, .
    « Dans un lieu d'exil mal famé ! »
Mais il persévérait dans l'ordre tyrannique
    Et notre persécution,

Désirant obtenir par son acte cynique,
  Du Tsar une distinction.

« Il nous fit réunir, un jour, en sa présence,
  Dans la chapelle du couvent ;
En traversant la cour, j'observais en silence
  Une hache à bois, sous l'auvent,
Et j'entendis vibrer la voix intérieure
  De mon âme qui me disait : .
« Prends cette hache et meurs, fidèle à Dieu, sur l'heure,
  Mais ne commets pas un forfait. »
Je fis signe à mes sœurs, sans dire une parole ;
  Elles me comprenaient si bien,
Qu'elles surent saisir ma pensée et leur rôle,
  Dans notre muet entretien.
Elles m'examinaient en toute circonstance,
  Épiant et geste, et regard,
Et m'imitaient toujours en âme et conscience,
  En tout, simplement et sans art.
Je leur renouvelai ma promesse mentale
  D'avoir dans la vie un seul but ;
De leur prêcher d'exemple et vertus et morale ;
  Et de les guider au salut.

Je pris soudain la hache et, marchant à l'évêque,

« Prenez nos têtes » dis-je alors :

« Apostat et transfuge embrassant la foi grecque !

« Décapitez, bourreau, nos corps ! »

Puis me tournant : « Posez, sœurs, vos fronts sur ces bûch

« Sur le billot, pour bien mourir ! »

Soumises à l'égal d'abeilles dans les ruches,

Les bonnes sœurs, sans un soupir,

Tombèrent sur le sol et posèrent la tête

Sur le bois, calmes et priant

Le Christ divin, qu'il fût clément à leur requête....

A ce spectacle édifiant,

L'évêque, fou de rage, écumant de colère,

Me prit l'arme, pâle de peur,

Et lançant de ses yeux un venin de vipère,

Me jeta la hache en fureur.

Le fer tranchant me fit une entaille à la cuisse ;

Le parjure ensuite, étendant

Le bras, pour achever son œuvre d'injustice,

Me brisa du poing une dent.

Affaiblie et tremblant, mais gardant par prodige

Sang-froid et résignation,

Je lui remis la dent ; « Oh ! portez-la, lui dis-je,

« Comme une décoration ! »

« Vous me reprocherez ma phrase trop sévère,
    Mon excès de vaine fierté ;
Mais je sentais le sang de mon noble et vieux père
    Avili par l'indignité
D'un outrage honteux. Oui, femme et Polonaise,
    Je me rappelais mes aïeux ;
Abbesse d'un couvent d'un lointain diocèse,
    Je restai fidèle à mes vœux ;
Mais je devais songer à leur pure mémoire,
    A leur valeur dans les combats...
Et voyez : Dieu me fit obtenir la victoire
    Sur les infâmes apostats. — »

II

Ému, surexcité, je tremblais d'épouvante,
A ce simple récit d'une douleur navrante ;
Je sentais dans mon cœur vibrer les sons plaintifs,
Les soupirs d'innocents, pauvres êtres captifs,
Livrés à des geôliers d'inepte barbarie,
Abandonnés de Dieu, sans espoir, ni patrie ;

Leurs corps ensanglantés, leurs visages meurtris
M'apparaissaient, en rêve, amaigris et pâlis ;
Je voyais en esprit, les pieuses victimes
Oublier leurs tourments dans leurs élans sublimes ;
Je voyais leurs purs fronts, autrefois radieux,
Souillés par les affronts de monstres odieux ;
En butte aux attentats d'une soldatesque ivre,
De prêtres imposteurs, au chagrin d'y survivre ;
Leurs crânes dénudés, leurs cheveux arrachés,
Les membres palpitants, aux liens attachés,
Leurs yenx bleus et brillants — pareils à la pervenche
Dans nn vase empourpré, qui surnage et se penche —
Et leur sang qui recouvre et rougit tout le corps,
Ne formant qu'une plaie étalée au dehors,
Aux yeux des oppresseurs du culte catholique,
Barbares instruments d'un despotisme inique,
Souffert avec amour, pour Jésus sur la croix,
Par des cœurs dévoués, sans plainte dans leurs voix.

Vous, anges de la mort ! rappelez aux humaines
Créatures sur terre, oublieuses et vaines,
Le nom du pauvre bourg, par le crime avili,
Tristement mémorable à jamais : Miadzioly !

Les toits mornes, glacés, émergeant de la brume,

Sans conduits pour le feu qui, brûlant, les enfume,

Et sur leur chaume étend un sale et gris manteau,

De crasse et de misère au front portent le sceau ;

Dans la nue, au dessus, monstrueuses idoles,

L'église russe au ciel dresse ses trois coupoles

Qui se teignent en rouge, aux rayons du soleil,

Au milieu de grands bois, à son tardif réveil.

Tel fut le sombre cadre à la poignante image

De forfaits inouïs, d'abominable outrage,

Fait à l'humanité, dont le souvenir seul

Jette au cœur, pour la vie, un lugubre linceul,..

« Notre destin fut pire encor dans ce village,

Reprit la mère abbesse en son simple langage :

La mort avait fauché plus d'une dans nos rangs,

Enlevant la martyre aux cruels châtiments :

Dix autres de nos sœurs, de coups furent battues

Tellement jusqu'aux os dont les arêtes nues,

Se dressant sur la chair, s'émiettaient en lambeaux,

Que l'évêque, n'osant les montrer aux badauds,

Les fit mettre à Witebsk, au cachot dans un cloître,

Le nombre de nos sœurs, à Polotsk, dut décroître

De dix également. Nous restions treize en tout,
Le jour de l'arrivée en ce lieu de dégoût,
Triste et vaste couvent, prison bâtie en pierres,
Impassible témoin de nos larmes amères.
Ses grands murs s'élevaient, isolés, aux confins
D'une vaste forêt, à l'ombre des sapins,
Au bord d'une contrée, inconnue et déserte,
Par les brigands hantée, à la terreur ouverte.
Les habitants du bourg étaient gens mal famés
Qui vivaient aux dépens des passants assommés
Dont les gémissemenqs, à l'aurore, aux matines,
Semblaient troubler le son des cloches argentines.
Nos cellules, taudis sale, infect, sous le toit,
S'ouvraient au vent du nord. Nous y tremblions de froid
Et faisant tout le jour le travail de servantes,
Nous grelottions, la nuit, sans feu, dans nos soupentes.

« Je fendais, un matin, pour le couvent du bois
A brûler, dans la cour, quand j'entendis des voix :
D'un côté, des cris sourds ; et des notes plaintives
De l'autre, vis-à-vis, de fillettes craintives,
Qui m'émurent le cœur, semblant vibrer d'accord.
La porte s'ouvre à droite, et je vois un renfort

De nonnes, comme nous, pauvres religieuses,

Martyres de leur foi, fidèles et pieuses,

Entrer, les pieds meurtris, les habits en haillons,

Au milieu de soldats avinés et grognons ;

La douleur se peignait sur leurs maigres figures,

Avec la pureté de saintes créatures.

Par la porte opposée, entrait au même instant,

De prêtres un convoi d'un aspect rebutant ;

Moines basiliens, grecs-unis dans leur rite,

Chassés de leur couvent, exilés dans ce site.

Battus et tourmentés par leurs cruels gardiens,

Epuisés, accablés, traités comme des chiens,

Pour n'avoir pas trahi leur credo catholique,

Adoptant les erreurs du culte schismatique,

Plus malheureux que nous, ces prêtres abrutis

Par la faim, par les coups, aux teints hâves, noircis,

Avaient l'expression *bestiale* et sauvage,

Portant empreint au front, gravé sur le visage,

Le mot mystérieux que mon père, jadis,

Déchiffrait en latin sur des crânes jaunis.

Le front ridé, le nez, la mâchoire en saillie

Sur la joue amaigrie en creux qui se replie,

Les os proéminents qui perceaient sous la peau

De la face, traçaient distinctement : « *Homo.* »

Indiquant de la main les contours du visage,
Du geste, elle voulut suppléer au langage . . .
Examinant alors les grands espaces bleus
Que sa pâle maigreur lui creusait sous les yeux,
Les traits qui s'accusaient dans leur âpre rudesse,
« Je comprends le latin. » Lui dis-je avec tristesse.

Elle reprit ensuite : « Aux odieux tourments
Ordonnés par l'évêque en ses emportements,
Sa fureur d'apostat et sa haine profonde
Ajoutèrent encor l'immersion dans l'onde. »
— « Sainte mère ! On osa vous accuser vraiment
De magique action, digne du châtiment
Par le feu, soit par l'eau, comme au temps des sorcières,
M'écriai-je ému : Honte aux tyrans sanguinaires ! »

— « Près des murs du couvent se trouvait un étang
A l'eau bourbeuse. Au bord, des saules près d'un banc,
Agités par la brise, avaient l'air de fantômes
Qui des agonisants nous récitaient les psaumes . . .
Oui, pour nous obliger d'abjurer notre foi,
On voulut nous dompter par la peur et l'effroi.
Nos corps pris dans des sacs, fixés au bout de câbles,
On donnait l'autre bout aux mains de misérables

Valets du monastère à bord d'un grand bateau,

Et, quittant le rivage, on nous jetait à l'eau.

Les rameurs nous plongeaient, ou nous tiraient sur l'onl

Selon la fantaisie et le caprice immonde

Des popes qui croyaient nous extorquer l'aveu

De notre adhésion, par ce moyen, mon Dieu !

Notre supplice au lac se répétait sans cesse,

Mais sans nul résultat, malgré notre faiblesse.

« J'ai dans l'oreille encore, et ces hideux propos,

Menaces et jurons, redits par les échos,

Et les cris du public, accouru sur les rives,

Pour nous voir traverser le lac, mortes ou vives . . .

Nous avions l'eau, tantôt à la taille, au menton,

Barbotant dans la fange et criant toujours : « Non ! »

Ayant même les flots au–dessus de nos têtes,

Bénissant le Seigneur, même au temps des tempêtes,

Quand la corde traînait, sous l'eau sale, nos corps

Qui ne surnageaient pas, en dépit des efforts.

« J'avais de temps en temps des visions célestes

Qui peuplaient d'âmes sœurs, ces régions agrestes ;

Non de subtils esprits, ou d'anges pris au ciel,

Mais bien d'êtres humains de ce monde réel

Qui m'observaient parfois d'un regard sympathique,
Désirant m'enlever à mon joug tyrannique.
Je me plaisais à voir mon sauveur incarné
Dans un bon gentilhomme, à l'air déterminé,
Un brave campagnard dans sa grise casaque,
Bien serrée à la taille, à la mode cosaque ;
Certe, il paraissait être un simple régisseur ;
Mais son œil était fier, ignorant honte ou peur.

« Il regardait muet, nos bourreaux, nos misères,
Tâchant de comprimer d'inutiles colères,
Sans me perdre de vue, attaché à mes pas,
Prudemment, en secret, mais ne me quittant pas.
Quand je fixais sur lui mon regard par mégarde,
Il détournait le sien, mais veillait à ma garde,
Et montrait, d'un coup d'œil, un sentier dans les bois,
Sans desserrer les dents, sans élever la voix...
Son indication me servit, dans la suite,
Pour trouver mon chemin, lorsque je pris la fuite.

« Des juifs du bourg voisin accoururent, un jour,
Au bord du lac fangeux, et se tenaient autour,
En criant et plaignant le sort de pauvres êtres
Qui souffraient pour leur foi, tourmentés par des prêtres.

On nous gardait déjà depuis longtemps dans l'eau
Trouble et saumâtre, au froid qui nous gerçait la peau,
Sans nourriture aucune, et les pieds dans la vase,
Nous pressant de changer de culte avec emphase.
Au refus d'abjurer, nos durs persécuteurs
Ordonnaient de tirer les cordes aux rameurs,
Et nous injuriaient de paroles grossières,
Comme en savent trouver les gens bas et vulgaires ;
Ceux-ci nous entraînaient au milieu plus profond
Du lac, laissant plonger nos corps transis au fond.
Les bons juifs imploraient leur Dieu; les femmes juives
Exhalaient leur colère en paroles plus vives :

« Que fait donc Jéhovah ? disaient-elles, en chœur :
« Comment tolère-t-il une pareille horreur ! !
« Elles meurent de faim, les faibles créatures,
« En butte au froid, aux coups , aux plus graves injures.
« Le ciel dans son courroux, devrait bien foudroyer
« La superstition qui s'amuse à noyer
« Des êtres du bon Dieu ! » J'étais touchée aux larmes
De cette sympathie, en dépit des gendarmes,
Que témoignaient des cœurs, même d'une autre foi,
Dans leurs naïfs accents pour nos sœurs et pour moi.

Ils semblaient évoquer la pitié d'un bon ange,
Et mon sein bondissait, sous les flots, dans la fange.
Je sentais dans mon âme un doux ravissement,
Voyais briller au ciel bleu, le saint sacrement...
Transfigurée en rêve, en ma suave extase,
J'oubliais l'oppresseur et son terrible ukase,
Quand je vis tout à coup, disparaître une sœur...
La corde avait glissé dans la main du rameur ;
La pauvrette, perdant son point d'appui sur l'onde,
Tomba, comme une pierre, au fond de l'eau profonde.
Je fus saisie alors d'un tremblement au cœur,
Et ne pus contenir mes sanglots, ma douleur...
Des rameurs nul ne fut sensible à cette vue,
Ne bougea pour sauver la pauvre sœur perdue...
Nos tourments, notre vie et la mort en ces lieux
N'avaient vraiment aucune importance à leurs yeux ;
Ils nous envisageaient comme un troupeau de bêtes,
Pris de contagion, sans plus compter nos têtes...

« Voyant l'affreuse mort, je vous en fais l'aveu,
Je cherchais, indignée, un sûr refuge en Dieu
Contre la trahison et l'infamie humaines,
Le crime triomphant, les vertus incertaines...

27

Les cris et pleurs des Juifs, des popes les discours

M'assourdissaient dans l'onde homicide en son cours ;

Elle avait euglouti, pris sans miséricorde,

Ma compagne chérie ; et, traînée à la corde,

Je devais défaillante avancer dans les flots,

Comprimer ma douleur, étouffer mes sanglots.

Ses yeux étaient fermés à jamais, sans ressource !

Je pouvais trébucher sur son corps dans ma course !

Je frissonnais de peur de fouler, sous mes pieds,

Ses beaux traits dans la boue et ses restes souillés !...

« Les monstres nous tiraient toujours sur l'eau verdâtre,

Voulant nous voir passer à leur culte idolâtre ;

Seuls, nos noirs capuchons, abritant nos regards,

Surnageaient sur l'étang, pareils à des canards.

Le jour triste et lugubre arrivait à son terme,

Empourprant l'horizon. Sur nos mains l'épiderme,

Tout gercé par la bise, augmentait nos tourments ;

La froidure et la faim faisaient claquer nos dents.

Le désespoir au cœur, prise de lassitude,

Je désirais parfois, dans mon ingratitude

Envers Dieu, m'étrangler avec le câble infect,

Et terminer la vie et mon supplice abject.

Le ciel même obscurci, privé de sa lumière,
Abandonnait l'esprit sans appui sur la terre,
Abruti par la faim, absorbé par la peur,
Luttant avec l'instinct du corps, conservateur ;
Car j'étais sur le point d'avaler boue et fange
Pour calmer un besoin irrésistible, étrange
Que révélait soudain mon regard enflammé,
La poitrine brûlante et le ventre affamé,
Désireux d'absorber la plus petite miette,
Tant lui pesait le joug d'une longue diète.
Des serpents me rongeaient les entrailles, le sein,
Pareils aux noirs démons que le Seigneur divin
Refoule sous la croix, pur et sacré symbole
D'une vive croyance à la sainte parole.

« Notre aspect misérable et nos affreux tourments,
La dure cruauté des popes, nos tyrans,
Excitèrent enfin, dans ce pays sauvage,
La colère des Juifs et du peuple, en servage,
Qui maudissaient tout haut la persécution.
Une juive essoufflée, épave de Sion,
Accourt un jour au lac, durant notre torture,
Avec des craquelins en gerbe à la ceinture,

Écarte les soldats, les fusils en faisceaux,

Et nous montre à la main ses biscuits en anneaux.

La bonne femme, au bruit étincelant des armes,

S'approche sur le bord de l'étang, tout en larmes,

Et nous jette effarée, en nous voyant dans l'eau,

Les friands craquelins, dorés dans le fourneau,

Qui tombent sur nos fronts, pluie ou manne divine,

Prêtant aux dons humains leur céleste origine.

« Comme après le déluge, en gage du beau temps,

Noé vit l'arc-en-ciel et les astres brillants,

De même je crus voir dans cette bonne mère

La grâce du bon Dieu sur la patrie entière,

L'image de la Vierge, éblouissante aux cieux,

Bénir notre Pologne et ses héros pieux ;

Et j'élevais mes mains, émue, au sein de l'onde,

Vers la sainte patronne et la reine du monde,

Le front paré des dons de la juive au cœur d'or,

Comme d'une couronne et d'un riche trésor !...

« Les popes depuis lors n'osèrent plus, sans honte,

Nous plonger dans le lac, comme je le raconte ;

Mais ils continuaient à nous battre au couvent,

A nous persécuter en secret, plus qu'avant.

Nous trouvions une force en nous surnaturelle

Contre la pression des bourreaux criminelle ;

Et je ne sais vraiment, si c'était ma douceur,

Ou mon air inspiré qui domptait leur noirceur ;

Mais ils paraissaient fuir mon regard fier et digne,

M'observant de côté, d'une façon maligne...

Je n'avais nulle peur, n'ayant pas de remords ;

Mes pas résonnaient haut dans les noirs corridors,

Quand eux, dans leur allure imitant la vipère,

Exhalaient, en rôdant, un souffle délétère.

« On nous déménagea sans motif du grenier

Dans les caves, au sol fétide d'un bourbier,

En nous donnant un tiers de ration par tête :

Pois chiches et gruau, même les jours de fête,

Qu'il fallait le matin cuire dans un chaudron,

Sans lard, ni beurre ou sel ; maigre manger, mais bon

A brider l'appétit de la chair diabolique,

A nous donner le goût de la vie angélique,

Elevant notre esprit vers le ciel idéal,

Au-dessus de nos sens, de l'instinct animal...

« Nous tînmes un conseil de famille en mystère,

Comment apprendre au monde entier notre misère ?...

Après de longues nuits de méditation,

Telle fut, en commun, notre décision :

Deux sœurs, dont la santé semblait le moins atteinte,

Tâcheraient avec moi de s'enfuir de l'enceinte,

Pour porter la nouvelle au loin de nos tourments.

La prudence exigeait d'attendre le printemps ;

Mais les cœurs polonais ont moins de patience,

Que de courage mâle et fier, dans la souffrance.

Nos jupons en morceaux, l'un à l'autre cousus,

Devaient servir, la nuit, en un câble tordus,

Pour franchir la muraille, et gagner la campagne,

Par la route indiquée au bois, sur la montagne.

Nous attendions en transe et l'esprit inquiet,

Le grand jour, en veillant à ce que tout fût prêt,

Lorsqu'avant mon départ, j'échappai par miracle

Au danger, et je vis un horrible spectacle....

« J'étais sortie un soir, portant au bras un seau,

Epier les abords, allant puiser de l'eau,

Quand j'aperçus l'évêque, auprès de la fontaine,

Présider en personne à son œuvre inhumaine,

Impie, épouvantable en son atrocité...

Les popes, faits bourreaux, dans leur servilité,

Tenaient encore en mains des baguettes sanglantes

Qui servaient à frapper leurs victimes saignantes.

Je m'approche et je vois de pauvres malheureux,

Nos prêtres grecs-unis, tout nus, meurtris et bleus

Des coups reçus... Figé sous la douche forcée

De la pompe, le sang, sous la croûte glacée

Qui recouvrait leurs corps d'un linceul transparent,

Traçait de grands sillons rouges... C'était navrant !...

Des glaçons, suspendus aux cheveux, aux visages,

Leur prêtaient, sous la glace, un air touchant d'images.

Je n'entendais nuls cris, nuls murmures plaintifs ;

Mais je voyais parfois des gestes convulsifs...

Certe, ils manifestaient, dans leur calme supplice,

La grandeur des martyrs, s'offrant en sacrifice

Pour les péchés du monde et pour l'humanité !

Leurs âmes allaient voir bientôt l'éternité,

S'échappant de leurs corps, froids cadavres livides,

Pour voler vers les cieux infinis et limpides.

Je dis alors émue : « O saints élus de Dieu !

« Vous luisez à travers le cristal, en ce lieu,

« Pareils aux clairs flambeaux du grand maître suprême.

« La Pologne, à ma voix, jettera l'anathème

« A vos persécuteurs, à vos cruels bourreaux,

« Et viendra supplier, en pleurs, sur vos tombeaux,

« Votre intercession, anges de la lumière !

« Pour avoir son reflet, grâce à votre prière. »

« Je revins, la terreur dans l'âme, au sombre aspect

D'un martyre ignoré, commandant mon respect,

Et n'en voulus rien dire aux sœurs religieuses,

De crainte de les rendre encor plus malheureuses ;

Mais je me promis bien de publier ces faits

Honteux, déshonorant le vil prêtre à jamais,

Et de voir condamner par notre sainte église

L'apostat qui l'opprime et qui la scandalise.

« Enfin l'heure sonna du départ désiré.

Par bonheur, nos gardiens ivres, au teint pourpré

Après l'orgie, et pris d'un sommeil léthargique,

Nous laissèrent tromper leur surveillance inique.

Une seule des sœurs du schisme tout-puissant

Nous montrait en cachette un cœur compatissant,

Et nous donnait du pain, comme une friandise ;

Elle apprit par hasard notre grande entreprise,

Mais sans nous dénoncer, ni trahir le secret.

Puisse Dieu la bénir du silence discret

Qu'elle voulut garder, protégeant notre fuite
Et paraissant, tout bas, approuver notre conduite.

« Profitant des bouleaux qui croissaient près du mur,
Nous grimpâmes en haut, par un temps gris, obscur,
En nous laissant glisser le long de notre câble
De plus de trente pieds, du sommet sur le sable,
Nous tenant à la corde et priant le bon Dieu,
Qu'il nous permît de fuir ce détestable lieu.
Nous fûmes enfin hors du couvent sacrilège,
Sur le sol recouvert d'une couche de neige,
Pareilles aux oiseaux de leur cage échappés...
Nous avions le vertige et les traits tout crispés
De peur et de chagrin, en pensant au voyage
A faire isolément, dans ce pays sauvage,
Chacune de nous trois cherchant de son côté
A trouver son chemin pour plus de sûreté.
Après d'amers adieux, je courus sur la route
Dans le bois, mal vêtue et n'ayant qu'une croûte
De pain bis pour lutter contre le froid, la faim ;
Je tremblais d'être seule et croyais voir soudain
Surgir de toutes parts des soldats, soit des prêtres,
Placés en embuscade, abrités sous les hêtres...

Je me rappelais mal le tracé convenu,
Ne sachant me guider en pays inconnu ;
Aussi j'errai deux jours, marchant à l'aventure,
Sans entendre la voix d'humaine créature,
Et j'enviais les sons si joyeux des oiseaux
Qui saluaient le jour par des chants et des sauts,
Tandis que l'être humain trop fier de sa sagesse,
Voit le temps s'écouler, souvent avec tristesse.
Je trouvai sur ma route enfin un pauvre toit,
Où je pus reposer mon corps transi de froid,
Calmer aussi ma faim. La bonne vieille hôtesse
Me fit un doux accueil, en voyant ma faiblesse :
« Allez-vous, me dit-elle, implorer le pardon,
Ame dévote, au bourg voisin, votre bourdon
A la main...? » Je ne sus certes comment répondre,
Ne voulant pas mentir, et j'étais prête à fondre
En larmes, à l'aspect de la franche amitié
D'un cœur compatissant, ouvert à la pitié.
La bonne âme m'avait si gentiment reçue,
Et, m'embrassant la main, souriait à ma vue ;
Et je lui répondrais par un mensonge, moi !
— Pensais-je tristement — que condamne ma foi ! »
Puis songeant que j'allais demander un asile
A Rome, j'osai dire : « Oui, je me rends en ville. »

La vieille alors m'apprit mon chemin et le nom
Du bourg en question que voilait l'horizon...
Je remerciai Dieu de la grâce accordée
A mon pieux désir et de ma bonne idée.

Je rencontrai, plus loin une fillette au bois ;
Celle-ci, s'approchant, dit d'une douce voix,
Sympathique, en fixant ses yeux sur mon rosaire,
Et d'un air ingénu : « Savez-vous, bonne mère,

« Tout ce qui s'est passé, tontôt à *Miadzioly ?*

« Au couvent ? Le pays de terreur est rempli ;

« On recherche partout trois sœurs religieuses

« Qui, dans leur désespoir, ont fui, les malheureuses,

« Pour éviter les coups et mauvais traitements.

« Les prêtres furieux ont envoyé leurs gens

« Pour fouiller les hameaux et bourgs du diocèse,

« Et retrouver les sœurs de race polonaise.

— « A-t-on pris » — dis-je alors, sans montrer nul souci
« Les pauvrettes ? La chasse a-t-elle réussi ? »

— « On vit le corps de l'une étaler ses entrailles,

« Mutilé par les loups, là-bas, sous les broussailles ;

« L'autre, abbesse dit-on, couchée au bord de l'eau,

« Etait bien de votre âge, avec un bel anneau,

« Pareil au vôtre, ayant même taille et visage ;

« La nonne respirait encor sur le rivage...

« Les soldats consternés l'entouraient de leurs soins,

« Quand arriva l'évêque et, lui montrant les poings,

S'écria, frémissant de rage et de colère :

« C'est la mère Macrine, une vieille sorcière

« Qui mérite la mort. Lancez-la dans les flots !

« Puisse-t-elle y périr ! » Les soldats, à ces mots,

« Obéirent à l'ordre, en jetant la victime

« Dans le fleuve, où roula le corps droit à l'abîme.

« Voilà ce que m'ont dit au moins de bonnes gens.

« Je vous salue... Adieu !... Vivez, mère, cent ans ! »

Reprit, en s'éloignant dans les bois, l'inconnue.

Je bénis le seigneur de le grâce obtenue ;

Il avait aveuglé nos féroces bourreaux,

Sûrs de m'avoir noyée au sein des froides eaux,

Et préservé mes jours en chemin, dans ma fuite,

Ecartant le péril d'une affreuse poursuite...

« Je n'eus pas depuis lors à braver de danger,

Avant de parvenir au pays étranger,

Et n'eus plus qu'à subir une dernière épreuve,

Au-delà du Niémen, notre grand et beau fleuve.

La gelée un matin était si forte aux champs,

Que mon sang se figeait dans les veines ; mes sens

Etaient comme engourdis par la bise glacée ;
Prise de froid, de faim, et de plus harassée
Par ma course, j'allais succomber au sommeil,
Mortel en pleine neige, au lever du soleil,
Lorsque pour mon bonheur, je vis dans la clairière
Un troupeau de brebis, auprès d'une chaumière ;
J'avais peur d'aborder les pâtres campagnards,
Evitant leurs propos, questions et regards ;
Mais je me réchauffai sous la laine des bêtes,
Couvrant de la toison de ces mères honnêtes
Mes membres tout glacés par le froid, jusqu'aux os.
Abrités sous leurs seins, en guise de manteaux,
Ils reprirent la vie et chaleur naturelle,
De même que l'agneau, blotti sous la mamelle ;
Et je retrouvai force et courage, en chemin,
Pour accomplir ainsi les ordres du destin. »

Elle avait en parlant l'expression céleste
D'une sainte au repos, dans la campagne agreste,
Accueillant les brebis, les pâtres et les rois
Avec le même amour, grave et douce à la fois.
Elle reprit haleine et, levant la paupière
Vers l'azur, comme une âme en exil sur la terre,

Elle avait le regard d'un ange radieux
Qui sait, que trône et crèche ont même poids aux cieux.

« Voilà tout. J'ai fini mon récit, reprit-elle ;
A ma foi pour la vie, à mon foyer fidèle,
Même infirme à présent, je suis prête au retour,
Gardant à ma patrie, à Dieu tout mon amour.
Hâtez-vous, mes enfants, sans retard, sans faiblesse ;
Il est temps de sauver le pays en détresse.
Je ne peux vous parler davantage aujourd'hui.
Qui près du Tout-Puissant cherche au ciel son appui,
Peut échapper des mains des oppresseurs du monde,
Si la foi l'accompagne et l'amour le seconde ;
Je fus ainsi sauvée, et me trouve en lieu sûr,
Respirant à mon aise un air plus libre et pur ;
Mais je voudrais me rendre à Rome, voir le pape,
Et lui baiser les pieds, à ma dernière étape.
Certe ici, l'on me comble et de gloire et d'encens ;
Mais mon cœur reste froid à tous ces compliments.
Les femmes, aimant Dieu, sont à Paris confites
Dans leur dévotion, leurs goûts de sybarites ;
Elles ont les cheveux de parfums arrosés,
Les doigts couverts d'anneaux et les ongles rosés.

J'ai besoin, faible encor, de soins, de médecines ;

Aime à voir des bambins, aux grâces enfantines,

Et j'aurais désiré consulter un docteur,

Caresser des enfants, toujours chers à mon cœur ;

Mais je ne vois ici que dames élégantes,

Dans des atours coquets, mielleuses et pimpantes...

Comtesses à fleurons, duchesses du bel air,

Pleines de vanités, au ton hautain et fier.

Une marquise, hier, vint me voir dans ma peine,

Et me dit longuement qu'elle avait la migraine,

Les nerfs trop agités ; sans égards pour mes maux,

Etalant sur son buste et perles et joyaux,

Elle clignait des yeux, et babillait sans cesse

De l'autel et des saints, de sermon et de messe,

Paraissant exiger dans sa morgue, vraiment,

Le culte qu'ont les cœurs pour le saint sacrement...

Je l'écoutais, malade et sur pieds, interdite

De sa prolixité parfumée et bénite,

Quand elle avec aplomb me présente un Français,

Son digne confesseur, un bel homme à teint frais,

Prônant ses qualités, sa verve et sa tenue...

Je me sentis pâlir et trembler à sa vue,

Et je préfère encor dans ma simplicité,

A ce flux onctueux d'un langage affecté,

Mes liens en prison, le travail à la terre...
Je veux aller à Rome oublier ma misère! ! »

— « O, pieuse matrone, abîmée en vos pleurs !
Que cherchez-vous à Rome ? O mère des douleurs !
Est-ce le pouvoir saint ? La paix universelle ?
Lui dis-je : elle n'est plus dans la ville éternelle.
Tâchez d'en obtenir la résurrection
Par vos vertus, au lieu de l'âpre passion
Qui ramène à présent la mitre et la tiare,
Par la honte et l'opprobre, à l'époque barbare
Où, protégeant les rois, les superstitions,
Les papes opprimaient les pauvres nations...
On y rend les honneurs aux tyrans sanguinaires,
Faisant dire pour eux des messes, des prières ;
Et l'on y foule aux pieds la sainte liberté,
Préférant les bourreaux à votre piété...
J'ai peur que votre esprit ne change, sous l'empire
De la crédulité, comme une molle cire,
Ne devienne insensible à nos poignants malheurs,
A l'indigne trépas de tant de nobles cœurs,
Et n'oublie, au pouvoir, le pur sang dont arrose
Le grand peuple martyr une si belle cause...

« Si vous restez fidèle à son doux souvenir,
Oh! certes je vous plains... Vous aurez beau gémir,
Rome restera froide à votre ardente flamme,
Pareille au noir tombeau, d'où s'échappant, votre âme
Maudira l'existence... Agréez mes adieux... »

La pauvre femme alors, fixant sur moi ses yeux,
S'écria tout en pleurs : « Où chercher un asile ? »

Comparée à ce cri, toute peine est futile !

III

POÉSIES DIVERSES

LÉGENDE SUR VENCESLAS RZEWUSKI

Venceslas Rzewuski, fils du Hetman de ce nom, naquit en 1784. Il fut élevé par sa mère, née princesse Lubomirska, à la campagne, non loin de la frontière turque. Ce sol, souvent arrosé du plus noble sang polonais l'impressionna vivement dès son plus tendre âge. L'Orient l'attirait par un attrait poétique que fortifiait en lui la connaissance des langues turque et arabe qu'il apprit d'un transfuge de Constantinople, établi dans le château de sa mère.

A l'autre bout de l'Europe, croissait à la cour de *Marie-Antoinette* une belle enfant, Rosalie, fille de la princesse Lubomirska, issue de l'illustre maison des Chodkiewicz, surnommée la *petite rose polonaise*. Elle accompagna

un jour sa mère et la princesse de Lamballe, à la
suite de la reine de France, chez une fameuse sibylle
du temps qui leur prédit leur sort funeste. Elle dit à sa
mère, que sa tête roulerait sur l'échafaud, et à la fille,
qu'elle porterait des haillons avant d'épouser un homme
coiffé d'un turban. Quelques années plus tard, la princesse
Lubomirska, conduite en prison pour être jugée par le
tribunal révolutionnaire et guillotinée, confia sa fille à
une inconnue, dans la foule, qui paraissait avoir pitié de
l'enfant. « Prenez-là, et veillez sur ma fille, lui dit-elle,
je suis la princesse Lubomirska. Mon mari vous la paiera
au poids de l'or, en la reprenant ; cet anneau servira à vous
faire reconnaître. » Elle lui donna, en même temps, une
bague montée d'une belle émeraude, reçue en souvenir
de Marie-Antoinette. La vieille femme répondit, en prenant
l'enfant qu'elle débarrassa aussitôt de ses rubans et de ses
atours de luxe : « J'aurai soin de ton louveteau qui me
plaît, sans vouloir retenir ton nom baroque. Je n'ai pas
besoin de ta récompense promise, mais je garde l'anneau
qu'on te prendrait en prison. » Le père infortuné de la petite
Rose, arrivé à l'appel de sa femme à Paris, ne parvint pas
à la sauver de la mort, et chercha longtemps, inutilement,
sa fille, malgré les plus grands sacrifices d'argent. Il la
retrouva, un jour, par hasard, pendant qu'elle s'amusait
dans la rue avec d'autres enfants, et leur montrait sa
bague. Il la reconnut à sa grande ressemblance avec sa
mère, la reprit, malgré ses pleurs, à sa mère adoptive

qui refusa toute rémunération, et transplanta la petite Rose à la cour de Berlin.

L'époux prédestiné de celle-ci, annoncé par la clairvoyante, fut Venceslas Rzewuski dont la mère avait accueilli chez elle, en hôtes et en amis, beaucoup de seigneurs distingués de l'émigration française. Les *Polignac, dArlincourt, Choiseul* et tant d'autres, offraient au jeune châtelain l'exemple des grandes manières et du bon ton. Doué de talent pour le chant et pour la musique, il s'adonnait à la danse, à l'escrime et surtout à l'équitation qu'il aimait à la folie. Il était sur le point de réaliser le rêve de sa jeunesse, en allant faire un voyage en Orient, quand la vue, à Berlin, de Rose Lubomirska lui tourna la tête et donna une autre direction à ses projets. Admis à lui faire sa cour, il obtint sa main et, au bal, le jour de son mariage, il se montra dans son beau costume oriental, à ce que prétendent au moins les croyants au surnaturel, pour donner raison à la sibylle de Paris. Le jeune ménage s'établit à *Krzemieniec*, ville de la Volhynie, renommée par son lycée, et centre de réunion pour la noblesse polonaise des trois provinces du sud-ouest de l'empire de Russie, détachées de l'ancienne Pologne. Magnifique et généreux, Rzewuski fut adoré de la jeunesse du lycée. Il y élevait plusieurs élèves à ses frais, leur prêtait son manège et ses beaux chevaux de selle, avait dans son écurie des cosaques pour palefreniers, dans leur costume national, et bien montés ; maniait le sabre

en perfection, ayant inventé une manière d'attaquer,
nommée le *coup des cent diables*. Il se vantait malicieu-
sement d'avoir eu pour aïeul le cosaque *Révouha* d'où
provenait son nom, tandis qu'il conservait avec soin, sur
parchemin, la généalogie de son cheval arabe, un étalon
pur sang de robe blanche.

Rzewuski partit pour l'Egypte, au moment ou Méhé-
met-Ali guerroyait avec la tribu des Moabites, Il entra
au service du Pacha, comme volontaire, à la tête de ses
cosaques, et reçut pour sa valeur le titre d'*Emir al-Om-
rach* que pouvaient porter seuls les descendants des Califes
de la lignée du grand prophète Mahomet ainsi que le
surnom : *Fadz-el-Faher* (laurier de gloire). Il résida
quelque temps à Bagdad et à Alep, déployant un luxe
oriental avec la magnificence d'un magnat polonais, et
vendit plusieurs villages d'Ukraine pour suffire à son
train de vie qui réalisait les rêves de *Séhérézade* ; mais
atteint de nostalgie, il revint dans son pays, gardant le
costume arabe, dans sa résidence ruinée ; il n'y recons-
truisit qu'une superbe écurie avec un lit pour lui près de
son cheval favori, *Muktar Tab*.

Original et bizarre, il bivouaquait sous tente, voya-
geant l'été en Ukraine, restait fidèle, dans ses usages et
même dans sa dévotion, aux pratiques de l'Islamisme, et
s'offensait, quand on lui donnait le titre de comte, répon-
dant, qu'il s'appelait simplement : l'ataman *Revouha*,
ou l'*Emir Al-Omrach*.

Il prit part, l'année 1831, à l'insurrection de la Podolie, et après avoir battu les Russes en maintes rencontres, il fut tué, les uns disent dans le combat malheureux de *Daszow*, d'autres prétendent, la nuit, dans les bois, par des paysans qui s'emparèrent de l'or qu'il portait à la ceinture.

Sa mort, devenue légendaire, resta mystérieusement voilée, dans la tradition populaire, attribuée tantôt à la cupidité des brigands, tantôt à la vengeance d'un cosaque jaloux non sans raison, de sa femme *Oxane*, maîtresse de l'Emir, tantôt enfin à l'odieux attentat, commis par un sicaire salarié du gouvernement russe. Des bruits vagues parcouraient même le pays, qu'un aventurier voyageait en Orient, sous le nom de l'Emir, échappé miraculeusement à la mort, et rançonnait la crédulité des Arabes.

Le fait est que son beau coursier blanc revint tout seul à l'écurie. Le gouvernement russe constata légalement la mort de son maître dont il confisqua les propriétés [1].

Un poëte ukrainien, Padura a peut-être mieux rendu l'étrange vie romanesque de Rzewuski, dans une chanson cosaque :

Né sur l'herbe dans le steppe,
Plus agile que la guêpe,
Fier comme l'aigle, et guerrier,
Il grandit sur l'étrier...

. . . .

---

[1] Ces détails sont tirés d'une série d'articles de M. Jaxa Bykowski qui ont paru dans le journal illustré de Varsovie : *Klosy* (*les épis*).

L'ÉMIR RZEWUSKI

(LÉGENDE D'UKRAINE)

Traversant la mer Rouge et les sables d'Afrique,
    Il campa sous les hauts palmiers.
Il fut acclamé chef, au désert arabique,
    Par les nomades cavaliers.....
        Vénérant, en poëte,
        Le tombeau du prophète,
        .Il se vit, en priant,
        Traité d'Emir en Orient.

Son beau coursier arabe avait la robe blanche,
    Sans nulle tache de couleur ;
Il parcourut sur lui, de son allure franche,
    Les champs de Gaza, plein d'ardeur...
        Jérusalem, la sainte
        Le vit dans son enceinte,
        Au Calvaire, à genoux,
        Implorer le Seigneur à tous...

Pour se guider en route, il avait les étoiles...
  Pour arme, sa pique au long dard.
Une jeune beauté, relevant ses grands voiles,
  Lui fit encor don d'un poignard,
      — Pour décrocher l'échelle,
      Quand il quittait sa belle
      Dont les doux et beaux yeux
  Reflétaient de tendres adieux, —

Une lame en acier de Damas, mince et fine,
  A splendide poignée en or...
Au départ du héros, son amante chagrine
  Voulut reprendre son trésor,
      Au harem obsédée
      Par la fatale idée,
      L'implacable dessein
  De mourir, se perçant le sein.

« A quoi bon te tuer, lui dit il-ma chérie?
  Adieu! vis heureuse et longtemps!
« J'ai besoin de ton fer... étant las de la vie,
  Pour couper le fil de mes ans;
      Car j'ai l'âme sauvage;
      La douleur la ravage;

Il me faut ton poignard,
Et ton dernier divin regard... »

Il disparut alors, abreuvé de tristesse,
Car il vit courir au bassin,
Et se jeter à l'eau sa charmante maîtresse
Qui ne put survivre au chagrin...
L'onde bleue et perfide,
Sous son voile limpide,
Engloutit le beau corps...
Fuis, Sarmate, avec tes remords!!!

Il revint, une nuit, à son pays d'Ukraine,
Quand la lune, au disque enflammé,
Eclairait l'horizon; que des fleurs de la plaine
Emanait un souffle embaumé,
La senteur spéciale
A sa terre natale.
— L'aveugle même,, au flair,
Reconnaîtrait le steppe à l'air. —

Il foula sous ses pieds la campagne fleurie
Et son tapis de frais gazon;
Mais à son arrivée, aucune main amie
Ne l'accueillit à la maison;

Elle était triste et vide.....

Le cimetière avide

Aux morts s'était ouvert,

Durant ses courses au désert.

Se trouvant isolé, tout seul dans sa demeure,

Sous le poids de l'âpre chagrin,

Il voulut revenir en Orient sur l'heure,

A cheval comme un paladin;

Mais son coursier fidèle,

Fatigué sous la selle,

Demandait du répit

Au maître, rongé de dépit.

Celui-ci, solitaire, ouvrit alors la porte

De son manoir abandonné,

Pria sur le tombeau de sa famille morte,

Et reprit l'espoir spontané

D'une plus libre vie,

Dans sa chère patrie

Dont l'aigle, dans son vol,

Promettait d'affranchir le sol.

Abritant sous son toit son étalon superbe,
Il construisit murs de cristal,
Et râteliers dorés, remplis d'avoine et d'herbe,
Pour le précieux animal,
Prêt, dans sa solitude,
A fuir la servitude
Du Tsar, d'un seul élan,
En liberté..... loin du Tyran.

Il prenait en pitié ses voisins de la plaine
Qui, privés d'un pareil coursier,
Devaient subir leur sort, sous la verge inhumaine,
Sans mettre pied dans l'étrier...
Et le joug tyrannique
Devenait plus inique,
Les ordres plus sanglants,
Et les abus plus révoltants.

L'émir, notre héros, d'après l'antique usage,
Fêtait la veille de Noël
Avec ses bons vassaux, venus lui rendre hommage,
Leur offrait l'oublie [1] et du miel,

---

[1] Il est d'usage en Pologne de partager avec les visiteurs la veille de Noël une hostie non consacrée, autrement dit, une oublie.

Buvant à la patrie

Du vieux vin de Hongrie,

Quand arriva soudain

Un messager, le front serein,

De Pologne, apportant la joyeuse nouvelle,

Que le pays s'est soulevé

Contre l'oppression implacable et cruelle

Dout il espère être sauvé.....

L'émir prend la conduite

Des hommes de sa suite,

Et mène ses guerriers

Cosaques, hardis cavaliers,

Groupés sous le drapeau de couleur rouge et blanche,

Caracolant sur leurs coursiers,

Pour fondre sur le Russe et prendre leur revanche...

Le jour dorait leurs baudriers,

Et les pointes de lance...

Remplis de confiance

Dans leur chef, les soldats

Couraient affronter les combats.

Les Cosaques chantaient, traversant les bruyères,

Un air triste et sauvage en chœur,

Redit par les échos des tertres funéraires

Qui jonchaient la plaine, en l'honneur

Du noble et fier Sarmate.....

De toutes parts éclate

Le refrain sous les cieux :

Hourrah ! pour l'Emir glorieux...

Aux oreilles du Tsar parvient le chant d'Ukraine.

Dans sa fureur, il met à prix

La tête du héros, confisque son domaine,

Et couvre de sang le pays...

Imitant la tactique

De l'Arabe en Afrique,

Joignant ruse à valeur,

Rzewuski toujours est vainqueur.....

S'emparant des canons des Russes, par surprise,

Il fond sur eux subitement,

A l'improviste, heureux dans sa folle entreprise,

Et met en fuite un régiment...

Il amène sa troupe

A *Daszow* [1], où se groupe

(1) Bourgade de la Podolie.

Tout le corps polonais
Des insurgés en rangs épais.

Quand le soleil sortit de la brume argentée,
Ils virent les gros bataillons
Des Russes réunis, hurler à leur portée,
Se dérouler leurs escadrons,
Briller dans les broussailles,
Pareils à des murailles
De feu, les obusiers
Et les fusils des grenadiers.

Après un court arrêt, s'agite en l'air, et tombe
Avec un sifflement discord,
Sur les braves guerriers en prière, une bombe,
Sombre messagère de mort,
Triste signal de lutte.....
Le boulet creux culbute
De ses feux meurtriers
Les chevaux et les cavaliers.

Des mousquets, des canons la sinistre lumière
Annonçait balles et boulets
Qui, sifflant à l'oreille, et labourant la terre,
Semaient la mort dans leurs trajets.

L'émir lance à l'attaque

Son escadron cosaque

Sur les rangs ennemis,

Sabrant têtes, bras et fusils.

Son cheval se dressant brise les baïonnettes,

Pareilles aux frêles roseaux,

Enfonce le carré russe, au son des trompettes,

Et parvient au centre.., aux drapeaux ;

Quand, mal compris, un ordre

Du chef [1] met le désordre

Parmi les Polonais,

Voués à la mort désormais.....

Le héros montre en vain à sa cavalerie

Un noble exemple de valeur ;

Luttant avec succès pour sa pauvre patrie,

Il voit les siens manquer de cœur...

O malheur à la troupe !

Quand la peur monte en croupe ;

Les cavaliers alors

Jonchent, fuyant, le sol de morts.

---

(1) Orlikowski, colonel d'artillerie chef de la troupe polonaise à Dassow. Voyant la bataille perdue, il se tua lui-même sur les canons (1831).

Le chef infortuné, perdant gloire et bataille,
　　Mit encor la mèche aux canons,
Et puis se fit tuer sur eux par la mitraille,
　　Laissant orphelins ses garçons.
　　　　La mort dans son étreinte
　　　　Fait cesser toute plainte,
　　　　Réveillant dans les cœurs
　　Uniquement regrets et pleurs.

Notre Emır s'éloigna le dernier de la lutte,
　　En proie au sombre désespoir,
Mais conservant intact son honneur dans la chute.
　　Les brèches qui se laissaient voir
　　　　Au tranchant de son glaive,
　　　　Qui s'escrimait sans trêve,
　　　　Se suivaient en effet,
　　Comme les grains d'un chapelet.

Quand Rzewuski quitta l'affreux champ de carnage,
　　La lune, rouge à l'horizon,
Reflétait la couleur du sanglant paysage...
　　« Cours plus vite sur le gazon,
　　　　Mon cher ami d'Afrique,
　　　　Vers la terre magique

Où croît le beau palmier ! »
Dit l'Emir à son coursier :

« Tu n'as plus ta vigueur ! Qu'as-tu fait de ta force ?
Broyant le fer de ton poitrail,
Tu t'es donné peut-être, à la jambe, une entorse,
Infatigable à ton travail !
Ou des balles la grêle,
En sifflant, aurait-elle
Endommagé ton flanc,
Et fait couler ton noble sang ?...

Mais non ; je ne vois pas, grâce à Dieu, de blessure,
Nous avons besoin de repos... »
Pour en prendre, il franchit le seuil d'une masure,
Sans porte à son chétif enclos,
Et s'endormit par terre....
Non loin de la chaumière,
Le fidèle coursier
Broutait l'herbe sous un poirier.

Un traître, un paysan, du Tsar le vil sicaire,
Dans son sommeil tua l'Emir,
En lui plongeant au cœur la lame meurtrière,
Jadis donnée en souvenir

Par sa brune maîtresse...

Pourquoi, dans sa détresse.

Ne lui rendis-tu pas

Le beau stylet pour son trépas ?

Elle dort maintenant sur un linceul humide,

Et son arme a percé ton sein !!!

Quand le Tsar sut la mort du héros intrépide,

Tué par un lâche assassin,

Il fit sonner sans cesse

Les cloches d'allégresse,

Joyeux dans son palais,

D'avoir vaincu les Polonais....

II

PARIS

Au coucher du soleil dans la brume dorée,
S'estompent les massifs de Lutèce effarée,
 Sur les bords sinueux
Du fleuve dont les eaux baignent la belle impure,
Donnant à ses palais la Seine pour ceinture,
 Aux grands plis onduleux.

Les quais, les boulevards reluisent de lumière
Qui répand son éclat sur cette fourmilière,
 Sombre fouillis de toits,
Où se dressent au ciel tours, dômes et coupoles,
De croyance et de gloire officieux symboles ;
 Oh ! menteuse est leur voix !

Les murs, dont Geneviève est la sainte patronne,
Se nomment à présent Sodome et Babylone !!..
      Par les vices salis,
Expiant les péchés de corps pourris, sans âmes,
Mutilés par le fer, calcinés par les flammes,
      Vous serez démolis.

Vous subirez au front la honte et le ravage,
La trace des boulets et le sanglant outrage
      De l'ennemi rageur....
L'Etranger triomphant, entrera dans la ville,
Pour accomplir ainsi, sur son peuple futile,
      De Dieu l'arrêt vengeur.... [1]

On pressent dans les airs le tonnerre et l'orage ;
De l'Orient s'approche un terrible nuage,
      La foudre dans les flancs.
L'obscurité lugubre envahit place et rue ;
Le peuple en vain s'agite, et la foule est émue
      De noirs pressentiments.

L'odieux choléra, cruelle épidémie,
L'auxiliaire affreux de l'armée ennemie,

---

[1] N'oublions pas que l'auteur Slowaçki est mort l'année 1849.

Atteint déjà les corps,
Et couvre la cité d'un souffle délétère ;
On sonne le tocsin, et, comme au cimetière,
Le triste glas des morts.

Reviendront-ils jamais, ces drames héroïques
De sanglant sacrifice et d'actions épiques
De héros merveilleux ?....
Ce furent des géants, et bourreaux et victimes ;
Les uns souillés de sang, et les autres sublimes
Sous le fer odieux...

Les grands esprits d'alors surabondaient de sève, .
S'enivraient de lumière et de gloire sans trêve,
Chassaient les rois du jeu,
Et, saturés d'orgueil, remplis de confiance
Dans le pouvoir de l'homme, armé de la science,
Ils luttaient avec Dieu,

Ils passèrent, laissant à leurs fils l'héritage
D'une sombre énergie et d'un ardent courage,
A remplir leur dessein....
Due à leurs efforts, l'œuvre immortelle et puissante ·
Survécut à leur mort, et s'incarna vivante,
Dans un génie humain ;

De l'ordre et du pouvoir le glorieux apôtre
S'appuyait d'une main sur le peuple, et de l'autre
          Sur le palais des rois.
Les aigles triomphants, à ses drapeaux fidèles
Semaient partout l'idée et des formes nouvelles,
          Dans les mœurs et les lois,

Quand il tomba du trône, épuisé par la lutte,
Triste devint le sort de la France, à sa chute,
          L'avenir incertain...
Ecrasé sous le poids de l'Europe liguée,
Il laissa pour témoin de gloire prodiguée
          Sa colonne d'airain.

Les Français à son ombre acclament la victoire,
Les fabuleux exploits, burinés par l'histoire,
          Et jetés aux chardons
Qui croissent pêle-mêle, au pied de sa statue,
Et s'uniront un jour, sur sa tête abattue,
          Aux lis blancs des Bourbons...

Dans le pays d'exil, proscrit par le despote,
N'ayant ni feu, ni toit, le Polonais, ilote,

Mendie et meurt de faim.

Les saules de la Seine offrent l'ombre au Sarmate,

Comme autrefois aux Juifs ceux des bords de l'Euphra

Et pleurent, seuls, en vain...

L'habitant reste froid, et son cœur est de marbre ;

Les rameaux de l'espoir, se dessèchent sur l'arbre,

Sans feuilles et sans fleurs,

Pour le pauvre exilé, voyant sa terre en rêve,

Comme du vert figuier tarit jadis la sève

Sur le prophète en pleurs.

Quittons la ville en fête ; allons sur la colline,

Entrons au cimetière, où le regard domine

· Le bruit des vains succès ;

Où l'on voit le néant des hommes et des choses,

Où croissent tristement lauriers, myrtes et roses,

A l'ombre des cyprès....

On aperçoit Paris miroiter dans la brume,

Bouillonner sous la nue, et recouvrir d'écume

Ses reflets colorés...

A la porte d'entrée, on vend, dans une halle,

Des guirlandes de deuil, de la douleur vénale

Emblèmes consacrés...

On voit dans le lointain, les tours de Notre-Dame,
De la terre et du ciel mystique épithalame,
      Beau chef-d'œuvre de l'art ;
L'aïeule à nos aïeux, mise en vieilles dentelles
Se montre ainsi du haut des sphères éternelles,
      Nébuleuse au regard !

Invisibles, les gens se démènent à l'aise,
Et grouillent, s'agitant au fond de la fournaise ;
      J'aperçois sur un pont [1],
A la file rangés des héros, faits de pierre,
Les élus couronnés de la gloire éphémère,
      Des lauriers sur le front.

Un grand palais [2] s'élève au sein de Babylone,
Où siégeait Balthasar... Sur le velours du trône,
      Sous le dais, fut placé
Le cadavre sanglant d'un ouvrier en blouse [3] ;
Devant lui défila la foule ivre et jalouse
      Rouge du sang versé...

---

(1) Le pont de la Concorde.
(2) Les Tuileries.
(3) Vision poétique de l'auteur en dehors de la réalité.

Les ombres de la mort, ce triomphe tragique
Jetaient sur la victime un voile fantastique...
  Ses parents sous les toits
Vivaient dans un taudis... Epris de sympathie,
Le peuple, en sa personne, ouvrait la dynastie
  Des cadavres de rois......

III

SÉPARATION

(sur le lac de Genève)

Séparés par le sort, unis par la tendresse,
Nous rêvons au passé, le cœur plein de tristesse ;
Une blanche colombe, au vol mystérieux,
M'apporte vos soupirs et les pleurs de vos yeux,
Du fond d'ombreux massifs, sur la verte pelouse,
  A mon âme jalouse.

Je connais vos pensées, et le nom de la fleur
Que berce à votre sein l'onde de la douleur,

Je vois votre beau front, rougissant sous le voile,
Et brillant, comme au ciel, dans la nue, une étoile
Qui répand sa lueur sur votre être, plus pur
  Que le céleste azur.

Bien que loin du regard, et de mes yeux absente,
Vous êtes dans mon cœur, à mon esprit présente ;
Je vous cherche en idée, au milieu des bosquets,
Sous les tilleuls touffus ; je suis vos pas discrets,
Et je vois, éperdu, blanchir sous la ramée
  Ma vision aimée.

Le miroir du grand lac, pure image des cieux,
Le jour, double l'éclat du soleil radieux,
Et reflète, la nuit, la lumière argentée
De la lune au zénith, d'étoiles escortée,
Qui baigne ses rayons, en un divin tableau,
  Dans le cristal de l'eau.

Les Alpes tout autour, le front dans les nuages,
Dressent leurs pics neigeux au pays des orages,
Et forment au beau lac un cadre merveilleux,
Divisant deux azurs : l'onde claire, des cieux ;
Paysage enchanteur qui sépare leur cime,
  De l'infini sublime.

Dans l'espace sans borne, est un astre : le mien,
Au ciel choisi par moi, pour votre ange gardien ;
Au-dessus de l'eau, à l'horizon plus sombre,
Sont deux points lumineux qui scintillent dans l'ombre ;
Ils indiquent, la nuit, à mon œil indiscret
     Votre chambre au chalet.

Ces deux rouges lueurs, qui luisent dans la brume
Sur les flots agités et leur bruyante écume,
Emeuvent mon cœur plus que les astres du ciel,
Me donnant un frisson glacial et mortel,
Quand je songe, exilé du paradis sur terre,
     A ma souffrance amère.

Si nous ne devons plus nous revoir ici-bas,
Si je n'ose baiser les traces de vos pas,
Oh ! du moins écoutez les accents de mon âme,
Les accords de ma lyre inspirés par ma flamme,
Les tristes et doux sons du pauvre rossignol,
     Abattu dans son vol.

IV

MARGUERITES

Qu'il est doux d'effeuiller la blanche marguerite,
En égrenant tout bas le chapelet du cœur,
De redire cent fois ma phrase favorite :
« Oh ! m'aimez-vous encor ? » en consultant la fleur,

De s'isoler à deux, à l'ombre du bocage,
D'errer dans les bosquets, de causer en s'aimant,
Pâquerettes en main, répétant leur langage,
Que vous m'aimez un peu... beaucoup... immensément.

Un jour, je m'en souviens, bravant votre prestige,
Je pris pour vous juger soudain l'aimable fleur
Dont un pétale blanc, resté seul sur la tige,
Constata ma folie et ma naïve erreur.....

Sans espoir, aujourd'hui, je m'en vais solitaire,
Cueillir et consulter la marguerite au bois ;
Je lui dis mon chagrin, tâchant de me distraire,
J'invoque son arrêt, tremblant comme autrefois.

Et je vois s'envoler vers le lac ses pétales,
Et tomber à la place où nous étions assis ;
Ils présagent vraiment, qu'en dépit des cabales,
Votre bon cœur du mien sera toujours épris.

V

MALÉDICTION

Je hais, je maudis ton sourire,
Tes pleurs qui veulent me séduire.....
Tu m'apportas au lieu de paix,
Rien que passion et délire
Qui troublent ma raison... J'aspire
A vivre isolé désormais.....

Je croyais trouver une amie,
M'aidant à supporter la vie,
Me consolant de ma douleur...
Mais non !... Tes caresses de flamme
Attisent l'enfer dans mon âme...
Je te maudis dans mon malheur !

30

Esclave un moment de tes charmes,
Je répandis d'amères larmes...
Libre enfin de ton joug banal,
Seul, je rêve à ma beauté blonde,
L'unique amour que j'eus au monde,
Mon cher trésor, mon Idéal !...

L'être radieux, poétique,
Aux doux yeux, à l'air angélique
Qui dans l'exil fut une sœur,
Elevant au ciel mon génie
Par sa foi, sa grâce infinie,
Reine et maîtresse de mon cœur.....

Elle fut mon soutien, mon guide
Vers le beau, ma muse candide,
Partageant en tout mon destin,
Bravant les périls de la lutte
Pour me préserver de la chute
Par son appui d'ange divin..,

Toi qui versas sur ma blessure
Le feu d'une ardente nature,

Lascive dans ta volupté,
De mon souvenir sois bannie
A tout jamais ; oui désunie
De mon cœur, pour l'éternité.

VI

ABANDON

Je la maudis, la vouant à l'oubli,
Et mis entr'elle et mon cœur amolli
Les flots dv lac, argentés par la lune
Qui, se levant, narguait mon infortune,
Et répandait ses clairs rayons en paix
Sur l'horizon, pendant que je fuyais.....

J'aurais peut-être oublié la sirène,
Courant loin d'elle, en hâte, à perdre haleine,
Sur mon cheval dont les sabots poudreux
Faisaient vibrer sous eux le sol pierreux,
Si ce n'était des clameurs dans ma tête,
Soupirs de femme, ou bruit de la tempête ?.....

J'ignore encor... mais la pâle lueur
De l'astre au ciel m'emplissait de terreur,
Troublait mes sens, à l'aspect fantastique
De ma maîtresse... un fantôme magique,
Levant vers moi les mains, et suppliant
D'avoir pitié de son chagrin poignant.

VII

LES PYRAMIDES
(Souvenirs de voyage)

J'avais quitté le Caire, au lever du soleil ;
La brume, qui voilait son grand disque vermeil,
Suspendait aux palmiers des perles de rosée,
Chatoyant au regard par leur teinte irisée...
Les murs de la cité, rougis par les rayons
Du jour naissant, fuyaient, pareils aux visions
D'un monde fantastique, encadrés de verdure,
Et d'aloès en fleur... Talonnant ma monture,
Un paisible baudet, j'arrive au bord du Nil,
Où m'attendait ma barque à l'ancre, au noir profil ;

Je m'asseois en bateau pour remonter le fleuve,
Avide d'un spectacle attrayant qui m'émeuve...
La blancheur des maisons, sur un ciel bleu d'azur,
Se détache en relief d'un milieu clair et pur.
Plus loin de verts palmiers, un océan de sable
D'un ton jaune doré, sous le dôme admirable
De la voûte céleste ; au fond, au second plan,
Trois pyramides font un gris et sombre écran.
Après un court séjour, j'arrête au bord ma barque
Et, songeant à l'antique Egypte, je débarque
Aux pieds des grands palmiers, recouverts de beaux fruits
Dattes mûres, croissant en grappes, doux produits
Répandus au désert par l'exquise nature,
Qui donne en même temps l'ombre et la nourriture.
Les dattiers hauts et droits, s'élevant par milliers,
Semblaient former d'un temple et portique et piliers,
D'un palais fabuleux les colonnes divines,
Plongeant leur cime au ciel, dans le sol leurs racines.
Ils me cachaient l'aspect des énormes tombeaux
Des anciens Pharaons sous d'agrestes berceaux
Que je franchis charmé ; mais à la troisième heure
J'aperçus devant moi leur suprême demeure.
Ces vastes monuments qui surgirent soudain
Froissaient ma vanité, car j'avais l'air d'un nain,

Monté sur mon baudet, errant dans les broussailles

En face de géants et d'immenses murailles.

Sur le sable, à leurs pieds, se dressaient deux poiriers

Aux rameaux vermoulus, et plusieurs beaux palmiers

Semblaient monter la garde auprès des pyramides,

Et saluaient les murs de leurs palmes splendides.

Je voyais, à l'abri de leur dôme charmant,

Rouler les blocs de pierre au bas du monument,

Et former avec bruit une grosse avalanche

De débris détachés qui s'éboulaient par tranche.

Assis sur une pierre, à l'ombre du poirier,

Je cherchais du regard dans le sable un sentier

Pour parvenir enfin à la base solide

Du triangle appelé la grande pyramide,

Consacrée à Chéops dont c'était le tombeau,

Quand je vis à mes pieds tirer un lourd fardeau

Par une fourmi blanche, aux reflets de l'opale,

Qui rentrait au logis en marche triomphale,

D'un brin d'herbe chargée, aussi grande qu'un grain

De seigle, et fléchissait sous le poids du butin

Qu'elle amenait en hâte en pleine fourmilière,

D'une construction savante et régulière.

J'observai quelque temps cette infime cité
Où débordait la vie avec activité,
Avant de visiter le mausolée antique,
Souvenir colossal d'un pouvoir despotique,
Monument fabuleux d'effrayante hauteur
Qui donne le vertige au front du visiteur ;
Je contemplais, surpris, au sommet, des nuages,
Et tout autour, en bas, de vides sarcophages ;
Leurs os pulvérisés, semés aux quatre vents,
Furent disséminés par le travail des ans ;
Le sphinx à face noire, émergeant du fin sable,
Ne pourrait expliquer cette énigme introuvable,
Et le pays, aride et morne à l'horizon,
M'apparaissait sauvage et troublait ma raison.
Des portefaix bédouins, bronzés par la lumière,
Drapés en bournous blanc d'une étoffe légère,
Me saisirent alors dans leurs bras vigoureux
Pour me hisser au haut des gradins monstrueux,
Et pour me déposer dans la tombe royale,
Me montrant, torche en main, la chambre sépulcrale.
L'éclat de leurs flambeaux, pâlissant au soleil,
Prêtait à notre course un lugubre appareil...
Dans un couloir qui fait le tour de l'édifice,
Je ramassai dans l'ombre une pierre factice,

Amas pétrifié de fèves qui jadis

Servaient de nourriture aux soldats du pays,

Et forment maintenant, sous leur cachet antique,

Un champ vaste et fécond d'étude et de critique.

Les Arabes, voyant ma curiosité,

M'entourèrent, m'offrant dans leur avidité

De beaux échantillons de sculpture et de roche

Du temps des Pharaons dont je remplis ma poche

Pour la modique somme, en tout, de cinq para,

Aux cris, étourdissant mes oreilles... Allah !...

Près de la pyramide à la porte d'entrée,

Chéops fit embaumer sa fille vénérée

En un sépulcre, vide à cette heure et béant,

Qu'on aperçoit à peine ; un nain près d'un géant.

Ce contraste émouvant, cette petite bière

Près du monstre mouilla de larmes ma paupière.

Une étroite ouverture au mur extérieur

Sert d'isssue et conduit à l'antre intérieur

Qui servit autrefois aux morts de lieu d'asile,

Et qu'on gagne en rampant à l'instar du reptile,

En s'aidant des genoux, des coudes et des mains.

Je confiai ma vie aux guides africains

Qui, soutenant mon corps de leurs bras athlétiques,

Me tiraient et poussaient dans les couloirs obliques

Menant de bas en haut, sans marche ni gradins,

Etroits boyaux sans jour, véritables chemins

De taupe, aboutissant en zigzag à la salle,

Située au milieu qu'on appelle royale.

Là furent déposés les restes du grand roi,

Embaumés avec art, vénérés avec foi,

Sous les grands Pharaons, par le peuple d'Egypte,

Et gardés sous les yeux des prêtres dans la crypte.

J'aperçus, m'approchant, à l'aide d'un flambeau

Dont la flamme rougeâtre éclairait le tombeau,

Le sépulcre royal vide, sans la momie

Du fameux conquérant d'une race endormie

Dans la nuit éternelle et l'oubli dédaigneux

Du temps qui suit sa marche invariable aux cieux,

Renouvelle le corps, change l'humanité,

Et régit l'univers sur son aile emporté...

Je quittai le caveau sous l'empire d'un rêve

Absorbant mon esprit, et l'obsédant sans trêve,

Je revis étonné, le ciel clair, azuré

Les tons verts des palmiers et le sable doré,

Je respirais à l'aise, et je dis à mon guide

De me conduire au haut de l'âpre pyramide.

Il m'indiqua du doigt des gradins ébréchés

Qui montaient au sommet, l'un sur l'autre juchés ;

Effrayants de hauteur et placés en arrière

Ils étaient tamisés d'ombres et de lumière ;

Ces assises de roc, qui formaient des carrés

De plus en plus étroits, composaient les degrés

D'escaliers de géants pour atteindre la cime

Du sombre monument, au-dessus de l'abîme.

Privé de toute force, au désert, sans témoins,

Je livrai, priant Dieu, mon corps aux noirs Bédouins.

Ils formèrent ensemble une échelle mobile,

Chacun à tour de rôle, escaladant la pile ;

L'un me tendait le bras, l'autre me soulevait,

M'empoignant et plaçant sur son dos qu'il voûtait ;

Passant de mains en mains et d'assise en assise,

Je parvins au sommet, à ma grande surprise,

Plate-forme carrée, offrant l'aspect aigu

Au spectateur en bas qui regarde à l'œil nu.

Aux angles mes Bédouins et leurs faces brunies

Se détachaient du ciel comme de noirs génies ;

Moi, j'étais au milieu sur le point culminant,

Et j'avais sous les yeux un spectacle entraînant :

La terre apparaissait de forme vraiment ronde,
Telle que Dieu l'a faite, en créant notre monde ;
Au loin le Nil, le Caire et des bois de palmiers,
Des chameaux au désert, comme en mer des voiliers,
Traversaient à la file un océan de sable
Que soulevait dans l'air l'ouragan redoutable ;
Plus près dans la vallée, à l'ombre d'un figuier,
Mon âne, broutant l'herbe à côté de l'ânier
Qui cueillait pour dîner des fruits mûrs sur la branche,
Ne semblait pas plus grand que cette fourmi blanche,
Que j'avais observée à l'œuvre dans le blé...
A mes pieds les tombeaux et le sphinx ensablé...
Je n'osais mesurer, ayant peur du vertige,
Du regard la hauteur où j'étais par prodige,
Et je me recueillis, parcourant du regard
Les divers noms inscrits sur le ciment, sans art,
Sous le dôme du ciel, au couleurs azurées,
Près des guides, Bédouins aux figures cuivrées.

A droite de Chéphrem se dressait le tombeau,
Un monument moins grand, au vide et grand caveau.
L'aigle planant aux cieux, dans son élan sublime
Trouvait pour son repos ou l'une ou l'autre cime,

Sur la plaine de sable, au coucher du soleil,

Les obliques rayons du grand astre vermeil

Rougissaient la vallée, entre les deux colosses,

Millénaires témoins d'antiques sacerdoces,

Prêtant à leurs parois le lustre du poli,

Et noyant le passé dans l'onde de l'oubli.

Les siècles vont ainsi, comme des flots rapides,

Se fondre dans l'histoire, aux pieds des pyramides...

J'évoquais certe en vain tous leurs grands souvenirs,

Les exploits des vainqueurs, des vaincus les soupirs,

Les miracles de Dieu, la verge de Moïse,

Les malheurs d'Israël et la terre promise...

Les vieux murs restaient sourds à mes émotions,

Réservant leurs échos à d'autres questions :

    — « Avez-vous, pyramides,

    Dans vos caveaux solides,

    Un refuge secret

    Pour sabre et stylet ?

Pouvez-vous conserver les glaives, purs de rouille,

Pour punir l'oppresseur qui nous frappe et dépouille ? »

    — « Aux sabres, à vos faux

    Nous ouvrons nos arceaux. »

— « Avez-vous, pyramides,

Dans vos tombes splendides,

Un lieu sûr aux soupirs

De nos guerriers martyrs ?

Saurez-vous préserver de la chute leur gloire,

Et nous.les rendre intacts, au jour de la victoire ? »

    — « A vos nobles héros

    Nous ouvrons nos caveaux. »

    — « Avez-vous, pyramides,

Dans vos antres humides,

Un abri pour nos cœurs,

Un vase pour nos pleurs ?

Pour qu'au jour du combat, nous puissions dans nos larme

Laver nos corps meurtris et retremper nos armes ? »

    — « Nous avons pour les eaux

    Des bassins spéciaux. »

    — « Avez-vous, pyramides,

Dans vos espaces vides,

Un ténébreux chantier

Pour notre peuple entier ?

Pour qu'il puisse en mystère apprêter la vengeance

De tourments inouïs et d'horrible souffrance ? »

— « Nous avons pour vos maux

L'asile des tombeaux »

— « Avez-vous, pyramides,

Dans vos sables arides,

Une place pour moi

Jusqu'au son du beffroi,

De la cloche d'alarme, annonçant à la terre

La résurrection de la Pologne entière......? »

.   .   .   .

Le mur resta muet... Je lui parlais en vain,

Dans mes rêves perdu... Je découvris soudain,

Ecrits en polonais, ces mots mélancoliques :

« Vingt-neuf novembre [1], date et jour d'efforts tragiques. »

Et je relus encor, pensif, silencieux,

La triste inscription, des larmes dans les yeux...

_____

(1) Jour anniversaire de la révolution à Varsovie 1830.

VIII

RETOUR A PARIS DES CENDRES DE NAPOLEON [1]

(écrit en juin 1846)

On enleva sa cendre au sol de Sainte-Hélène,
Aux larmes d'un saule pleureur...
Le héros reposait, paré de gloire humaine,
Mais sans couronne d'empereur,
Sous le simple manteau d'un guerrier dont l'épée
Brilla longtemps d'un vif éclat,
Et traça sur la terre une vraie épopée,
Aux mains du glorieux soldat.

Avait-il l'air joyeux de revoir sa patrie,
Quand vous ouvrîtes son tombeau,
Chargé de ramener à sa France chérie
Les cendres sur votre vaisseau,

---

(1) Comparez cette poésie avec celle de Lenartowicz, page 128 et celle de Krasinski, page 245 sur le même sujet.

Joinville, fils de roi, jeune chef d'escadron,
        Qui, pour l''honneur de votre nom,
Aviez la mission de remettre en son cadre
        National, Napoléon ??...

Le grand mort prévoyait pour sa mémoire l'heure
        De juste réparation ;
Qu'on rendrait la colonne à Paris pour demeure
        A l'élu de la nation...
Il croyait l'obtenir d'une main filiale,
        Et pensait, que son fils navré,
Recevant sa dépouille en pleine capitale,
        Lui dirait : « Mon père adoré ! »

Mais, ô déception ! Il ne vit de sa bière
        Que des étrangers inconnus
Qui pesaient dans leurs mains sa cendre solitaire,
        Curieux sans respect, venus
Pour charger à leur bord les restes authentiques
        De l'illustre mort, à présent,
Et qui critiquaient même, en ouvrant ses reliques,
        Le défunt, d'un air suffisant.

Lève en l'air, Océan, tes grands flots, blancs d'écumes,
Pour porter le sublime esprit !
Aigles, dans votre essor, laissez tomber vos plumes
Pour dire ce qu'il accomplit !...
Du haut de votre cime, évoquez, pyramides,
Les siècles du temps écoulé !
Qu'ils restent éblouis par les œuvres splendides
Du génie, au ciel envolé !!...

L'Europe est anxieuse, et tremble dans l'attente
De quelque grave événement...
Elle vient de revoir l'étoile éblouissante
Qui brilla sur le firmament.
Les aigles ont quitté le soleil et la nue
Pour s'abattre sur les drapeaux
Du guerrier couronné par la gloire... A sa vue,
Ils vont au-devant des vaisseaux.

Dormez vainqueurs en paix ! Ce n'est plus aux batailles
Que reviennent ses os blanchis,
Mais à la morne tombe, aux tristes funérailles
Du grand empereur à Paris...

31

Certe, une fois encore il passe la revue
    Des braves vétérans en deuil,
Triomphant désormais — non par l'arme qui tue —
    Par l'idée éclose au cercueil...

Vous ne fûtes, vraiment, jamais anssi grand, sire,
    Sur le trône, et le sceptre en main,
Le front ceint de lauriers, du temps de votre empire,
    Brillant d'un éclat souverain,
Qu'au jour heureux et proche, où vos cendres mortelles,
    Mises dans un sombre caveau,
Feront épanouir au cœur des fleurs nouvelles
    Qui germeront sur le tombeau...

IX

A MA MÈRE.

Tu me blâmeras, mère, en voyant revenir
D'humbles amnistiés qui reçurent la grâce
Du retour au foyer, de rester le martyr
D'une cause perdue et de l'espoir qui passe.

Ma vue aurait suffi pour faire ton bonheur !
Et je reste en exil, à mon drapeau fidèle,
Comme un chien près du maître expirant, mais mon cœ
Présent à ta pensée, ému, tremble et chancelle...

Accueille donc mes vœux, mon baiser filial
Sans trop me reprocher une existence amère
Et la soumission à mon destin fatal...
Oui, certe au déshonneur préférons la misère.

Pardonne à mon esprit un excès de fierté
Qui me fait languir seul, sans ton amour suave ;
Crois bien, qu'il a fallu toute ma fermeté
Pour vivre loin de toi, mais libre... non esclave.

X

LES YEUX DE LA COMTESSE LOUISE P...

(alors jeune fille)

Les grands et doux yeux de Louise
Ont la couleur de l'arc-en-ciel ;
Pour la patrie et pour l'église
Son regard devient maternel,

Mêlant la grâce à la tendresse,

La sympathie à la noblesse.

Voyant la Pologne, au dur joug

Du Russe, esclave d'un Kalmouk,

Frappée et rivée à la chaîne,

Elle ne sait cacher sa peine,

Et mouille ses beaux yeux de pleurs,

— Rosée humide sur des fleurs. —

Après les larmes le sourire,

Après l'averse le beau temps ;

Ils savent alors beaucoup dire

A ceux qui lui versent l'encens,

Et montrer tout l'azur du cœur

Qui monte aux yeux dans sa candeur.

Sous l'empire de la colère

Contre nos cruels oppresseurs

Qui nous ont mis dans la misère,

Et se moquent de nos douleurs,

Ses yeux lancent des jets de flamme,

Où se peint l'ardeur de son âme...

Admirant leur feu, leur contour,
Je ne trouve pas de parole
Pour bien exprimer mon amour
Pour ma muse, pour mon idole
Dont les yeux sont pour moi plus bleus
Et plus clairs, que l'azur des cieux.

XI

DANS L'ALBUM DE SOPHIE, SŒUR CADETTE DE LOUISE

Vous demandez des vers, Sophie, aimable enfant,
    Au lieu d'une caresse,
Revenant aux pays dont l'air, moins étouffant
    Que celui de Lutèce,
Laisse venir au cœur des sons mélodieux...
Le rossignol y chante en tons harmonieux,
    Toute fleur est poëte,
    Toute étoile, prophète ;
Oui, c'est d'eux que j'appris mes plus tendres refrains ;
C'est là que m'inspiraient les plus nobles desseins...

Car je vins en ce monde,aux bords de la rivière,

      Non loin du beau château,

Où vit le jour Sophie — un ange sur la terre —

      Couchée en son berceau...

Exilé de ces lieux, j'y rêve avec ivresse !

Rapportez-m'en bientôt, petite enchanteresse,

      De lumineux rayons,

      Des fleurs et des chansons

Pour rajeunir mon cœur, et calmer ma souffrance

Par vos joyeux propos et par votre présence.

XII

MON TESTAMENT

(à mes amis)

Nous avons partagé labeurs, soucis et peine,

Consacrant notre vie à de nobles élans ;

Je vous quitte aujourd'hui pour le sombre domaine

De la mort, triste et faible, au déclin des mes ans.

Je ne laisse, après moi, qu'un chétif héritage :
Une lyre brisée, et mon nom inconnu...
Passant comme l'éclair qui luit dans le nuage,
N'ayant su faire place au talent méconnu.

Mais vous, mes compagnons de lutte, au temps d'orage,
Témoignez, que présent sur le pont du vaisseau,
Le gouvernail en main, au moment du naufrage,
J'ai sombré sans faiblesse avec les mâts dans l'eau.

Peut-être, un jour, l'histoire impartiale et juste
Prisera mes efforts, mon désir d'égaler
Aux champs de l'idéal, de la pensée auguste,
Nos illustre aïeux.. et de leur ressembler...

Je supplie, en mourant, mes amis d'infortune
De renvoyer mon cœur à ma mère, au pays,
Comme un dernier salut. Son âme, peu commune,
Initia la mienne aux sentiments exquis...

Portez tous, réunis au repas funéraire,
Un toast à ma mémoire en pleine éternité ;
S'il est loisible aux morts d'apparaître sur terre,
Mon esprit planera sur vous, en vérité.

Je vous conjure, amis : Conservez l'espérance,
Guidez le pauvre peuple au glorieux destin
De mâle liberté qu'enseigne la science ;
Laissez-vous lapider, sans faiblir en chemin.

Je fus certe, et je meurs, fidèle à ma patrie,
Sacrifiant ma vie et plaçant mon orgueil
A remplir mes devoirs sans basse flatterie
Des viles passions, mais sans haine au cercueil...

J'accable les jaloux de mon indifférence,
Vivant et mourant seul, loin du monde envieux,
Rien qu'avec les esprits que j'évoque en silence,
Qui m'éclairent la route, et m'enlèvent aux cieux.

Je m'envole en laissant la trace lumineuse
D'une œuvre de martyr dont le germe fécond
Promet aux nations une ère bienheureuse,
A tous la joie au cœur et l'auréole au front.

JOSEPH-IGNACE KRASZEWSKI

AVANT-PROPOS

Joseph Ignace Kraszewski vit le jour l'année
1812 à Varsovie, où ses parents, originaires de
Lithuanie s'étaient réfugiés cherchant la protec-
tion de l'armée française. Etudiant de l'université
de Vilna, il publia en 1829 sous un pseudonyme,
ses premiers essais littéraires, à l'époque d'une
servile imitation des romans anglais et français.
La société élégante du temps, sous l'empire ab-
solu des idées de **Walter** Scott, admirait les qua-
lités chevaleresques des guerriers écossais, pleu-
rait sur le sort de la princesse Mathilde en Italie,
et transportait les bosquets fleuris de la Seine

aux bords de la Vistule, et sur les rives du Nié-
men les ombrages touffus de la Tamise, recher-
chant au loin, en Syrie et dans le désert, d'émou-
vantes impressions.

L'apparition d'un livre original, racontant la
vie et les sentiments d'une pâle et blonde fille de
Vilna dont la simple et touchante histoire com-
mençait et finissait dans une rue de la cité des
Jagellons, fit sensation dans le monde des lettres
par sa grâce attrayante. Notre jeune auteur attira
l'attention générale, et publia à profusion, à l'ex-
trême satisfaction des gens de goût, de nouveaux
romans : *Le Sphinx*; *le Grand monde*, *les Racon-*
tars d'une petite ville; *le Poëte et le Monde*....
etc. etc., où il initiait le public à une nouvelle
littérature indigène, critiquant avec esprit et verve
les travers dominants : l'égoïsme, la paresse, et
l'apathie.

D'une fécondité inouïe, Kraszewski nous a
donné, dans près de quatre cents volumes, un
tableau complet et fidèle des mœurs et des usa-
ges de son pays, de l'homme du peuple et du grand

seigneur, faisant vibrer les cordes intérieures de
l'âme, réveillant l'esprit, améliorant le goût, évin-
çant l'imitation des livres français et habituant
les Polonais à lire dans leur langue, et à connaitre
leur propre histoire. Il employa des formes
diverses pour manifester ses idées et pour révéler
son génie régénérateur : chronique, histoire, ro-
mans de mœurs, souvenirs du passé, actualités
présentes, tendances vers un meilleur avenir, let-
tres familières pleines d'humour, récits de voya-
ges, études critiques et littéraires, écrits pédago-
giques et économiques, sujets d'archéologie,
d'éthnographie et d'esthétique ; tel fut le vaste
champ qu'explora en tous sens sa dévorante acti-
vité, nous laissant voir dans le miroir magique de
ses créations l'image fidèle des types les plus
saillants de la nationalité polonaise avec ses dé-
fauts et ses faiblesses, avec ses vertus et ses qua-
lités. Il fait jaillir la vie et l'animation du contact
de ses personnages variés et toujours vrais, et du
choc de leurs opinions, entretenant et excitant le
feu sacré du juste et du beau, soutenant les faibles,

encourageant les jeunes talents, et luttant contre
les préjugés de la vieille école avec l'énergie d'un
novateur, la puissance d'un géant et le zèle infati-
gable d'un travailleur acharné qui charme et cap-
tive l'attention du public par plus de deux cents
œuvres écrites de la plume d'un maître. Comme
toujours, la clique des pédants voulut s'opposer à
cette invasion d'un génie primesautier, dédai-
gneux de leurs avis et de leur critique ; mais elle
fut débordée par le torrent enthousiaste de la jeu-
nesse, éprise du mérite éminent de l'illustre écri-
vain.

Le public, entraîné par son élan, rendit à son
auteur favori un éclatant tribut d'hommages em-
pressés, en célébrant, d'une façon encore inusitée,
le 3 octobre 1879, à Cracovie, le cinquantième
anniversaire de sa carrière littéraire.

De tous les palatinats de l'ancienne Pologne,
des provinces les plus éloignées de la Lithuanie
et de la Ruthénie à l'est ainsi que du grand-duché
de Posen et de la Prusse polonaise, à l'ouest, ar-
rivèrent en masse adresses, députations et dons

patriotiques, offerts au héros de la fête, en souve-
nir de son heureux jubilé. Je citerai, entre autres,
une nouvelle édition de plusieurs romans les plus
en vogue de Kraszewski, en quinze volumes, à huit
mille exemplaires, entreprise par l'éditeur impri-
meur de Varsovie, M. *Unger*, homme de bien et
patriote, publication désintéressée qui a rapporté
100,000 francs de bénéfices nets à l'auteur, et l'é-
dition de luxe d'un touchant petit recueil de vers :
Hymnes à la douleur — dont je donne plus loin
la traduction, — offerte à l'auteur par les employés
et les ouvriers réunis des trois imprimeries de
Cracovie. Les Polonais, établis à Chicago, aux
Etats-Unis d'Amérique, envoyèrent de leur part
une coupe en argent ciselé, avec les noms gravés
dessus : *Kosciuszko, Pulawski*, compagnons de
Washington, ainsi que l'inscription suivante, en
polonais :

> Nos cœurs chauds, polonais, du fond de l'Amérique
> Offrent ce souvenir à l'auteur sympathique
> Dont grandiront génie et gloire avec le temps,
> Recevant en Pologne un éternel encens.

Le vénérable patriarche fut accueilli avec un
enthousiasme indicible dans la grande salle de
l'hôtel de ville qui venait d'être restauré, et dont
avait lieu en même temps l'inauguration, par le
maire et les autorités de la ville, par les délégués
des corps savants et littéraires des villes et pro-
vinces de Pologne, par des députations de toutes
les classes de la société ; même des dames et de
jeunes filles lui envoyèrent ce jour-là des adresses
de félicitations pour le remercier de les avoir
initiées aux plaisirs de l'esprit. Des nombreu-
ses allocutions prononcées à cette occasion, je ne
citerai que les vers suivants, remarquables par les
sentiments vrais qu'ils expriment :

> Les bardes inspirés ont cessé de chanter
> Au pays, désolé de ne plus écouter
> Leur voix mélodieuse. Exilés de leur terre,
> Les uns loin de Pologne ont fini leur carrière,
> En proie au désespoir ; tout aussi malheureux,
> D'autres ont déposé leurs lauriers précieux,
> Et brisé de dépit les cordes de leur lyre,
> Voyant les cœurs en deuil, et les rois en délire
> Abuser de la force et supprimer le droit
> Du peuple à vivre heureux et libre sous son toit.

La Pologne semblait dormir en léthargie,
Manquant de vie au cœur, de force et d'énergie,
Quand apparut au sein de notre nation
Un rude travailleur, puissant par l'action,
Et grand par la pensée et son amour immense
Pour sa chère patrie, en sa vive souffrance...
Il lui souffla la vie et de l'air aux poumons,
Charmant par ses écrits chaumières et salons,
Épurant par son art les mœurs nationales,
Unissant dans l'amour les couches sociales....

Vos livres, dévorés par le peuple, affamé
D'aliments pour l'esprit, le retiennent charmé ;
Il apprend à connaître, à priser dans sa langue,
Ses précieux joyaux, nettoyés de leur gangue,
Accents émus de l'âme, expressions du cœur
Que vous avez gravés dans celui du lecteur.

Le pays aujourd'hui vous offre ses hommages
Et sa reconnaissance, en lisant vos ouvrages,
Laborieux produits de cinquante ans de vie,
Employés à servir, sans repos, la patrie.....
Gloire à vous, grand auteur, écrivain polonais
Dont le nom est sur terre immortel désormais !

Voici quelques fragments les plus saillants du discours de l'illustre bénéficiaire qui répond aux louanges d'un ton grave et modeste :

Je les accepte heureux, mais peu méritant. Croyez mes aveux sincères qui partent du fond de l'âme. Qu'ai-je

fait pour obtenir un si grand honneur de la nation, en ce
jour à jamais mémorable, à la place d'autres auteurs bien
plus dignes de votre admiration ?... C'est pour moi une
énigme insondable!... Dieu a daigné peut-être récompen-
ser, non mon travail, mais mon grand amour pour notre
chère Pologne du passé et celle du présent, rachetant ainsi ma
profonde douleur, causée par ses blessures saignantes. Je
parais devant vous, Messieurs, avec le sentiment intérieur
d'un homme au déclin de sa vie, penché sur sa tombe
et attendant l'arrêt suprême. Pour le rendre moins sévère,
je veux d'abord être mon propre juge. Les premiers chré-
tiens faisaient ainsi leur confession publique dans le temple ;
je crois également de mon devoir de la faire en cette cité
qui est notre sanctuaire national ; c'est un besoin de ma
conscience. Bien que mon existence et mon labeur soient
manifestes, ils ont pu passer imperçus, incompris de la foule ;
je veux donc tâcher d'expliquer l'auguste récompense que
vous voulez bien m'accorder, la plus grande qu'on puisse
rêver, et la justifier, non par mon mérite personnel, mais
humblement par ma conduite.

Le mobile de mes actions et de mes travaux a toujours
été l'amour de la patrie, inséparable d'une continuelle et
poignante douleur, à l'aspect de ses malheurs, mais uni à
l'espoir dans l'avenir, à la foi profonde, que les peuples
qui suivent la loi du Christ ne périssent pas ; que la Po-
logne, qui a cessé d'exister comme Etat indépendant, a

toujours le droit et le devoir de garder intacte sa nationalité, et qu'elle la conservera invariablement, à moins qu'elle n'y renonce elle-même, en commettant un suicide. L'examen attentif de notre histoire, confirme cette intime conviction. La Pologne terrassée, mutilée et démembrée par ses trois odieux partages, se sentit renaître dans la douleur, se releva de sa honte et se régénéra par la puissance de son esprit. Bénie soit la main de la providence qui améliore, en châtiant! Et soit bénie la souffrance qui développe le génie national! Nous constatons son progrès dans les phases les plus tragiques de notre histoire. Tout juge impartial conviendra que depuis l'année néfaste de 1772, nous avons accru nos forces morales et intellectuelles...

Plus loin :

Le progrès accompli pendant la diète constituante de 1791 est grandiose, sensible même dans les velléités passagères de retour au passé. Nos revers ultérieurs deviennent les étapes d'un nouvel essor dans la vie nationale. La commission d'éducation, instituée par les conseils de la nation, veille à son œuvre, sous la direction d'hommes éminents: *Czartoryski*, *Sniadeçki* et *Czaçki; Krasiçki* fonde la société des amis des sciences et des lettres ; l'université de Vilna brille d'un nouveau lustre ; la généreuse munificence de nombreux souscripteurs permet d'établir un nouveau foyer de lumières dans le lycée de *Krzemieniec*...

Nous traversons ainsi les épreuves du temps et de l'infortune sans nous laisser abattre dans nos sentiments ; les décevantes illusions que nous prodigua le premier empire de Napoléon, servirent à entretenir dans nos cœurs le feu sacré de l'amour de la patrie. L'année 1831 ne fit que l'enflammer davantage, et celle de 1863 relie plus étroitement dans les tourments, nos tendres liens avec notre mère commune, avec notre chère Pologne. Les chants de ses bardes inspirés retentissent au sein des batailles. Dois-je vous citer les noms illustres de *Mickiewiez*, de *Krasinski*, de *Slowaçki ;* auguste trinité du génie national dont nous récoltons la divine moisson dans nos sillons ensanglantés...

Jetons un coup d'œil sur le temps actuel ; observons nos conditions précaires d'existence, les difficultés que nous avons à vaincre et, mesurant alors le domaine acquis à notre développement progressif, au milieu de tant d'obstacles, nous pourrons être justement fiers de notre position conquise au sein des pays civilisés. Notre académie des lettres et des sciences, récemment fondée à Cracovie, deux universités polonaises aux travaux desquelles participent des esprits d'élite, nos musées, nos instituts, nos collections et nos sociétés historiques, savantes, littéraires et industrielles témoignent victorieusement de notre activité intellectuelle, de même que le fait surprenant, résultat de notre éparpillement politique, qu'il n'y a pas d'université en Europe où ne figure dignement le nom polonais qui brille même aux confins du monde civilisé : en Australie, au Pérou et dans le Chili.

L'étude du beau dans les arts compte un grand nombre de nos compatriotes parmi ses adeptes les plus glorieux. Citons seulement *Matejko, Siémiradzki, Brandt, Chopin, Moniuzko, Grottgier, Brodzki,* etc., etc. Chants, statues et tableaux ont répandu dans les deux mondes l'influence du génie polonais et forcé les plus obstinés à reconnaître à notre activité nationale une sève intarissable qui s'épanouit au dehors en produits merveilleux.

· Nos efforts sont constants dans la voie du progrès ; arrêtés parfois dans notre marche par les malheureux errements de la politique, nous nous sommes toujours relevés miraculeusement après chaque chute, plus vigoureux et plus confiants dans l'avenir. Notre palladium national change de lieu et de province, il émigre d'une frontière à l'autre ; mais nous avons toujours, quelque part, sur notre territoire, un foyer de lumière où brille le *Znitch*, le feu éternel qui ne saurait s'éteindre.

Plus loin encore :

· Chacun doit apporter sa part à l'œuvre générale de notre régénération sociale. La mienne, bien que modeste, n'en fut pas moins sans une certaine efficacité pour le bien du pays.

· La forme que j'employai de préférence, pour manifester mes idées, fut le conte familier qui a bercé l'humanité en

son enfance, dans l'Orient, et a grandi avec elle ; humble
prolétaire de la littérature, qui défriche le terrain, en ex-
tirpe les mauvais herbes, et le prépare par une bonne culture
à recevoir la semence de la vérité. J'ai tâché de la faire
germer dans mes œuvres : j'ai tenté d'y résoudre plus d'un
problème économique et social ; j'y ai fait vibrer l'écho de
mes propres sentiments, en les renouant aux traditions du
passé.

J'ai fourni ainsi pendant un demi-siècle le pain bis
journalier à mes concitoyens ; il contient peut-être de la
paille et du son, mais pas de crudités malsaines. Etranger
à tout sentiment de haine, d'envie et de désunion, je n'ai
sur ma conscience nul trait venimeux, lancé contre les vi-
vants et les morts. L'amertume même des mes paroles
provient uniquement de mon amour pour le pays, et celui-
ci s'est montré indulgent pour mon âpreté involontaire, sa-
chant en distinguer le motif sympathique.....

Voici la fin du discours :

Vou · me comblez de vos bontés, Messieurs. Je m'en
reconnais indigne ; je sens que vous avez voulu fêter en
ma personne un modeste agent du travail national, et que
je dois restituer la plus grande part de mon triomphe à
mes illustres devanciers, aux flambeaux lumineux qui ont
éclairé notre exode et qui, moins heureux que moi, sont·
morts dans l'exil, blessés par les épines et par les ronces
du chemin, sans voir entrer le peuple d'Israël dans la terre

promise. Je partage avec leur mânes sacrés l'auguste so-
lennité de ce jour et je dépose sur leurs tombes les cou-
ronnes et les fleurs que vous voulez bien me jeter.

Je termine mon trop long discours par une phrase de
l'Ecriture Sainte qui rend le mieux ma pensée : « Rappelez
Seigneur votre serviteur, car mes yeux ont vu le plus
beau jour de ma vie ! ».....

Les auditeurs les plus rapprochés de Kraszew-
ski le soulevèrent alors sur leurs épaules, dans
leur enthousiasme, et la salle entière retentit de
bruyants applaudissements et de cris frénétiques:
« Gloire à Kraszewski ! gloire au patriarche de
la littérature polonaise ! »

Beaucoup de romans de Kraszewski ont été tra-
duits dans toutes les langues de l'Europe ; ils for-
ment dans leur fécondité et malgré leur variété,
des jalons lumineux d'une même pensée qui
éclaire le développement et la marche des idées,
depuis les temps passés jusqu'à celui de l'avenir
qui doit amener le triomphe définitif du juste et
du bien dans l'humanité.

On a reproché à ses héros d'être parfois trop
efféminés, trop faciles aux larmes, trop sensibles

à la douleur, tandis que ses héroïnes, délicieuses
et idéales créations de sa fantaisie, montrent **plus**
d'énergie et exercent un empire incontesté **sur**
les hommes, esclaves de leurs caprices et de le**ur**
imagination ; les frêles créatures qui tombent
même, victimes de leurs passions, nous intéressent
après leur chute par leur grâce sympathique.

L'auteur a illustré, lui-même, plusieurs de ses
ouvrages, étant un peintre de goût et un musicien
distingué ; artiste complet, sachant également
bien peindre, écrire et jouer sur le piano.

Vaillant athlète dans sa lutte avec le parti ré-
trograde qui se dit conservateur, il a vaincu les
pédants aristarques dont il dit quelque part :

> Critiques et railleurs
> Font piètres travailleurs...

et pourrait se reposer maintenant à l'ombre de
ses lauriers, et en vivant des fruits de son travail ;
mais il n'en poursuit pas moins l'œuvre gigan-
tesque qu'il a entreprise, écrivant en vers pour
se délasser quand il est fatigué. Nous avons de

lui des drames et une épopée sur la mythologie
lithuanienne, formée de trois chants, ou rapsodies,
écrites avec un grand talent. La partie intitulée :
Les exploits de Witold renferme au début une
confession intime de l'auteur, qui dépeint ses sen-
timents, ses idées et ses tendances, dans un
style harmonieux :

> Mon esprit inquiet erre sur la prairie,
> Cherchant des souvenirs de l'antique patrie,
> Fouille dans les tombeaux les restes du passé,
> La cendre des guerriers, de les voir empressé...
> Je m'élève, en idée, au haut de la colline [1] ,
> Où nos vaillants aïeux plaçaient l'éternité,
> Et, saluant héros et dieux, je m'imagine,
> Chère Lithuanie, en un rêve enchanté,
> Te voir soudain surgir dans l'éclat de ta gloire
> Dont je conserve au cœur l'ineffable mémoire...
>
> Comme l'enfant qui pleure en vêtements de deuil
> Sa mère bien-aimée, étendue au cercueil,
> J'exhale mes soupirs, dans le bois triste et sombre,
> De mon pays que j'aime évoquant la grande ombre
> Qui m'apparaît au ciel et trouble ma raison...
> Et je reviens pensif et morne à la maison...

---

(1) Les Lithuaniens au temps de leur paganisme appelaient *Anafiel* une
montagne sacrée d'où ils croyaient plonger dans l'éternité.

Mais j'ai choisi de préférence pour les traduire les hymnes à la douleur qui correspondent le mieux à l'état psychologique de mon âme qui ne peut se consoler d'une perte irréparable...

Oui, je regrette éternellement avec le poëte d'avoir vu changer :

> La robe virginale en linceul funéraire..
> Les roses du printemps en fleurs de cimetière..

et je dépose à ses pieds mes soupirs, tristes échos de ses accents poétiques, en le priant d'agréer l'hommage respectueux d'un sincère admirateur qui répète après lui l'appel d'une âme religieuse :

> Salut à la douleur de sublime origine,
> Levier des nations, messagère divine !!

A MONSIEUR JOSEPH-IGNACE KRASZEWSKI

Vous fûtes applaudi par la Pologne entière
Qui voulut couronner votre illustre carrière :
Cinquante ans de succès dans l'art prestigieux
D'exprimer sa pensée en style harmonieux.
Agréez mon tribut de respect et d'hommages,
Et le pâle reflet de vos vers, dans ces pages.

Heureux Cracoviens ! Ils ont pu librement
Acclamer le génie avec ravissement,
Offrir palme et triomphe au grand auteur en vie...
Quand ton tour viendra-t-il, muette Varsovie ? ?

Charles de Noire-Isle.

Venise, octobre 1880.

HYMNES A LA DOULEUR

PRÉLUDE

Si je pouvais répandre dans vos cœurs
Les chants formés de rayons et de pleurs
Que le Seigneur a soufflés à mon âme,
En l'embrasant d'une céleste flamme ! !
Mais où trouver le son, l'expression
Qui rendent bien mon inspiration ?...
Trop pâles, sont les mots et les paroles ;
Tous les accents sont ternes et frivoles,
Pour épancher dignement le torrent
De poésie, au parfum enivrant,
Divin nectar dont la source s'écoule
Au sein de l'âme, inconnue à la foule,
Jaillit du cœur pour moi seul, à l'écart,
Et tarira, cachée à tout regard,

Au dernier jour du courant de ma vie,
Sans éveiller les clameurs de l'envie.
Le monde ignore et le nom du chanteur,
Son idéal et le rêve enchanteur,
Qui lui fait voir, au-dessus des nuages,
Aux cieux d'azur, de splendides mirages,
Tissus dorés qui se fondent dans l'air,
— Laissant le ciel plus sombre après l'éclair —
En un clin d'œil, avant que le poëte
Puisse exprimer sa vision secrète...

Sois bénie au ciel, ô, sainte douleur !
Ulcère saignant qui ronge mon cœur !
J'implore le Christ, faible créature.
Et baise la croix, mise à ma blessure,

Je vivais inerte et saisi de peur,
Sans rayon d'espoir, mourant de langueur,
Dégoûté, l'œil morne, et plein de tristesse,
D'avoir sans profit perdu ma jeunesse...

La douleur, frappant mes sens assoupis,
Par son dur réveil les a dégourdis.
Je sens de nouveau sous mon épiderme,
Un sang généreux ; mon cœur est plus ferme,
Prêt à supporter de cruels tourments,
Pour mon cher pays que j'aime et défends ;
Je me vois renaître au labeur sans trêve,
Et sens dans le corps remonter la sève...

Apprêtez vos fouets, féroces bourreaux !
Mettez sans pitié mon être en lambeaux !
Déchire mon front, sanglant diadème
De ronce et d'épine !... Oui, c'est le baptême
De pleurs et de sang qui fait les martyrs.
Et dompte la chair aux impurs désirs...

La croix du Sauveur m'indique la route...
Son précieux sang, tombant goutte à goutte,
Nous a rachetés du péché mortel ;
Doublant mon courage, il m'ouvre le ciel.

Je puis maintenant braver la torture
De notre tyran sans pleurs ni murmure,
Et j'entonnerai, battu, maltraité :
« Gloire au Tout-Puissant dans l'éternité ! »

33

Je bénis le dard qui perce mes côtes,
Je bénis le clou qui meurtrit ma chair,
Obtenant par eux la grâce à mes fautes,
Triomphant du mal, produit de l'enfer.

Je vide la coupe et je bois la lie
Du breuvage amer qui se cache au fond
Avec volupté.... Dieu, je vous supplie !
Placez au martyr l'auréole au front !...
Je bénis la faim et la soif brûlante,
L'insulte et le joug, l'injure et les coups,
Domptant mon courroux qui bout et fermente,
Louant le Seigneur, en pleurs, à genoux...

Sois encor bénie, ô mort que j'appelle
Avec ardeur !.. Viens clore mes tourments ;
Répands les rayous de l'aube éternelle,
De l'heureux séjour qui ravit mes sens !
Puissé-je assister, chargé de ma gerbe,
Aux moissons des cœurs, unis au saint Verbe !

L'heure de l'épreuve arrive à sa fin ;
Je vais donc savoir quel est mon destin !

Quel est le décret de la Providence !....
Je pardonne à tous, méchants et pervers,
Je salue encor le ciel, l'univers,
Et j'attends mon sort avec confiance...

Sois bénie au ciel, ô, sainte douleur !
Ulcère saignant qui ronge mon cœur !
J'implore le Christ, faible créature,
Et baise la croix, mise à ma blessure....

II

Salut à la douleur de sublime origine,
Levier des nations, messagère divine !
Oui, tu changes le pain en aliment du cœur,
Tu relèves l'esprit, mûri dans le malheur,
Et donnes au poëte une voix inspirée,
Aux guerriers, des martyrs l'auréole sacrée !...

Tu portes fièrement sept couronnes au front,
En main la palme d'or qui transforme l'affront,

Fait à la liberté par les grands de la terre,

En lumineux rayons de la céleste sphère ;

Ta tunique de pourpre a la couleur du feu ;

La désolation t'accompagne en tout lieu...

Sur ton visage en deuil, sur ton sein, sur la trace

De tes pas, le sang coule, et les pleurs trouvent place :

L'ouragan te précède, et la mort te poursuit ;

Vautours et noirs corbeaux volent en rond, la nuit,

Avides du butin qu'apprête ton passage,

Semant sur ton chemin viol, meurtre et ravage.

Le muet désespoir sous le joug de la peur

Le travail de l'esclave, arrosé de sueur,

Le sang des exilés, ruisselant sur la neige,

S'unissent aux sanglots pour faire ton cortége,

Sous le regard moqueur d'un despote inhumain

Qui croit dompter un peuple et le tourmente en vain.

Tu fais peur aux oiseaux, comme un sombre nuage,

Qui porte dans son sein la tempête et l'orage ;

Le monde, à ton aspect, prend un air assombri ;

Nul ne peut t'éviter et trouver un abri ;

L'humble soumission, ni l'orgueil en colère,

Quand par l'arrêt de Dieu tu visites la terre.

La foule se disperse à ta vue, en fuyant ;
Seul un peuple martyr t'attend ferme, impassible,
Te présente son front, sa vie, en suppliant
Dieu de bénir sa foi dans ce moment terrible ;
Et fait voir au supplice une noble valeur
Qui brave les tourments et nargue la douleur.

Elle afflige souvent l'humaine créature,
Au milieu de la joie obscurcit la nature,
Enlève à sa famille un père en son cercueil,
Transformant le festin en un repas de deuil ;
Comme un glaive acéré, sur nos fronts suspendue,
De nos ingrats labeurs compagne inattendue.

Elle interrompt soudain l'homme dans ses plaisirs,
Au matin de la vie, et les change en soupirs,
La robe nuptiale en linceul funéraire,
Les roses du printemps en fleurs de cimetière ;
Hôte et spectre effrayant qui s'asseoit au logis
Et montre son profil à l'ombre des lambris...

De la crèche à la tombe elle rompt tout obstacle
Et fait surgir la mort quand on croit au miracle...
Oh ! malheur à celui dont les illusions
Trompeuses du désir bercent les passions ;

Oui, malheur à celui qui se fie à son astre,
Et ne sait dans l'orgie entrevoir le désastre.

La coupe des plaisirs s'épuise en un moment,
Mais le calice amer dure éternellement...
L'amour passe bien vite, et longue est la souffrance ;
Aussi l'homme avisé place au ciel l'espérance.

III

Tout grain possède en germe et la vie et la mort ;
Ce qui vit doit périr, et ce qui nourrit l'homme
Peut aussi le tuer... Avant d'atteindre au port,
On a bien des soucis et peu de joie en somme.

L'enfant naît en criant, et le dernier soupir
S'exhale avec effort au départ de notre âme
Qui, venue au berceau dans les pleurs, voit finir
De même l'existence et s'éteindre sa flamme.

Le temps fuit, sur son aile emportant le chagrin,
Mais dans son vol, aussi les plaisirs éphémères
Qui ne reviennent plus, balayés en chemin ;
Et font place aux regrets des naïves chimères.

Du lis blanc le calice entr'ouvert au soleil,
Cache l'indice au fond de proche pourriture ;
Les beaux rêves d'amour ne laissent au cercueil,
Que dégoût dans le cœur, abreuvé de souillure.

Seule la douleur règne ici-bas en tyran
Tresse liens de chanvre et couronnes d'épines,
Promène ses dégâts, pareille à l'ouragan,
Et se plaît à son œuvre, entassant les ruines.

Ecoutez les grands bois et la voix de la mer,
Vous n'y trouverez pas une note joyeuse.
Le feuillage et les flots répètent le même air
Que chante au nourrisson, sur son sein, la berceuse.

La jeunesse sourit au gai printemps en fleur,
Mais voit poindre bientôt l'orage dans la rue,
Les regrets superflus remplacent dans le cœur
Les élans du jeune âge et sa candeur perdue.

Le désir accompli pèse au cœur dégoûté ;
Même pour le vainqueur le deuil suit la victoire,
Et l'amour, triomphant dans sa félicité,
Périt rassasié plus vite que la gloire.

Le bonheur envié n'est qu'une illusion ;
L'existence en ce monde une amère ironie.
Tout espoir est trompeur ; vaine est la passion,
Et l'ombre envahit l'homme au déclin de sa vie.

Nous allons ainsi tous, à tâtons dans la nuit,
N'ayant pour nous guider qu'une aveugle science,
Eblouis par l'éclat de l'astre au ciel qui luit,
Et nous chantons en cœur l'hymne de la souffrance.

IV

Langueur je te salue, en te livrant mon âme !
        Tu la gardes dans tes liens,
Survivant au désir qui l'excite et l'enflamme,
        Lugubre écho de maux anciens.

Compagne de mes jours, de mes nuits d'insomnie,
        Je t'offre mes pleurs en tribut,
Et mes cuisants soupirs, et ma peine infinie,
        Salut, triste langueur, salut ! ! . . .

Je suis ton homme lige et ton vassal fidèle ;
　　　Malgré mon sourire d'emprunt,
Je sens au fond du cœur ta blessure mortelle.
　　　Que ne suis-je déjà défunt !

Tu me serres tremblant de ta puissante étreinte ;
　　　Je t'ai connue encore enfant,
Et porte depuis lors l'ineffaçable empreinte
　　　Du bras qui presse, en m'étouffant.

Hommes et choses, terre et ciel, sont tes complices.
　　　Tu frappes au cœur l'exilé
Qui rêve à la Pologne, exposée aux supplices,
　　　Du poids de la vie accablé...

Languir, c'est ressembler à la fleur qui se fane,
　　　Au fruit mûr, rongé par un ver,
C'est avoir à sa mort, la croyance profane
　　　Au néant après cet enfer...

Languir, c'est aspirer sur la terre étrangère
　　　A revoir patrie et foyer ;
C'est ne pouvoir prier Dieu — dans notre misère —
　　　Qui nous a laissé foudroyer.

V

Douleur et volupté se tiennent par la main ;

Le délice et la joie ont au fond l'amertume

Qui s'agite et les trouble, au sein de l'être humain ;

Tel le flot transparent qui se ternit d'écume.

Quand les yeux desséchés ne trouvent plus de pleurs,

Que le cœur ne bat plus, dominé par la crainte,

Je sens la volupté s'allier aux douleurs,

Se confondre et s'unir dans une même étreinte,

Cachant la fin de l'une, et l'autre à son début,

Les bornes de l'extase, et du mal la limite...

Est-ce au ciel ? à l'enfer que je dois mon tribut ?

Deux pôles opposés placés dans mon orbite...

Je souffre et suis heureux... Enlevez la douleur

Qui s'infiltre en mon être, et l'agitant, l'épure,

J'aime alors mieux la mort, que l'oubli pour le cœur

De nos maux, me sentant vivre de ma blessure.

L'élan de l'âme à Dieu m'arrache l'aiguillon

De l'amère souffrance au milieu des tortures.

J'arrose avec amour de mon sang le sillon

De la divine foi, flambeau des âmes pures.

La vie est une énigme à mobile secret,

Si longue à supporter, si brève, comparée

Avec l'éternité..... temps d'épreuves, sujet

Aux folles passions, dans sa courte durée.

Oui, la douleur l'épure et lui montre le but

Dans les pleurs et la peine ; elle la rend féconde,

Faisant germer le bien, qui la mène au salut,

Et relève notre âme au-delà de ce monde.

Elle met aux élus le diadème au front,

Les rayons au regard dont la flamme étincelle,

Aux lèvres l'éloquence inspirée, et confond

Le maudit oppresseur, à la vertu rebelle.

Elle dompte la chair, purifiant le cœur,

Prête un éclat sublime aux accents du poëte,

Accordant au génie une ineffable ardeur,

Et donne aux grands esprits le don d'être prophète ;

Elle déroule enfin le tableau merveilleux

Qu'admire le martyr dans sa divine extase,

L'élève sur son aile aux régions des cieux,

Et le place au-dessus du tyran qui l'écrase.

VI

CRI DE L'AME

Sous le poids du chagrin, je m'affaisse et je tombe,

Grâce et pitié, Seigneur ! car sans vous, je succombe.

J'ai déchiré mon corps aux ronces du chemin,

Tout croule sous mes pas... Tendez-moi votre main.

Oh ! soyez indulgent à mes larmes amères,

A mes cuisants remords, à mes regrets sincères,

A la blessure ouverte et saignante à mon cœur,

Ne me refusez pas votre douce faveur !

Nul mortel n'est venu, sur la terre, à mon aide ;

On a ri de mes maux, sans leur porter remède.

Je reste sans appui, délaissée à l'écart,

Et réclame, ô mon père ! un bienveillant regard

Qui vienne consoler ma pénible infortune...

Dieu, ne rejetez pas ma demande importune

Venez à mon secours ; domptez mes ennemis

Qui veulent étouffer mes soupirs de leurs cris.

Je pardonne au prochain et l'insulte et l'injure,
Je subis sans me plaindre attaques et morsure,
Me fiant à vous seul pour adoucir mes maux,
Pour vaincre et pour dompter les démons infernaux.
De ma lèvre éloignez l'âpre coupe remplie
D'amertume et de fiel dont j'ai vidé la lie...
Puisse mon repentir racheter mes péchés,
Diminuer les torts que vous me reprochez !
Accordez-moi Seigneur, un rayon d'espérance
Qui soulage mon être, abîmé de souffrance,
Et ramène à la foi mon esprit égaré
Par l'effet merveilleux d'un pur souffle inspiré ;
Mon être alors heureux, plein de reconnaissance,
Bénira votre nom, votre auguste clémence.
Nos fautes, il est vrai, pèsent de tout leur poids
Sur nos cœurs abattus et rongés à la fois ;
Vous les avez donnés, Dieu terrible, en pâture
Au sauvage ennemi qui nous fouaille et torture,
Nos torts sont expiés par l'affreux châtiment.
Devra-t-il donc durer sans fin ni changement ?
Nos implorons Seigneur, à genoux, votre grâce,
L'oubli de nos péchés, leur pardon... Le temps passe,
Et chaque nuit amène un plus dur lendemain.
Accablés, tout en pleurs, nous supplions en vain...

Le soleil, à l'aurore, éclaire la nature,

Sans faire poindre au ciel l'espoir qui nous rassure ;

Nous l'attendons du vent qui hurle et qui gémit,

De l'orage, portant la foudre qui sévit,

De tout éclair qui luit, du tonnerre qui gronde,

Sans voir cesser nos pleurs et nos maux en ce monde.

Nous baisons votre main qui châtie, en courroux,

Notre peuple ; Seigneur ! Ayez pitié de nous !...

SON ANGE GARDIEN :

Je t'apporte une couronne

Que l'âpre ronce environne,

Souffrances et voluptés,

Des larmes dans un calice

Qui se mêlent au délice ;

Car l'ère des libertés

N'a pas sonné pour le monde,

Esclave du vice immonde

Et de la corruption.

Le mal, causé par le crime,

Le jettera dans l'abîme

De la révolution....

Par égard pour ton pur zèle
Je te prendrai sous mon aile,
A l'heure du grand combat.

Bois la coupe d'amertume,
Au fer rougi sers d'enclume,
Pour qu'il brille avec éclat.

Je te donne, pour bannière,
La sainte croix du Calvaire,
L'auréole des martyrs,

Le diadème d'épines ,
Verges au corps et ruines,
Au cœur de brûlants désirs.

Montre force et patience
Au milieu de la souffrance
Et des tourments odieux,

Pour chanter avec les anges,
Dans les célestes phalanges ;
·   Gloire au Seigneur dans les cieux !...

L'AME

Oui, je vois ma douleur changer en vrai délice.   ·
Je marche avec bonheur au sanglant sacrifice,

Et je sens dans le cœur de claires visions
Qui me font accomplir de nobles actions.

L'ANGE GARDIEN

Demande aide à la prière,

Tourne-toi vers la lumière

Qui luit au sein de l'azur,

Où les élus de la terre,

Affranchis de la misère,

Vivent dans l'air libre et pur.

Invoque leur sainte image,

Pour avoir calme et courage,

Et braver gaîment la mort...

Dans l'orage et la tempête,

Lève fièrement la tête,

Sûre d'arriver au port...

L'AME

O mère des douleurs, de sept glaives percée,

Qui vîtes votre fils expirer sur la croix !

Sept étoiles en haut, couronne d'or, placée

A votre front de Vierge et de Mère à la fois ,

Luisent d'un pur éclat sur la sainte patronne
D'un grand peuple abattu, de ses fils opprimés...
Des Chérubins ailés soutiennent votre trône,
Qui brille sur la nue, éblouis et charmés...
Nous venons implorer votre auguste assistance,
   Pour calmer de Dieu le courroux,
Accordez-nous, au ciel, votre divine instance !
   Mère du Christ, priez pour nous !...

O mère des douleurs, sainte Vierge attristée !
Dont les pleurs ont coulé sur Jésus au tombeau,
Elevez dans l'azur votre voix écoutée,
Pour sauver la Pologne attachée au poteau !
Vous, dont le cœur navré saigna sur le Calvaire,
En veillant sur le corps du glorieux Sauveur,
Oh ! daignez secourir dans son humble misère,
Un peuple qui vous prie avec zèle et ferveur ;
Obtenez du Seigneur, que pour notre patrie
   Il soit plus clément et plus doux.
Exauçant vos désirs, notre reine chérie !...
   Mère du Christ, priez pour nous !

Vous, maîtres vénérés, de pieuse mémoire,
Saints martyrs de la foi qui rayonnez de gloire,

34

Et, vainqueurs par l'idée, avez atteint le but
De l'existence humaine, obtenant le salut ;
Offrez-nous votre appui, dans la vie hérissée
D'obstacles au devoir qui guide la pensée
Du chrétien à l'amour des sublimes vertus....
Montrez-en le triomphe à vos frères vaincus.

Donnez-nous votre foi qui vaut mieux que l'armure,
Votre noble fierté qui dédaigne l'injure,
Et brave les tyrans et leur joug détesté,
Enseignant aux mortels honneur et liberté ;

> Vos mérites que j'envie,
> Préférables à la vie,
> Votre élan et votre ardeur,
> Le pain de l'âme et du cœur.

Vous qui marchiez gaîment aux tourments, au supplice,
De la vie à la foi faisant le sacrifice,
Vous nous servez d'exemple à suivre pour souffrir
Sans plainte ni regret, pour apprendre à mourir.

Vos œuvres, votre vie ont laissé sur la terre
De touchants souvenirs, de lumineux sillons ..

Parvenus à présent au sein de la lumière,
Répandez dans nos cœurs l'éclat de vos rayons !

Jetez aux exilés un regard sympathique ;
L'esclave en liberté sourit à sa prison...
Oh ! souriez de même au pays héroïque,
Notre patrie en deuil, point noir à l'horizon,

Vous l'avez défendue autrefois de vos armes,
La servant avec gloire, et mourant pour sa foi,
Donnez-nous maintenant nos soupirs et vos larmes,
A sa mort, si telle est du sort la dure loi,

> Vos mérites que j'envie,
> Préférables à la vie,
> Votre élan et votre ardeur,
> Le pain de l'âme et du cœur.

VII

Portons la croix au cœur, le sourire à la lèvre,
Le regard rayonnant de foi,
Et l'âme n'éprouvant, ni la peur, ni la fièvre,
Mais prête à mourir sans effroi.

Les plaintes et les cris soulagent la souffrance,
          Mais sont indignes des martyrs
Qui montrent dans les maux courage et patience,
          Etouffant sanglots et soupirs.

Chantons l'hymne de gloire, exposés aux tortures,
          Au supplice le plus cruel.
Recevous sans nous plaindre insultes et blessures,
          Songeant au salut éternel...

Cachons aux curieux, sous notre indifférence,
          Nos scrupules intérieurs ;
Et prêchons, par l'exemple, ardeur et confiance
          Aux âmes faibles, dans les pleurs.

Supportons notre croix, sans nous courber à terre,
          Le regard fixé dans les cieux,
Et dominons en nous toute pensée amère,
          Le front serein et radieux.

Honte à celui qui pleure, et criant se lamente,
          Implorant l'aide du prochain,
Et qui manque de cœur, pour braver la tourmente
          Et le péril avec dédain...

Quand la force s'épuise ; à ce moment suprême
Où le cœur cesse de vibrer,
Où la froide sueur découle du front blême,
Ne cessons jamais d'espérer..,

Si le gladiateur expire dans l'arène,
Criant : Gloire au César romain !!!
Le martyr doit sourire en subissant sa peine,
Pour le Seigneur, son souverain.

Souffrons donc avec calme et mourons avec joie,
Inaccessibles à la peur,
Et veillons à ne pas dévier de la voie
Qui mène au céleste bonheur...

ÉPILOGUE

Avant de fermer ce livre, j'éprouve le besoin de dire pourquoi et comment je l'ai fait.

J'eus le malheur, en 1874, de perdre ma fille bien-aimée, morte dans la fleur de sa jeunesse et de sa beauté, le bel ange de la maison, jeune fille qui nous fut enlevée à vingt ans, avant de s'épanouir au monde, à la vie, à l'amour. Mon immense douleur chercha un soulagement dans la réunion de tous les souvenirs laissés par notre chère enfant. Je trouvai dans son bureau une liasse de papiers où la Muse ingénue avait tracé en vers polonais les premières naïves impressions de son jeune cœur, et où se joignait l'élévation des sentiments à la précoce maturité de sa belle intelligence et à la grâce attrayante de sa personne, réunion

de rares qualités qui en faisaient un être accompli,
trop parfait pour ce monde. Je lus et relus ces
délicieuses poésies, et l'idée me vint spontané-
ment de les traduire en vers français pour mes
amis de l'occident. Moi, qui n'avais jamais *aligné*
deux rimes de ma vie, j'éprouvai le besoin irré-
sistibile de donner la même forme poétique dans
une langue étrangère à ces sons inspirés, d'une lyre
à jamais brisée....

Telle est la cause première qui me fit, je n'ose
dire poëte, mais rimailleur et fidèle interprète des
suaves aspirations de ma Laure au ciel. Plus
tard, prenant en main le gracieux petit poëme de
Slowaçki intitulé : *En Suisse*, je fus frappé par
l'allusion naturelle que j'y trouvai à mon bel ange
envolé, dans les premiers vers que je traduisis
immédiatement à son intention :

> Depuis qu'elle a passé, comme un rêve doré,
> Le chagrin m'étiole et la douleur m'abîme.
> Je ne sais vraiment pas, pourquoi l'Ange adoré
> N'a pris mon âme aussi dans son essor sublime ?
> Que ne s'envola-t-elle aux limites des cieux,
> Sur son aile azurée, aux grands espaces bleus !....

Enhardi par ce début, je traduisis tout le poëme, trouvant dans cette occupation absorbante une distraction et un oubli momentané de mon chagrin. Après Slowaçki, vint le tour de Krasinski, puis celui du grand poëte Mickiewicz, et de fil en aiguille ainsi, et de volume en volume, j'ai complété la galerie des grands poëtes polonais du XIXᵉ siècle dont je publie aujourd'hui le huitième et dernier volume, plus de quarante mille vers, inspirés tous par le navrant souvenir de la chère absente à laquelle j'adresse encore ce dernier appel :

A LAURE AU CIEL

Laure, chère à mon cœur, ma fille bien-aimée !
Souveraine en beauté, par le monde acclamée,
La plus belle à mon choix :
Laure, mon Ange ailé, divine créature,
J'évoque ton doux nom, ta céleste figure,
Une dernière fois !

Eclaire mon esprit de ta blonde lumière,
Réchauffe-moi le cœur qui doute, et désespère
　　　　Du salut par la croix.
Lorsque au ciel m'apparaît ton éclatante image,
Quand j'écoute, ravi, ton séduisant langage,
　　　　Je t'adore et je crois.

Pour un monde meilleur, tu laissas cette terre,
Où règne l'injustice et s'accroît la misère,
　　　　Où nul n'est à son rang ;
Où, primant le bon droit, le canon tonne et gronde,
Où la force domine et gouverne le monde
　　　　Par le fer et le sang,

Quand Russes et Prussiens, affolés de puissance,
Foulent aux pieds : honneur, liberté, conscience
　　　　Des pauvres nations ;
Que la Pologne est morte, et que l'Europe croule
Sous le vice qui trône, imposant à la foule
　　　　De viles actions.

Bientôt aussi mon être, en quittant sa cellule,
Rejoindra ses pareils : souffle, atome ou globule,
　　　　Formant l'immensité ;

Onde ou note, vibrant dans la grande harmonie
De l'hymne universel, sublime symphonie
                En toute éternité....

Isolé, vieux, infirme, attendant que j'expire,
Je te poursuis en vain, je pleure et je soupire,
                Priant sans rien savoir ;
Je redis, jour et nuit, triste en ma solitude,
Mon refrain, pour calmer ma sombre inquiétude :
                « Mon bel ange ! A revoir ! ! »

TABLE

THÉOPHILE LENARTOWICZ

SIGISMOND KRASINSKI

JULES SLOWAÇKI